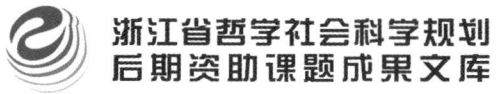
浙江省哲学社会科学规划
后期资助课题成果文库

乡土传统与新型城镇化
——一个近郊村落的行为叙事

Xiangtu Chuantong Yu Xinxing Chengzhenhua
Yige Jinjiao Cunluo De Xingwei Xushi

李传喜　张红阳　著

中国社会科学出版社

图书在版编目(CIP)数据

乡土传统与新型城镇化：一个近郊村落的行为叙事/李传喜，张红阳著．—北京：中国社会科学出版社，2018.5

（浙江省哲学社会科学规划后期资助课题成果文库）

ISBN 978-7-5203-2531-8

Ⅰ.①乡… Ⅱ.①李…②张… Ⅲ.①村落文化-研究-中国②城市化-建设-研究-中国 Ⅳ.①K928.5②F299.21

中国版本图书馆 CIP 数据核字（2018）第 088719 号

出 版 人	赵剑英
责任编辑	宫京蕾
特约编辑	乔继堂
责任校对	刘　娟
责任印制	李寡寡

出　　版	中国社会科学出版社
社　　址	北京鼓楼西大街甲 158 号
邮　　编	100720
网　　址	http://www.cssopw.cn
发 行 部	010-84083685
门 市 部	010-84029450
经　　销	新华书店及其他书店

印刷装订	北京君升印刷有限公司
版　　次	2018 年 5 月第 1 版
印　　次	2018 年 5 月第 1 次印刷

开　　本	710×1000　1/16
印　　张	15
插　　页	2
字　　数	248 千字
定　　价	69.00 元

凡购买中国社会科学出版社图书，如有质量问题请与本社营销中心联系调换
电话：010-84083683
版权所有　侵权必究

目 录

导论 …………………………………………………………… (1)
  一 问题缘起 ………………………………………………… (1)
  二 研究思路 ………………………………………………… (7)
  三 研究意义 ………………………………………………… (16)
  四 研究方法 ………………………………………………… (18)

第一章 历史考察 ……………………………………………… (21)
  一 行政区划 ………………………………………………… (21)
  二 村庄概况 ………………………………………………… (28)

第二章 宏观背景与社会现实：乡土传统与新型城镇化 ……… (38)
  一 理论背景与研究述评 …………………………………… (38)
  二 城镇化对乡土社会的冲击与影响 ……………………… (40)
  三 乡土传统：新型城镇化的根基 ………………………… (47)

第三章 边缘化与边缘效应：城镇化进程中近郊村落的现实
      境遇 …………………………………………………… (54)
  一 边缘化：一个解释框架 ………………………………… (54)
  二 日益走向边缘化的近郊村落 …………………………… (55)
  三 近郊村落社会结构的基本特征 ………………………… (70)
  四 近郊村落现实境遇的边缘效应 ………………………… (71)

第四章 在场与脱域：近郊村落乡土认同的式微与重建 ……… (77)
  一 相关概念内涵 …………………………………………… (77)
  二 乡土认同研究的文献回顾 ……………………………… (79)
  三 近郊村落乡土认同的现状考察 ………………………… (81)
  四 近郊村落乡土认同的重建策略 ………………………… (90)

第五章 非常规行动：城镇化进程中近郊村落的行动逻辑 (94)
  一　近郊村落的行动背景 (95)
  二　城镇化进程中近郊村落的非常规行动 (97)
  三　城镇化进程中近郊村落非常规行动的性质 (103)
  四　城镇化进程中近郊村落非常规行动的启示 (105)

第六章 代际传承：内生性乡村权威的演化 (108)
  一　相关文献回顾 (108)
  二　星村金氏家族概况 (111)
  三　乡村精英代际传承的条件和特征 (113)
  四　乡村精英对村落变迁的贡献与未来 (122)

第七章 自主选择与政府规制：乡村变迁中的村落与政府 (124)
  一　相关文献回顾 (124)
  二　自主选择：城镇化中近郊村落的理性与非理性 (125)
  三　政府规制：城镇化中近郊村落与政府的博弈 (131)
  四　发展进路：城镇化中近郊村落的路径选择 (135)

第八章 传承与嬗变：近郊村落的宗教信仰 (139)
  一　相关文献回顾 (139)
  二　近郊村落宗教信仰的历史考察 (143)
  三　近郊村落宗教信仰的生成机制 (147)
  四　近郊村落宗教信仰的未来展望 (150)

第九章 再集体化：近郊村落城镇化的应对策略 (154)
  一　相关文献回顾 (154)
  二　星村集体产权的演变与演进 (157)
  三　星村再集体化的社会基础 (163)
  四　星村股份合作社改革实施 (166)
  五　结论与讨论 (169)

第十章 矛盾调和：近郊村落的家庭关系 (172)
  一　相关文献回顾 (172)
  二　近郊村落家庭关系与矛盾生成逻辑 (178)
  三　近郊村落家庭关系调和的双重策略 (186)

第十一章 建构性共同体：村落秩序与行为的重构 (192)
  一　相关文献回顾 (192)

二　建构性共同体的具体特征 …………………………………（196）
　　三　建构性共同体的问题与挑战 ………………………………（198）
　　四　建构性共同体的策略选择 …………………………………（201）
　　五　结论与讨论 …………………………………………………（204）
第十二章　乡土型城镇化：一个理论解释框架 …………………（206）
　　一　概念的提出 …………………………………………………（207）
　　二　乡土型城镇化的基本特征 …………………………………（209）
　　三　乡土型城镇化的构建举措 …………………………………（215）
参考文献 ……………………………………………………………（223）
后记 …………………………………………………………………（235）

导　　论

乡村在巨变。在汹涌澎湃的城镇化大潮冲击下，中国传统的乡村经受了颠覆性的变革，城市正以人类历史上前所未有的速度迅猛扩张和蔓延，人们的生活直接或间接地被城镇化浪潮影响或者改变，而对应的，是曾经田园牧歌式的生活离我们越来越远，是承载了中华民族几千年记忆的文化难以传承。中国文联副主席、国务院参事冯骥才曾在2012年表示，十年前中国的自然村有360万个，而现在只剩下270万个，平均每天消失80—100个村落，并且村落的消失仍然在持续。笔者不禁深感忧虑：有朝一日农村是否会完全消失，真正成为人们的记忆而只存在于人们的脑海里？如果按照传统的城镇化模式，一味地以高楼大厦来吞没农村和农田，这种忧虑必然会在一定程度上成为现实。所幸的是我们及时地转变了观念，尤其是国家层面提出了"以人为核心"的新型城镇化概念，这种城镇化强调大中小城市、小城镇与新型农村社区互促互进、协调发展。这一概念的提出意味着我国的城镇化建设开始从速度转向质量，就像一匹无序狂奔的骏马被拉住了缰绳，开始顺从地、有序地前进。而此外，最近这几年，在突飞猛进的城市化以及市场经济大潮的冲击之下，以投资拉动的中国陷入了通货膨胀、道德败坏的泥沼中，整个社会都表达出了对乡土社会的怀念与反思，正是这一宏大的社会背景为本研究提供了启迪和灵感。

一　问题缘起

最初让笔者产生思想上的萌动是早年阅读孟德拉斯《农民的终结》和李培林《村落的终结》这两本书的时候，当时脑海中闪现出一个念头："假如农村真的消失了，我们的精神将何以寄托？"笔者来自一个比较封闭的村庄，在现代化如斯的今天，村庄的很多方面仍然保持着费孝通先生所描述的"乡土社会"的基本特征：村子不大，村民之间相互熟识，而村里几大姓氏之间相互通婚使整个村庄变成了一个"亲戚网",见面都是亲戚,相互之间都用"叔伯姑舅"来称呼,村里民风淳朴,人口流动极少,整个村庄都透露出一种恬静、温馨和美满,也承载了我所有的对于故乡的情感和对乡土社会的理解。因此当出现上述念头的时候,笔者的内心感到了一种莫名的苦楚,笔者也开始思考:乡土传统还有没有生存的根本?无数的村庄正在消亡,代之以现代文明和物质力量的狂欢,这是否是现代化的本意?在现代化语境中,乡村代表的是传统文明,城市代表的是现代文明,在很多人看来,传统文明与现代文明是对立的,现代化就是现代文明取代传统文明的一个侵略性的过程,我们不禁要问:必须这样么?现代化的过程必然是传统的消亡与现代性的确立?两者能否共存?在现代性的甲壳之下,是否还有一些可以挽回的东西?国内的学术界在经历了"西学东渐"的浪潮之后,越来越多的学者开始反思西方学术范式对中国传统经验的否定和遮蔽,越来越重视费孝通先生提出的"本土文化自觉",并以本国发展的实际情况和历史文化底蕴为基础来重构现代化理论,这种理论对我们解决这个问题提供了有益的参考。

我们再来回顾一下中国的城镇化进程。中国正经历"三千年未有之大变局",此变局表现为农村乡土社会向现代社会、城市社会的转型,这个转型不仅要在地理意义上把农村变为城市,也要将农村乡土生活方式转变为现代的城市化的生活方式,其中也隐含了对乡土社会的冲击,当然这也是历史的必然趋势。但是这背后存在什么问题呢?我们来看一下改革开放以来我国城镇化的发展趋势。1978 年,我国城镇常住人口为 1.7 亿,城镇化率为 17.92%,应该说改革开放极大地释放了中国发展的活力,联合国曾在 2010 年发布了一个报告,说中国城市化进程极为迅速,而实际上我们的城镇化发展速度真的无愧于"极为迅速"四个字(见表1)。

表1　　　　　　中国城镇化率(1978—2013)

年份	城镇化率(%)
1978	17.92
1983	21.62
1988	25.81
1993	28.14
1998	30.4

续表

年份	城镇化率（%）
2003	40.53
2010	47.5
2011	51.27
2012	52.57
2013	53.73

从表1中我们可以看出，从1978年到2013年，中国城镇化率从17.92%提高到了53.73%，年均增长1.02个百分点。2011年，我国城镇化率首次达到了51.27%，标志着城镇人口首次超过了农村人口，中国社会开始进入了城市时代。而这期间，我国的城市数量从193个增加到658个，建制镇数量从2173个增加到20113个。

当然，在城镇化"极为迅速"的发展背后是无数村落的消亡，但是我们从城镇化实践中发现了一个特殊的存在：近郊村。李培林（2004）在《村落的终结》一书中提出"城郊村"可以分成三种类型：一是城中村，二是近郊村，三是远郊村。然而他也仅仅是对城中村进行了研究，而未涉及另外两种村落。众多的学者也多是对城中村、城郊村进行研究，如张建明、李俊夫、折晓叶、陈婴婴、蓝宇蕴、于洪生等，而对近郊村的研究相对小众化。在笔者看来，城市化是一个波次延伸的过程，不同的村落会体现出不同的特征。相对来说，近郊村具有历史赋予的独特性：它与城中村不同，城中村在空间意义上已经完全被城市所吞没，在社会管理等各方面已渐趋系统化和城市化；与远郊村也不同，近郊村更加靠近城市，介于城乡两种社会体系的边缘，城市和农村因素犬牙交错，它既有较强的村落表象性因子，也具有明显的城市化因子，在这里，城市因子和村落因子交锋更加直接、更加激烈，在社会形态上更多地体现出一种过渡性和边缘性，这些近郊村落往往无限地靠近城市却又很难真正地融入城市。通过对多个近郊村的田野调查，我们发现了两个具有普遍性的现象：一是同一个近郊村落的建筑"新老分明"，新房与旧屋往往各分一边，共同存在，一边是整齐划一的新房，另一边是杂乱老旧的老屋，边界清晰，风格迥异，甚至其居住者也基本上有清晰的划分，老屋或老街中常住的是老年人或者外来人口，而青年人往往都选择住到新房里去。二是在近郊村中，人们对乡土传统的渴望和追溯的心理非常强烈，一些"文革"时期曾经中断的民俗文化活动又开始出现并蓬勃发展，人们对此表现出异乎寻常的支持，迫切地要寻求对乡土文化的认同以及对历史传统的延续。

中华民族有着几千年的农耕文明史，而进入现代社会也不过一百余年，所以我们所理解的传统文化更多的是乡土文化、地域文化、草根文化，都是农业文明的产物。如果在城镇化过程中只是简单地肯定城市文化，否定乡土文化，让那些由农民转化而来的市民全盘接受"现代性"的城市文化，或者在农村地区让城市文化成为主导，让乡土文化成为亚文化并任其消亡，那势必会造成国人精神和历史的断裂、今天和昨天的断裂。乡土文化的背后实际上是家的文化，是亿万国人的精神寄托，若是简单粗暴地用城市文化来替代乡土文化，对亿万国人来说则意味着家——精神家园的消亡。当然对传统文化的传承是一个扬弃的过程，取其精华，去其糟粕，既不能简单地将乡土文化当成落后的，也不能全盘吸收。我们要将有益的、体现对人性价值的关怀的成分分离出来，共同推动社会文明的进步和实现人的现代化，这也是现代化的根本目的和要求。近郊村的城镇化进程充满了乡土与现代、农村与城市的冲突与妥协，这是城镇化进程中所伴生的一种特殊的社会空间结构实体和特殊形态，其历史的延展性和现实的特殊性使其成为一个内容极为丰富与生动的研究实体，李培林曾指出："通过对村落城市化链条每一个发展环节理想类型的建立，就可以在理论上再造中国村落城市化的生动而又丰富的全过程。"① 虽然到目前为止，学术界对于近郊村还没有一个明确的界定和统计，但是在我国当下城镇化的扩张过程中，会产生难以统计的近郊村，它们快速地成长、发育，给社会带来的不仅仅是一种村庄形式，可能更多的是复杂的成长史和独特的情感，它将与城中村一样，成为我国城镇化变迁过程中产生的一道独特的社会景观。

本研究所关注的正是我国城镇化进程中产生的社会现象——近郊村，这一现象就如同城中村一样是具有必然性的社会事实，在城市的周边都普遍存在，其生成和发展都与城镇化直接相关。台州是民营经济的先发地区，经济发展势头迅猛，2000 年台州市国内生产总值（GDP）仅为674.99 亿元，而到 2013 年，台州市国内生产总值达到 3153.34 亿元，经

---

① 李培林：《巨变：村落的终结——都市里的村庄研究》，《中国社会科学》2002 年第 1 期。

济的快速增长也带动了城市建设，"十一五"期间中心城区建成区面积达到116.19平方公里，城市化率达到67%，"十二五"期间台州中心城市建成区面积达到145平方公里，城市化率达到72%。城市在迅猛的扩张过程中，吞没和包围了大量的村民生活村落，据统计，目前台州市市区22个街道共形成了121个城中村及近郊村。可以肯定的是，近郊村同城中村一样都成了农村研究的重点对象，它们承载着台州城市化的发展和农村社会的变迁，因此这些村落就成了我们所要"解剖"的"麻雀"。

与城中村相比，近郊村在发展过程中表现出来更多的负面情绪，尤其是在征地拆迁、旧房改造、集体经济分配等方面，由于种种原因，近郊村面临的现实问题更多、更复杂。笔者曾在基层街道挂职一年，这一年间到过该街道辖区内几乎所有的村庄，很明显感觉到近郊村的村民比城中村村民的消极、无奈甚至愤怒的情绪要高得多。在这个南方小城，近郊村已经慢慢得像城中村当年一样，成为亟待解决的矛盾集合体。"似农非农，似城非城"，卢福营教授如此评价近郊村，可见近郊村问题的独特性和复杂性。近郊村的这种独特性表现在四个方面：一是地理位置的独特性，近郊村往往分布在城区的边缘或者叫城乡接合部，是离城镇最近的农村区域。二是外在环境的独特性，近郊村处于城市系统和农村系统这两大社会系统的交界地带，即可以说它处于城市系统的边缘，也可以说它处于农村系统的边缘，因此其所表现出来的表征既区别于城市社区，也区别于农村社区，是一种"离土不离乡""亦城亦乡"却又"似城非城、似乡非乡"的社会存在。这些近郊村在区位规划上多被划为城区范围，但是从外观环境上看去却和城区差距甚远，笔者调研过的近郊村中，存在多个独特的景观：不远处是现代化的高楼大厦，眼前却是低矮的农房，村庄还保持着聚居的状态，但是大量涌入的流动人口打破了村庄的宁静，甚至由于一些村庄管理与改造力度不够，使近郊村成为"脏、乱、差"的代名词，使近郊村整体被"污名化"。三是现实状况的独特性，笔者在调查中发现，这类近郊村落往往是"被遗忘的村庄"，改革开放以来，我们一直坚持"以经济建设为中心"，在这个党的主要发展指导思想的指挥下，地方政府往往更热衷于看到经济数据的增长，更热衷于城市建设和工业发展等能快速推动GDP增长的领域，而对近郊村一度采取放任自由的态度。四是运行机制的独特性，近郊村"亦城亦乡"，既有乡村的因子，也有城市的因子，因此在村庄运行方面，很多近郊村都是另辟蹊径，自求出路。比如在非农化过程中，近郊村遇到的最大问题就是集体资产的处置，经过不断探索，很多近郊村选择建立"股份制公司"，对村民实行股份量化，以公司的形式来运行村庄。

中国地域广阔，地情各异，在农村社会变迁的过程中，必然表现出多元化的特征以及多样化的变迁路径，同样，由于城镇化环境和主体的差异，不同区域的农村在城镇化过程中也会呈现出不同的路径选择。近郊村由于独特的地位、环境和机制，也注定使其城镇化道路充满特殊性。这就使另一个问题也摆在我们面前，即城市化背景下的乡村该如何发展，尤其是在面对传统与现代、乡村与城市的冲突时，应该如何选择？费孝通先生曾讲过："从基层上看去，中国社会是乡土性的……但在社会的急速变迁中，从乡土社会进入现代社会的过程中，我们在乡土社会中所养成的生活方式处处产生了流弊"[①]，面对这个命题，让人内心满是复杂的滋味。过去的30年，中国乡村已经被迅猛发展的城镇化抛在了身后，被淹没在了城市的影子里，在这当中，空壳的乡村、断裂的乡土文化、失序的农村治理等尤其令人忧心。近郊村落作为城市与乡村冲突的样本，其变迁历程及行为选择或将为我们提供很好的借鉴。但是我们该如何更好地认知近郊村呢？近郊村的问题是否如其外在表现一样率真呢？近郊村是一种自然历史过程还是人为建构的产物？近郊村的变迁究竟是什么机制在起作用？关于近郊村的认知是否要进一步反思？发生在近郊村的故事又具有多少可信度与普适性呢？这些问题都值得我们去深思。

当前学界往往将近郊村笼统地归类为城中村进行研究，呈现出"同质化"特征，众多学者也将目光停留在技术性或制度性的层面，而忽视了"近郊村"的特殊环境、身份和地位所造成的特殊诉求。这容易造成城市文化对乡村文化的简单覆盖，导致城乡文化生态的失衡和特色乡土文化的湮灭，也会造成"近郊村"村民族群文化传承的中断和代际心理的失衡，更会带来"近郊村"村民与城市中心文化的隔膜与疏离。其实在这个问题上，欧洲一些发达国家的城市化实践可以给我们提供很好的借鉴，如在一些发达国家中出现的"乡村化"或者"乡间化"的实践、对乡村环境和利益的保护、对历史传统和民族文化遗产的高度重视和保护、对旧城保护与城市化、现代化关系的协调处理等，都是一些很好的经验，也是我们城

[①] 费孝通：《乡土中国》，上海世纪出版集团2007年版，第6—11页。

镇化发展的必然要求。"但如何结合中国现阶段城市化建设的实际,寻找本土化的具有文化生态特色的发展和管理模式,推动城市文化体系的创新,仍是一个有待拓展的领域。"[①] 因此我们要结合中国社会的实际情况,寻找具有本土化生态特色的发展模式,从现代文明与传统精神中找到共同支点,打造一个兼具乡土性与现代性,既能延续传统乡土人文精神,也能展现现代文明的新型城镇化模式。或许我们要做的,就是要解决一个问题,即近郊村社会实事的"真相",我们应该把近郊村纳入调查研究的视野,从村落的实际情况出发,自下而上地观察新型城镇化建设的"落地"情势,直面乡土传统与新型城镇化建设相遇的种种困难,只有这样,我们才能为近郊村建构一个比较客观的形象和认知,也才能为政府制定和实施相关政策提供客观的依据。从这个意义上我们也可以说,对于近郊村发展的"实事真相"才是本研究刻意去探求的。

二 研究思路

西方经典理论在阐述现代化或者城市化的时候,并没有涉及"城中村""近郊村""远郊村"等几种过渡性的社会形态,而是简单地将主体分为城市与农村,对于农村在城镇化过程中所表现出来的生存与变异的逻辑并没有深入分析。本研究就旨在直面我国特定国情所造成的农村城镇化多样性、复杂性的基础上,以经验调查与分析为工具,对一个近郊村在城镇化过程中的历史变迁、传统承续与现实境遇进行社会学、人类学分析,力求获取近郊村发展的"实事真相"以及未来可能的发展路径。

费孝通先生的《乡土中国》其英文名翻译过来是"捆绑在土地上的中国",这是对中国几千年农业文明的最好的概括。但是进入21世纪以后,中国的国情发生了很大的变化,苏力教授认为,中国已经从"捆绑在土地上的中国"变为"市场中国"了,那是否中国就不需要乡土、不需要土地了呢?笔者认为答案是否定的。目前中国工业化、城镇化所依靠的一个重要力量是农民工,他们为工业化、城镇化建设提供了充足的、高素质的、廉价的劳动力,这也是"中国制造"具有全球竞争力的主要因素。其实从这些农民工的年龄结构来分析的话,他们具有一个很明显的特点,

---

[①] 储冬爱:《"城中村"的民俗记忆:广州珠村调查》,广东人民出版社2012年版,第9页。

即农民工的年龄段有一个清晰的界限,基本上是在五六十岁以下,60岁以上的农民工非常少。贺雪峰在《新乡土中国》中将这种生产方式称为"以代际分工为基础的半工半耕的农村劳动力再生产方式",即指"在农民家庭中,年轻子女进城务工经商,年老父母在家务农,一个农民家庭可以同时获得务工和务农的两份收入,从而使农民家庭可以轻松过上'温饱有余,小康不足'的生活"[1]。与西方国家不同,中国经济能抵御种种危机,一个重要的原因就是当发生危机,城市就业机会减少的时候,广大农民工可以返回家乡,而不至于无家可归或形成贫民窟。"回家"是因为家里还有一点土地,至少能保证基本的温饱,土地、家对农民来说,是根,是归宿。因此,可以说正是稳定的农村为中国快速发展提供了保障。从更宏观的角度来说,至少在当前以及将来较长的一段时间内,农村社会仍然是中国社会的基础和主体之一,中国的现代化必须要以农村的现代化作为支撑点和归宿点。因此,研究中国农村和农民对于当代中国仍将具有重大的意义,只有认识到这一点,我们在农村领域所做的微观研究才能具有更宏大的视野和更宏观的气象,乡土社会或者农村问题的研究才更具有普遍性的意义。

本研究是一项微观研究,从一个近郊村的行为叙事出发,从时间和空间这两个维度,来探求传统与现代、乡村与城市的关系,通过深入考察村庄的历史和村民的生活,来为这个命题寻找答案。吴文藻曾说过:"社会是描述集合生活的抽象概念,是一切复杂社会关系的全部体系的总称。而社区乃是一地人民实际生活的具体表词,它有物质的基础,是可以观察的。"[2] 对一个典型的社区进行考察,首先面对的一个问题是这个"单位"的代表性与典型性如何、是否具有普适意义。的确,从一个小型社区来窥视宏观社会具有较大的难度,然而费孝通先生的《江村经济》为我们提供了一个很好的范例,他把"涉及江村社会生活的所有方面,如经济、社会关系、仪式等方面的素材,以功能的整体观加以联想、概括和分析"[3]。本研究也将参考费孝通的这个叙事框架,从村庄的文化器物(物品、团体、观念、风俗、技术、信仰、人情、习惯等)出发,以村庄的发展脉络

---

[1] 贺雪峰:《新乡土中国》,北京大学出版社2013年版,第2页。
[2] 转引自费孝通《费孝通文集》(第一卷),北京群言出版社1999年版,第485页。
[3] 王铭铭:《小地方与大社会——中国社会的社区观察》,《社会学研究》1997年第1期。

为纵轴，以村庄社会结构与社会生活形式为横轴，来探讨近郊村变迁进程中乡土传统与新型城镇化的博弈和弥合。费孝通也曾说过："以全盘社会结构的格式作为研究对象，这对象并不能是概然性的，必须是具体的社区，因为联系着社会制度的是人民的生活，人民的生活有时空的坐落，这就是社区。"① 我们首先要在一定的时空中考察近郊村村民的生活以及其所依赖的社会结构，然后在不同的社区之间进行比较研究，发现不同的社区、社会结构的运行规则和结构形式。因此我们将近郊村作为考察对象，必须要有一个清醒的认识，即近郊村是一个由血缘、地缘等关系结成相对独立的社会实体，其中的村民是结成各种社会关系的主体，因此，我们要对"村民"的生活给予密切的关注，从这个角度上来说，本研究也可以说是一个近郊村的生活史的研究。

为了使本研究的思路更加清晰，这里有必要对所涉及的几个主要概念进行界定。新型城镇化是本研究首先要界定的一个概念，应该说农村社会的变迁研究，始终要围绕着城镇化来开展，这个宏大的背景也是研究当前中国发展所避不开的。当然，现在所提出的新型城镇化与传统城镇化是相对应的，两者既有一定联系，也有很大的区别。新型城镇化这个概念最早是由张荣寰在 2007 年提出来，他在《中国复兴的前提是什么》这篇文章中对新型城镇化的定义和发展模式做了详细界定，他认为新型城镇化是为了提高人民幸福水平而规划建设的生态文明城镇集群，是指"坚持以人为本，以新型工业化为动力，以统筹兼顾为原则，推动城市现代化、城市集群化、城市生态化、农村城镇化，全面提升城镇化质量和水平，走科学发展、集约高效、功能完善、环境友好、社会和谐、个性鲜明、城乡一体、大中小城市和小城镇协调发展的城镇化建设路子"②。他还对新型城镇化的特征做出了界定："一是以城乡统筹、城乡一体、产城互动、节约集约、生态宜居、和谐发展为基本特征；二是大中小城市、小城镇、新型农村社区协调发展、互促共进；三是核心在于不以牺牲农业和粮食、生态和环境为代价，着眼农民，涵盖农村，实现城乡基础设施一体化和公共服务均等化，促进经济社会发展，实现共同富裕；四是生民为本、发展人文、生态宜居、产业优化、城镇联动、走廊便捷、循环持续、和谐发展；五是

---

① 费孝通：《乡土中国·生育制度》，北京大学出版社 1998 年版，第 91—92 页。
② 张荣寰：《中国复兴的前提是什么》，新浪博客，2007 年 5 月 4 日。

具有独特竞争力、自优化的生态产业群；六是新型城镇化是空间调整的最高艺术。"①

随着城镇化实践的深入发展，这一概念逐渐得到了领导决策层的认可和重视，将这一概念上升为国家战略，并在党的十八大上首次明确提出了"新型城镇化"，胡锦涛同志在报告中指出："要坚持走中国特色新型工业化、信息化、城镇化、农业现代化道路，推动信息化和工业化深度融合、工业化和城镇化良性互动、城镇化和农业现代化互协调，促进工业化、信息化、城镇化、农业现代化同步发展。"② 报告还指出，"加快完善城乡发展一体化体制机制，着力在城乡规划、基础设施、公共服务等方面推进一体化，促进城乡要素平等交换和公共资源均衡配置，形成以工促农、以城带乡、工农互惠、城乡一体的新型工农、城乡关系"③。应该说，十八大报告蕴含了各个领域的改革和转型，其中"新型城镇化"的提出，意味着中国在未来城镇化发展方向上也释放出了"转型"的信号。

2012年12月12—13日，中央城镇化工作会议提出了推进城镇化的主要任务，并将解决好人的问题作为推进新型城镇化建设的关键，会议明确提出要"走中国特色、科学发展的新型城镇化道路，核心是以人为本，关键是提升质量，与工业化、信息化、农业现代化同步推进"。④ 在农村城镇化方面，会议明确提出"要依托现有山水脉络等独特风光，让城市融入大自然，让居民望得见山、看得见水、记得住乡愁；要融入现代元素，更要保护和弘扬传统优秀文化，延续城市历史文脉；要融入让群众生活更舒适的理念，体现在每一个细节中。要加强建筑质量管理制度建设。在促进城乡一体化发展中，要注意保留村庄原始风貌，慎砍树、不填湖、少拆房，尽可能在原有村庄形态上改善居民生活条件"⑤。在随后召开的中央经济工作会议上，也明确要求，要"积极稳妥推进城镇化，着力提高城镇化质量"。从这些会议中我们可以看出，"以人为核心""提高城镇化质量"成为指导新型城镇化建设的主要思想。李克强总理也多次强调："推

---

① 张荣寰：《中国复兴的前提是什么》，新浪博客，2007年5月4日。
② 胡锦涛：《坚定不移沿着中国特色社会主义道路前进，为全面建成小康社会而奋斗——在中国共产党第十八次全国代表大会上的报告》，2012年12月8日。
③ 同上。
④ 转引自《习近平在中央城镇化工作会议上的讲话》，2013年12月13日。
⑤ 同上。

进城镇化，核心是人的城镇化，关键是提高城镇化质量，目的是造福百姓和富裕农民。"

那么新型城镇化与传统城镇化相比，有哪些区别？所谓的"新"又新在哪里呢？笔者认为两者最大的不同就在于新型城镇化强调要"以人为核心"，以提高质量为手段，而不是传统的以经济为中心，以"造城"为手段，同时新型城镇化注重保护农民的利益，并且强调新型城镇化要与农业现代化相辅相成。"新型城镇化不是简单的城市人口比例增加和规模扩张，而是强调在产业支撑、人居环境、社会保障、生活方式等方面实现由'乡'到'城'的转变，实现城乡统筹和可持续发展，最终实现'人的无差别发展'。"[①] 住房和城乡建设部副部长仇保兴曾对新型城镇化与传统城镇化进行了区分，他指出："一、传统的城镇化，是城市优先发展的城镇化，而新型城镇化讲求城乡互补、协调发展。二、城乡一体化发展，绝对不能搞成'一样化'发展，不能把农村都变为城市，而是要走城乡协调发展的道路。三、推进新型城镇化，不能盲目克隆国外建筑，而是要传承自身的文脉，重塑自身的特色。没有自己的文脉，形不成自己的特色，自身优势就发挥不出来，就会千城一面。"[②]

从以上这些解释中，我们能够感受到在新型城镇化的语境下，农村的主体性地位和重要性更加凸显，也是未来的重点领域，对农村来说则是机遇与挑战并存，如何在新型城镇化大潮中走出一条符合中国国情、具有地方特色的农村城镇化道路将是未来发展的大方向，也是笔者关注的重点所在。由此就引出了另一个概念：近郊村，本研究既然选择近郊村作为考察对象，必然有其可取之处。而且新型城镇化从国家政策的角度是自上而下推行的，在这个过程中，必然会面临各种变化和农村的种种反应，而且新型城镇化除了自上而下的推动外，还必须有自下而上地推动，因此我们也应该从村落的实际发展情况出发，从村落为主体的视角自下而上地考量新型城镇化政策的"落地"情况，而不同类型的村庄应对城镇化的行动是不同的，我们应该直面乡土社会与新型城镇化建设中遇到的种种问题，在

[①] 吴定平：《新型城镇化是贪大求快的克星》，中华人民共和国中央人民政府门户网站，2013年7月3日。

[②] 陈关升：《中国加速推进新型城镇化，以人为核心重在改革》，中华城市低碳经济网，2013年9月3日。

整个城镇化链条中，近郊村的实践具有一定的典型性。

因此，另一个需要厘清的概念是近郊村。近郊村，顾名思义就是紧靠城市周边的村落。在以往的研究中，近郊村往往被笼统地归类为城中村或者城郊村，并没有详细地划分出来。如李培林在《村落的终结》（2002）一书中就将其归类为城中村，他将广州的城中村划分为三种类型：一是处于繁华闹市区、早已没有农用地的村落；二是处于市区周边、尚有少量农用地的村落；三是处于远郊、存留较多农用地的村落。但是李培林所研究的"城中村"主要是第一种，他认为第一种村落是"被城市包围的"，"能最突出地呈现出村落终结的特点"。另外，学界对城郊村的界定也是较为笼统，一般认为城郊村就是城市周边的农村、城市郊区的农村，然而对城郊村来说，距离城区的远近不同，其产业结构、职业结构、管理体制等方面也存在很大的差异，因此有必要对城郊村再进行细分，将其划分为近郊村和远郊村。这里我们可以为近郊村做一个详细的界定：近郊村是指位于城市与农村的接合部，土地大部分被征用，但还有少量农用地，仍保留土地的集体所有权制度，农民已基本实现非农化，村集体经济以物业经济为主，村民户籍及管理体制村居混合的一种特殊的社区。

与城中村被称为"都市里的村庄"相比，近郊村则可称为"都市边上的村庄"。从性质上来说，近郊村具有以下几个性质：一是边缘性。近郊村处于城市与乡村两大社会系统的交界处，既可以说它处于城市系统的边缘，也可以说处于农村系统的边缘，其在地理区位、发展政策、产业结构、社会结构等方面都呈现出边缘化的特征。二是过渡性。近郊村这种状态并非固定的，它是一个动态的过程，是随着城市的扩张而慢慢形成的。近郊村最初的时候只是一般的农村，离城市很远，但是随着城市不断地向周围扩张，大量的土地变为城区，原来的远郊村变成了近郊村，而随着城市扩张，如今的近郊村也会变为城中村，从地理区位上被城市所包围。三是混杂性。既然在地理位置上处于城乡两大社会系统的交锋地带，必然会导致村庄呈现出一种混杂性，如人口结构上，往往存在村民与居民混杂、本村村民与外来人口混杂的格局，另外在职业结构、产业结构、管理结构等方面也存在混杂性，这既为近郊村的管理增加了难度，但同时也为近郊村的发展提供了充分的可能空间。近郊村是我国农村城镇化过程中出现的一种独特现象，它与国外研究中的"城郊村"（Urban Village）不同，就如同美国约翰斯顿（1986）所定义的："Urban Village 是一种居民具有相同或相似的文化或种族特征的居住区，常位于内城或转型地带，是移民进入城市的聚焦点。"在他们看来，Urban Village 只是移民进入城市的一个跳板，是移民团体暂时的聚居地，并不是真正意义上的村庄，这与我国的城中村、近郊村、远郊村有着本质的不同。尽管我国的城中村、城郊村也有大量的外来人口，甚至一些村庄里面外来人口还要多于本地人口，但受到土地制度、户籍制度、乡土传统等制度性因素的制约，他们在经济社会地位上始终处于从属地位，无法影响甚至改变近郊村的本土社区性质。

谈到农村的城镇化，自然地就引申到对农村社会性质的关注，即本研究所要涉及的第三个概念：乡土社会。中国基层社会是乡土性的，这是从费孝通开始就形成的共识。而且在中国现代化的问题场域中，始终无法回避乡土传统的传承和创新这一命题，这也是中国社会的性质所决定的。中国早期的现代化、城镇化实际上是受西方现代化理论、城镇化理论主导的，从具体实践来看，自20世纪80年代以来，在中国的现代化、城镇化进程中，不可避免地导致了城市和乡村发展的非均衡性，改革开放30年来的实践，使传统乡村与现代都市之间的内在差异充分暴露了出来，中国乡土社会的现代化走到今天，乡土传统的衰落已经成为当代乡村危机的重要表征之一。

现代化进程必然地要对传统、乡土社会造成冲击和改造。自鸦片战争以来，中国的现代化探索已经历一个半世纪，唐晓腾认为，"在这期间中国先后经历了四次改造传统乡土社会的现代化运动，第一次始于鸦片战争，止于中日甲午战争，这是中国现代化改造的起始启蒙阶段，重要标志是以发展近代军事工业为主体的洋务运动；第二次始于辛亥革命，止于日本发动全面侵华战争，这是中国现代化改造的起步创业阶段，重要标志是1927—1936年间中国民用工业的迅速发展，也正是在这一黄金发展期中国民族资产阶级得以快速成长（白吉尔，1994）；第三次始于中华人民共和国的建立，止于'文化大革命'的全面爆发，这是中国现代化的正式起步阶段，重要标志是中国的重工业基础初步形成，为国民经济的全面恢复和快速发展创造了有利条件，也保持了民族和国家的独立；第四次始于十一届三中全会后改革开放政策的推行，直至现在，这是中国现代化的快速推进期，重要标志是中国的工业化、城市化水平不断提高，科学技术和经济社会的发展日新月异,全面建设小康社会的目标初步实现"①。

  但是笔者认为目前来看,中国正在开始第五次改造传统乡土社会的现代化探索,即新型城镇化。在第四次的改造中,中国农村发生了翻天覆地的变化,特别是最近十几年,西方现代化猛烈地撞击和侵占中国的乡土传统,现代化、工业化、城镇化以摧枯拉朽的态势改变着传统乡村社会,随之而来的,是广大农村地区传统的人地关系、社会关系及乡土传统的瓦解,而这种现代化理念和模式一度成为我国现代化实践的指导思想,影响着政府和学术界及社会各界。就如同林刚(2007)曾指出的,"从1990年代开始愈演愈烈的'三农问题'的产生原因是多方面的,既有改革经验不足,也有市场经济不完善、政府职能不健全,还有利益集团的肆虐,等等。但其根源却在于一种已经根深蒂固的观念:传统农业和农民是现代化的对立面,只有消灭它才可能发展现代化"②。在这种思想的指导下,我们一直是在强调农村城市化、农民的市民化,其实其本质是在这个幌子下剥夺农村的廉价资源,重工轻农,重城轻乡。新型城镇化的提出,意味着农村在现代化、城镇化中的主体地位得到提升,农村从过去一味地被动承受变为可以主动地选择城镇化道路,而指导思想也从原来单纯的、机械的"农民市民化""农村城市化"向"农民生活现代化""城乡一体化"转变,应该说这是对乡土社会的尊重,重视的是对乡土传统传承和创新,而非一刀切式的否定。写到这里,又勾起了笔者心中久久萦绕的一个问题:中国的现代化、城镇化最终会走向何方?中国的乡村还能否成为"希望的田野"?

  回顾中国社会学的历史,我们不难发现,但凡与农村相关的研究,基本上都是围绕着乡土社会变迁这个问题开展的,无论研究者选择何种对象、运用何种方法、得出何种结论,其最终也都会回到乡土社会如何变迁这个落脚点,但是历史不会停滞,因此对乡土社会的研究也不会终结,对这个问题的回答也就不会有定论。因此我们既要始终秉持历史的观点,也要始终秉持发展的观点,结合中国乡土社会的实际情况,通过典型村落的

---

  ① 唐晓腾:《农村现代化与乡土社会变迁:概念、理念及现状》,《中共宁波市委党校学报》2008年第2期。

  ② 林刚:《良性互动与恶性循环——关于中国城乡关系历史变动的一点思考》,黄宗智主编《中国乡村研究》第5辑,福建教育出版社2007年版,第35页。

研究，来力图接近乡土社会变迁的实质。城镇化进程就像一块石子投入湖水中产生的涟漪一样，是一个波次延伸的过程，不同地理区域、不同发展阶段的村庄其城镇化进程也各不相同，并且每个村庄都有独特的村情和传统，在面对城镇化、现代化的冲击时，往往会以不同的方式应对，而非过去我们一直想象的农村只是被动地接受。而乡土社会的变迁往往会具体地表现在村落的变迁上，因此，本研究以近郊村落为研究对象，不求能窥视城镇化的全貌，若能为城镇化研究的链条中添上自己的一笔，笔者也就欣慰了。近郊村是在现代化、城镇化过程中的一种特殊的社会存在，对城镇化链条的研究具有"物理切片"的意义，它能很好地反映出农村乡土社会在向城市现代社会转变过程中的复杂性和痛苦性，近郊村的变迁既有历时性的必然，也有共时性的冲突与融合，既有乡土传统在现代社会的回放，也有与现代文明交融后的再生，因此其变迁与发展对整个城镇化链条来说具有典型的意义。而如何使乡土传统与现代文明相融合、如何使乡村与城市的关系相互调适，将是我们研究城镇化、乡土社会变迁以及近郊村治理所要关注的重大课题。

总体上来看，本研究要想深入厘清上述问题，必须要解决以下五个重点和难点问题。

一是近郊村历史、环境的变迁所带来的文化、民俗的变迁以及村民身份变化带来的心理变迁。具体来讲包括村庄的社会结构、社会关系、生产生活方式等外在的变化以及村民村庄认同、自身诉求等内在的变化，相对来说，目前的研究更多关注外在的或者物态的变化，而对村庄和村民内在的精神、文化方面的变化有所欠缺，这也是本研究所要突破的一个重点问题。

二是近郊村在土地被大量征用，生产生活方式改变后，村民收入结构和村庄的经济发展模式都发生了巨大的变化，其村民收入结构呈现出多元化，村庄的经济发展模式呈现出再集体化，这背后乡土传统起到了什么作用？

三是随着生产生活方式的变迁，村庄的社会关系发生了哪些变化？尤其是外来人口大量涌入，对原住民的交往方式、社会心态带来了哪些变化？由此带来的外来文化与本土文化之间的文化隔膜甚至冲突，应该如何调适？如何在人口结构复杂的近郊村中保持社区的和谐？这些都需要进行详细的对策研究。

四是现代文化、城市文化对农村乡土文化的冲击和覆盖，已经使传统意义上的村民消失，但是村庄原有的土地制度、户籍制度、管理制度等依然存在，这使村落文化、乡土文化仍然具有存在和传承的特殊条件，如何通过政府政策的有效干预，保护有价值的村庄传统文化，保持社会文化生态的多样性，这是当今政府治理所要面临的新课题。

五是乡土传统与城镇化并非对立的，城镇化进程中一些乡土性因素仍然有其存在的合理性和有益之处，而传统城镇化模式往往割裂传统与现代的关系，忽视了中国社会中乡土传统的传承与变迁。现有的研究主要以传统城镇化语境下农村、农民被城镇化为主，而对各种具有乡土特色、地域文化特色、民族文化特色的新型城镇化模式缺少概括总结，目前尚无专门性的理论成果。

另外，本研究在研究过程中选择以星村为典型村，同时择了富村作为对照村，无论是在田野调查还是本书内容中，都对其给予了一定的关注，虽然着力不多，但是也可作为对典型村在普遍性意义上存在的不足的补充。

三 研究意义

中国城镇化进程中近郊村落的变迁特别复杂于典型农业村落的变迁，在这里中国二元社会的遗存尤为明鲜，是一个特殊的研究实体。本研究是想在新型城镇化的大背景下，通过对近郊村若干村民生活史的研究以及对村庄历史发展的梳理，试图厘清乡土社会变迁的内在逻辑及其功能意义。本研究通过对个案村的研究试图回答以下几个问题：村落文化和乡土传统等乡土性因素能否为新型城镇化提供动力？乡土传统与新型城镇化应该建立怎样的互动机制，才能规避城镇化陷阱而走上不失特色的新型城镇化道路？这是一种历史必然还是一种政策选择？农村在新型城镇化中表现出怎样的行动逻辑？其地位及命运将如何改变？这种类型的新型城镇化模式该如何进行理论概括？

本研究的理论新意主要有：一是在乡村城镇化的过程中，村落是城镇化的一个行为主体，是城镇化自下而上推动的主要力量。各种类型的村落不能坐等"被城市化"，而应该因地制宜、因时而动、顺势而变，主动寻找最适宜的发展路径；二是"新型城镇化作为一项国策，是由政府层面制定和推动的，但是其在自上而下推行的过程中，势必会面临自下而上的来自乡土社会的接受、理解、应对与涵化"①。"乡土因素"还能在一定程度上为城镇化提供动力。近郊村落的自主行动也离不开"乡土"的作用,"乡土社会资源"虽带有浓厚的亲缘、地缘色彩,但并非与现代化、城市化绝对背离的消极因素,它们是农民缺乏外部社会资源的时候,在集体行动逻辑下实现自我发展的重要资本,但是需要妥善处理"乡土"的封闭性与现代社会更大的社会延展性之间的关系。三是本研究拓展了本土性研究的理论视野。以往对乡土传统的研究往往偏重于"传统的""惯习的",具有较强的历史局限性,而本研究所涉及的乡土传统除以上因素外,还包括"生成的"与"创新的"因素,乡土社会也是随着历史而不断变迁和演进的,我们要把握好这种变异性以及其对社会的适应性。四是尝试提出"乡土型城镇化"这一概念,是指"以村落为行为主体,依托'乡土性'的社会资源、条件和优势,在集体行动逻辑下实现内发性的自主发展,推动农民非农化及村落社区化,以应对和适应城镇化大潮的一种发展模式,也是构建新型城镇化的理想类型之一"②。

　　本研究也具有较强的现实意义。2013年年底的中央新型城镇化工作会议强调了乡土传统的地位,明确肯定了其对新型城镇化的重要意义,会议指出:"新型城镇化要以人为核心,要传承历史文脉,让人们记得住'乡愁'。"因此挖掘乡土资源,保护和弘扬优秀传统文化,对促进社会稳定和谐及推动以人为核心的新型城镇化建设具有重要意义。一是在城镇化进程中,村落仍有存在价值和发展理由,近郊村落是推进新型城镇化建设的"介质",其发展模式对城镇化的制度选择和路径取向有重要的参考和借鉴作用。二是近郊村落的自主性行动及内发性发展并没有让村庄萎缩和消亡,而是导致村(社区)结构的膨胀和完善、村庄功能的加强及村社区的超前发展,有些甚至已经成为边缘地带新的经济和社会中心。三是为乡土社会、乡土传统应当获得政府与社会的制度及政策支持找到现实的依据。通过对乡土社会的现时功能进行挖掘,探索其对城镇化建设、现代化建设的重要意义,以及其对保障社会稳定、完善社区治理、提供人性关

---

　　① 张士闪:《顺水推舟:当代中国新型城镇化建设不应忘却乡土本位》,《民俗研究》2014年第1期。

　　② 李传喜:《边缘化与边缘效应:概念解读及其行为方式——近郊村落城镇化的社会学思考》,《温州大学学报》2014年第5期。

怀、改善社会关系等方面的功能价值。同时也要着力表明，随着社会的发展，乡土传统能够不断调整和演化，在特定的社会历史条件下，乡土传统能够为城镇化提供极大的动力。四是新型城镇化的本质是"人的城镇化"，缩小或弥合城乡鸿沟，可以有多种途径共同推进，因此要把握村落变迁的一般规律，把主动城市化与被动城市化、有形城市化与无形城市化有机结合起来。

四　研究方法

法国社会学家埃米尔·迪尔凯姆在《社会学方法的准则》一书中提出了"社会事实"的概念，这一概念为社会学研究工作提供了强大的方法论工具，他指出要把社会事实"当作物来考察"，要摆脱一切预断，这一概念深深地影响了社会学研究。因此本研究就以"社会事实"为基础，认识、理解近郊村城镇化进程中的"社会事实"，并对其做规律性的分析。德国社会学家彼得·阿特斯兰德指出："理论和方法论的任务不是创造真理，而是达到解释的真实。"[1] 为了努力达到解释的真实，研究中强调实际先于理论，事实先于价值，努力从实际情况中把握问题，分析得出结论。因此，本研究的理论建构均基于丰富的第一手调查资料，所有观点都将以"社会事实"为客观依据。美国人类学家怀特（William Foote Whyte）在《街角社会》一书中对一个混乱的、一团糟的贫民区进行了深入的研究，从中发现了一个高度有组织的、完整的社会制度，这就是对社会事实进行挖掘的典型例子。怀特曾说过："要理解惊人的事件，就必须联系日常的生活模式来认识它——因为科纳维尔的生活史有一种模式的。"[2] 本研究正是在前人成果的基础上，以社会学、人类学的方法论作为指导来开展研究的。我们试图通过对村民日常生活模式的考察，去发现存在于其中的村落乡土社会变迁的历程，去发现其中的社会运行规则，以及近郊村落特定的生存和发展模式。

在研究对象的选择上，学界一直存在典型性和代表性之争，笔者认为中国国情复杂，要想找到一个或一种具有代表性、普适性的现象或规律是

---

[1] ［德］阿特斯兰德：《经验性社会研究方法》，李路路、林克雷译，中央文献出版社1995年版，第1页。

[2] ［美］怀特：《街角社会》，黄育馥译，商务印书馆1994年版，第7页。

非常困难的，相对来说，中国社会中呈现出的是一个一个的典型现象。囿于笔者能力有限，我们只能先从典型现象入手，发掘其特点、性质，然后努力尝试着提出具有代表性的观点。当然这种方法是有一定的难度的，有学者曾说过，在中国如此复杂的国情之下，任何从典型村庄得出的一般结论都面临被证伪的危险。的确，中国乡村千差万别，村庄的背景、环境、条件都不同，其在城镇化中的表现也各不相同，我们无法使其趋同。因此，本研究将正视村庄在城镇化进程中的差异性，分析影响它的社会条件、因素。我们知道，要想从中归纳出一种"理想类型"是非常困难的，对于本研究来说，只能说是努力去尝试，去做"接近性"的尝试。

本研究是一项个案研究，将选择典型村庄作为个案，主要理由是：村一直是社会结构中最稳定的单位，具有相对完整的关系形态和文化特质，在村庄变迁中拥有相对自主性，特色明显。费孝通曾指出："村庄是一个由各种形式的社会活动组成的群体，具有其特定的名称，而且是一个为人们公认的事实上的社会单位。"[1] 村庄还是一个较为完整的社会单位，"麻雀虽小，五脏俱全"，村庄可以看作社会的缩影，从村庄的发展变迁我们就能反推社会的变化。吴文藻曾说过："社区乃是一地人民实际生活的具体表词，它有物质的基础，是可以观察的。"[2] 我们就是去"观察"村庄、"理解"村庄、"把握"村庄，在村庄的变迁中，单个的村庄很容易从经验上去把握，从理论上进行解剖，而且单个村庄的变迁历程往往既包含一些一般性的规律，也包含很多特殊性的、偶然性的变化，有助于我们从诸多的偶然性、特殊性中寻找其必然性和普遍性的东西。还有就是近郊村是一种真实的社会存在，它有一套独特的运行机制，对我们来说是极为有意义的。所以对于本研究来说，以村庄作为个案是最为合适的。

本研究主要研究方法有：

（1）历史考察与文献资料。林耀华曾指出："对一个民族或一个地区的社会文化进行历史的追踪调查是一种重要的方法。对于处在特定的社会历史条件下发生文化加速度现象，使得社会文化猝生巨变的民族和地区进行追踪调查就更有意义。"[3] 本研究对个案村的历史脉络进行了深入的探

---

[1] 费孝通：《江村经济》，上海人民出版社2007年版，第18页。
[2] 吴文藻：《现代社区实地研究的意义和功用》，《社会研究》1935年，第66页。
[3] 林耀华：《凉山彝家的巨变》，商务印书馆1995年版，第149页。

究，通过个案村及其所在街道获取了丰富的档案资料，另外，还通过收集相关政府文件、法规以及他人的相关研究成果作为辅助，力求厘清个案村的发展脉络。

（2）田野调查。2012年，笔者曾在个案村所在街道挂职一年，对个案村有了初步的感性认识，而且这一年的经历使笔者获得了特殊的身份，在日后去村里调研时方便了很多。2012年7月、2013年7月都分别对个案村进行了集中调研，而且因为个案村离笔者单位并不远，所以在资料整理的过程中又多次回到村里进行回访和补充资料。在这期间，笔者深入接触和访谈了街道干部、村委干部及一般村民等二十余人，获得了大量的相关资料。对个案村的田野调查主要通过集体座谈、个别访谈、实地观察等多种方式进行，整个调查过程分为两个阶段：一是典型村的调查。就如同毛泽东所提出的"解剖麻雀"的方法一样，我们选择了一个典型的近郊村落，对其进行详细的"解剖"，重点对近郊村的发展变迁史、近郊村的乡土传统、习俗的变迁、近郊村的器物、风土民情的变化、村庄的结构、村民的生活史和村民的精神观念等方面做深入细致的微观考察。典型村调查的价值首先在于积累丰富、生动、具体、深入的资料，以期建立一个真实可靠的城镇化进程中近郊村落的形貌，以及与之相关的社会景象。二是对照村的调查。本研究除了先行调查的典型村以外，还选择了一个对照村，该对照村也是近郊村，但与典型村有着很多不同，通过对其进行对照调查，来验证典型村研究的结论。对照调查的内容和方法大致与典型村调查相对应，其价值主要在于：第一，弥补典型调查以偏概全的不足。如果仅限于典型村的纯个案调查，有可能以偏概全，导致对城镇化进程中近郊村落社会变迁的判断失误。第二，防止简单地以面上调查的平均值掩盖具体复杂的村落社会事实，遮盖新时期近郊村落城镇化变迁的特点和城镇化进程中近郊村的区域特点。如此，可以将典型调查的深度、面上调查的广度和对照调查的可信性结合起来，实现彼此之间的互相补充。

第一章

历史考察

一 行政区划

（一）椒江

椒江，位于浙江沿海中部台州湾入口处，"东经121°21′24″—121°32′02″（最东岛屿处121°55′10″），陆域界北纬28°34′25″—28°46′53″（最南岛屿处28°23′24″）。东濒大海，西接黄岩，北接临海。陆域东西宽18.8公里，南北长23.0公里。海岸线长22.7公里。总面积343.58平方公里，其中陆地263.49平方公里，海岛面积14 96平方公里，滩涂53.23平方公里。海域面积600平方公里，椒江水域16.89平方公里，内河水域面积59.24平方公里"①。"境内以沿海海积平原为主，占土地总面积65%，平原上间布小山陆屿，山在城中，树木葱茏，融自然人文景观于一体，孕育出独特的城市风貌。椒江贯城而过，形成天然良港，向以得舟楫之便，富山海之利，有'台州六邑咽喉'之称。沿海滩涂漫漫，海域辽阔，海洋自然资源富饶。大陈渔场为东海第二大渔场，计有鱼类、甲壳类、软体类和贝藻类300余种，昔以盛产大黄鱼、小黄鱼、带鱼和墨鱼四大经济鱼类著称。海域环境良好，近年发展海洋养殖，出产的大陈黄鱼已成为著名品牌。"②

旧时，"椒江"称作"海门"，地处椒江入海口，因江北之小圆山和江南之牛头颈山对峙，两山夹峙势成关隘，状如大门而得名海门。"1949年6月海门解放后，建为台州专员公署直属海门区，1954年改为温州专员公署直属海门区。1956年3月直属区撤销，改为黄岩县海门区，始属

---

① 椒江区政府门户网：《椒江自然地理》，http://www.jj.gov.cn/jjgl/zrdl/。
② 椒江区政府门户网：《椒江简介》，http://www.jj.gov.cn/jjgl/jjjj/。

黄岩。1980年7月由黄岩县分出，建立海门特区，1981年建市，因为与江苏海门县同名故而改称椒江，以椒江横贯市域而名，为浙江省第一个县级市。1994年8月，国务院批准台州撤地设市，行政中心移设椒江，椒江撤市设区，成为台州市中心城区，市委、市政府驻地。"[1] 椒江区下辖8个街道（海门街道、白云街道、葭沚街道、洪家街道、下陈街道、三甲街道、章安街道、前所街道），1个海岛镇（大陈镇），1个农场（椒江农场）和1个渔业总公司（椒江海洋渔业总公司），2013年末全区户籍人口总数为53.92万人。

椒江人文历史悠久，新石器时期就有古人类居住。"先秦时期，统称'越'地，属闽中郡，西汉时期在章安设回浦县，属会稽郡，隶扬州，东汉建武年间，将回浦县改为章安县。其辖区相当于今温州四县、台州四县及处州、松阳等地。公元3—6世纪，章安是浙东南沿海重要的政治、经济和文化中心，港埠兴旺，人文荟萃。宋高宗赵构从舟山移驻章安，并游览枫山清修寺。此外，宋代的著名女词家李清照、民族英雄文天祥等，都曾到过椒江。明嘉靖年间（1522—1566），倭寇连年入侵，参将戚继光率'戚家军'数次驰援，驻守海门，终于荡平剧寇。坐落东山西麓的'戚继光庙'，是全国著名的抗倭纪念古建筑遗存之一，也是椒江最具历史人文教育意义的古迹。清末，海门港正式辟为商埠，于光绪二十七年（1901）建立最早的三安川码头，开通椒江至上海、宁波、温州等客货航线，并创办各类实业，货商毕集，市场兴旺，成为台州最繁荣的港埠。至民国间，遂有'小上海'之称。"[2] 由此可见，椒江自古以来就有开埠通商的历史，商业气息浓厚。

椒江区地处浙江沿海，也位于改革开放的前沿。在实行家庭联产承包责任制以后，椒江人民从土地的束缚中摆脱出来，农村劳动力开始大规模地转移和分流，并且在以公有制为主体、多种所有制共同发展的思想指引下，椒江区乡镇企业异军突起，走出了一条以股份合作为主要特色的区域经济发展路子。20世纪80年代初，台州地委制定了"台州经济翻两番，乡镇企业挑重担"的战略目标，加大了对乡镇企业的扶持力度，很快，乡镇企业就成为椒江经济的半壁江山。蓬勃兴起的乡镇企业，是我国农村改

---

[1] 椒江区政府门户网：《椒江自然地理》，http://www.jj.gov.cn/jjgl/lsyg/。
[2] 台州市椒江区志编纂委员会编：《椒江市志》，中华书局2001年版，第1—4页。

革的重大成果之一，椒江的乡镇企业从无到有，从小到大，到1991年，椒江区除乡及乡以上的52家乡镇企业外，村及村以下的乡镇企业更达到1万多家。1991年乡镇企业中，年产值百万元以上的企业有137家，其中年产值超千万元的10家，九州制药厂成为全地区首家超亿元产值的企业；15家企业被列为全市重点骨干企业，4家通过地区级先进企业验收；通过计量、标准化、全面质量管理验收的22家60项；产品质量获3个部优、3个省优称号。①

1991年椒江乡镇企业产值首次突破10亿元，到1992年，乡镇企业工业总产值达到18.3亿元，1993年达到超过34.63亿元，1994年实现乡镇工业产值75.9亿元，比上年又增加119%，占全区工业总产值的50%，成为国民经济的重要支柱。1988年3月，国务院批准椒江为沿海经济开放区，为椒江外向型经济发展创造了良好的条件，椒江经济也开始迅速向外向型经济转型。目前，椒江已经形成了医药化工、缝制设备、家用电器、船舶制造、光电子等五大支柱产业，2013年，规模以上工业企业（年主营业务收入2000万元及以上）达到3124家，并培育出了海正药业、飞跃集团、东港集团、宝石集团、星星集团、九州药业等一大批龙头骨干企业，并荣获中国缝纫机制造之都称号。2013年，"椒江区生产总值达到403.86亿元，按可比价格计算，比上年增长7.4%。其中，第一产业增加值16.48亿元，增长2.0%；第二产业增加值171.22亿元，增长8.9%；第三产业增加值216.15亿元，增长6.7%。三次产业结构由上年的4.07∶42.69∶53.24调整为4.08∶42.40∶53.52。人均生产总值77506元，比上年增长6.5%"②。

农业方面，2013年，"全年农作物播种面积11.30千公顷，比上年下降1.0%。其中，粮食播种面积6.68千公顷，与上年基本持平；蔬菜播种面积3.49千公顷，比上年增长3.7%。畜牧业生产平稳。年末生猪存栏6.24万头，比上年末增长8.3%；生猪出栏10.10万头，比上年增长9.4%。年末家禽存栏52.35万羽，比上年末下降15.0%；家禽出栏119.65万羽，比上年下降20.0%。全年肉类总产量1.17万吨，比上年增长3.0%；禽蛋产量6048吨，比上年增长5.4%。牛奶产量2754吨，比

---

① 台州市椒江区志编纂委员会编：《椒江续志》，中华书局2001年版，第11—13页。
② 《台州市椒江区2013年国民经济和社会发展统计公报》，椒江统计信息网。

上年下降3.5%。渔业产量稳中趋降。全年水产品总产量25.06万吨，比上年下降6.5%。其中，海洋捕捞产量24.69万吨，下降6.8%。农业产业化不断推进。全区农业龙头企业达到43家，市级规范化农民专业合作社达到7902家、省级示范性农民合作社145家。农产品质量稳步提高，国家级无公害农产品达到175个，绿色食品187个，浙江省无公害农产品产（基）地208个，获省农博会金奖5个、森博会金奖1个"[1]。

国内贸易方面，2013年"椒江区全年社会消费品零售总额191.17亿元，比上年增长10.5%，剔除价格因素，实际增长10.1%。分行业看，批发业零售额23.49亿元，增长16.0%；零售业零售额155.33亿元，增长11.0%；住宿和餐饮业零售额12.35亿元，下降4.6%。年末全区拥有各类商品交易市场42个，年成交额113.52亿元，比上年增长5.0%。其中，消费品市场成交额104.59亿元，生产资料市场成交额8.94亿元，分别比上年增长5.5%和0.8%。年成交额超亿元市场达11个；其中，年成交额超10亿元市场5个。对外贸易保持稳定。全年进出口总额达到39.22亿美元，比上年增长6.5%。其中，外贸自营出口30.74亿美元，比上年增长12.3%。按出口企业类型分，外贸企业出口7.02亿美元，比上年增长38.1%；三资企业出口2.24亿美元，比上年增长6.6%；生产企业出口21.49亿美元，比上年增长6.4%。实际利用外资大幅增长。全年实际利用外资3187万美元，比上年增长53.8%。省级服务外包示范园区稳步推进。服务外包合同执行额3058万美元，占全市的90.6%"[2]。

（二）葭沚街道

葭沚，这个名词一看就感觉有《诗经》的味道，既雅又宜，给人一种亲切而又向往的感觉，让人顿生要去一探究竟的冲动。"葭"是水边的芦苇。《诗·召南·驺虞》中言"彼茁者葭"。"沚"是水中的小洲，《诗·秦风·蒹葭》中言"宛在水中沚"。因葭沚处于江边，由椒江冲积而成，又因江边地势较低并长满芦苇，故取名"葭沚"。葭沚街道原为葭沚镇，位于台州主城区，是椒江的西大门，南与路桥接壤，西与黄岩毗邻，北濒椒江，82省道、台州大道1号路、2号路、市环岛大转盘以及在建的椒江大桥都坐落或经过于此。葭沚街道是1992年由葭沚镇和栅浦乡

---

[1] 《台州市椒江区2013年国民经济和社会发展统计公报》，椒江统计信息网。

[2] 同上。

合并而成,"区域面积46.7平方公里,港岸线长6.5公里,下辖39个行政村,3个实业总公司,7个社区居委会,总人口6.74万。北面椒江贯穿全境,形成天然良港,既得舟楫之便,又有山海之利,区域环境得天独厚。葭沚历史悠久,相传南宋康王赵构曾于葭沚停留,至今江边尚有遗迹与章安古镇金鳌山隔江相望。葭沚地处椒江入海口,交通便捷,早在明清年间已是商贾云集、人文荟萃、农渔商并兴的浙中沿海名镇"。道光二十三年(1843),移台州同知衙门于葭沚,以加强对沿海的统治。光绪二十年(1894)开埠通商,发展成为商埠。尤其是清末民初,富户云集,曾设有衙门,建有飞机场,还开办了一个水产学堂,任教老师多为留学日本归来的高级知识分子。1924年台州第一个党组织在葭沚原浙江省立甲种水产学校内诞生,2007年11月全省首个农村社区党委也在葭沚成立。葭沚的"送大暑"等民间"文化"活动极富特色,"闹湖船""打莲响"等民间艺术享誉全省。

葭沚也曾称贾子、家子,根据地理环境和历史记载,现已明确其演变路径:葭沚—贾子—家子—葭沚,古代葭沚是一片浅水荒涂,椒江由西而东流入大海,雨季和大潮汛时,三山以东直至岩屿街一带以及现在葭沚以南村庄都形成水道和泥涂,这一带村庄现在还保留藤桥、董家洋、沙门、高坎、上洋、平桥、水门、栅浦等地名。由这些地名也可知道古代葭沚的地理环境及其命名的由来。因此,"葭沚"应是葭沚最早的地名。对于"贾子",据项士元《海门镇志》记载:海门在北宋时尚是海边的一个无名渔村,到南宋光宗时(1190—1194)才慢慢发展成一个比较集中的居民点,而早在这之前,葭沚的商业活动已经逐渐发展起来,商贾往返逐渐频繁,彼时即有"贾子"之称,但始于何时,已无从考证了,现有的线索是在宋高宗避难到葭沚再登枫山时已有了。①

关于家子,葭沚周氏现存有《周氏家谱》,在其序中有如此描述:"宋光禄大夫有曰朝熙公者,建炎中(1127—1130)扈跸高宗登枫山,望海门迤西地,商渔乐业,井里熙熙,因得高宗当时命名家子之意,嘱其子卜居于此,是为家子一世祖。"[朝熙公即为周朝熙,原籍河南,当时任朝廷的光禄大夫(掌管皇室膳食),周氏家谱称他为葭沚周氏始祖]这里

---

① 政协浙江省椒江市委员会文史资料工作委员会编:《椒江文史资料》(第8辑),内部刊印,1991年,第172页。

就开始出现了"家子",《谱序》又载:"建炎初,高庙航海,舣港口,问贾子厥义云何,从官进曰:陛下即真四海为家,此家子所以志也。""宋光禄大夫朝熙公扈跸金鳌,识君臣大义,易贾子为家子。"① 对此,民间传说当年赵构微服逃避到金鳌,乘小船渡椒江,见南岸芦苇丛生,便问这里是什么地方,船夫说这是自己的家,赵构因而说:"这里是家子。"当事后得知这位书生是大宋皇帝后,为了纪念皇帝驾临,就用"家子"取代"贾子",成了当地的地名。自南宋到清朝,一直沿用"家子"这一地名,历经七百多年。据村里老人回忆,当年在葭沚道的大路上,有一道像城门一样的墙门,通过这道墙门就进入葭沚街,墙门的横额上写的就是"家子",只可惜这道墙门在"文化大革命"中被拆毁了。

据《临海县志》记载:"家子镇旧属临海县明化乡三十九都,下有家子街、前庄、平桥……"项士元的《海门镇志》载:"葭沚渡达北岸章安,按葭沚亦作家子,因宋高宗南渡经此有此称,故名。"张利荦《葭沚重修海防同知署碑文》(道光二十三年,1843)用的是"葭沚",最近发现的《葭沚天后宫泉漳会馆碑记》(光绪元年,1875)中也用"葭沚",可见,晚清时期,"葭沚""家子"是并用的,而从民国以后,都用"葭沚"。

解放初期葭沚属于临海县(现在有些老屋的门牌上留有标注),后海门成为台州行署直属区,葭沚就划归海门区所辖。不久海门区又转属黄岩县,葭沚也成了黄岩县的一个镇(当时黄岩县有三大镇:城关镇、路桥镇、海门镇;三小镇:金清镇、葭沚镇、大陈镇)。20世纪80年代,随着经济的发展,海门改为椒江市,葭沚又属椒江市所辖。90年代,台州撤地建市,椒江成为台州市的一个区,葭沚成为椒江区下的一个街道,即葭沚街道办事处。关于其地名,解放初官方文件上写的是"葭芷",后来又写成了"葭沚","文革"期间,处于破旧立新的需要,改写为"加止",改革开放以后又重新恢复为"葭沚"。②

葭沚属沿海、沿江平原地区,海积平原占总面积的80%,农业以种植水稻为主,兼种棉花、柑橘和蔬菜等经济作物。葭沚镇东南有葭沚山,古称"蓬莱岛",土地均是沿江冲积平原,以沙质土为主,宜种棉花。素

---

① 见葭沚《周氏家谱》序。
② 文海:《流变的民俗:葭沚民俗考》,上海社会科学院出版社2011年版,第2页。

有渔棉之乡的美称，系台州主要棉仓之一。渔业以出海捕捞为主，少数渔民近海作业。海上、内河、公路交通均便捷。葭沚地处港口，水路交通十分便捷，北通上海、舟山、宁波，南通温州、福建、西通临海、天台，沿海、沿江码头20座。葭沚街道投资环境良好，形成了以医药、机械、制革、轻纺、染料、化工、水产品加工为主体的工业体系，拥有化工、染料、服装、机械等一大批龙头企业。2012年，乡镇企业达到2008家，乡镇企业从业人员33840人。90年代，村办工业产值超亿元的有星明、永宁、富强三个村。特别是星明村工业产值高达2.59亿元，成为台州工业第一村。工业产值为5000万元至1亿元的有五洲、三山、星光三个村，产值为1000万—5000万元的有8个村。葭沚街道以科技为先导，都市化商业、服务业格局正在逐步形成。在工贸业发展加快的同时，农业稳定提高，对农民积极引导，鼓励农民依靠科技发展城郊型农业，提高果蔬种植和养殖业生产的规模和能力。①

葭沚街道有一个独特的建制，就是椒江渔业总公司，其驻椒江之畔，系渔业生产的基层政权建制，渔民全部为水上户口，分散居住在海门街道和葭沚镇，并没有固定的行政区域和种植耕地。解放初期，渔船均系小型木帆船，以橹为动力，限于近海作业。70年代以后，逐步开始由机动铁壳渔轮代替木帆船，由近海作业进入公海远洋作业。渔业公司以管理捕鱼为主，兼营海上运输，还兴办有渔机修配厂、塑料厂、水产加工厂、食品罐头厂、胶带厂、印刷厂等企业。

改革开放以来，葭沚人民以锐意进取的精神，以永不言败的决心，以创新破难的思路，取得了辉煌的业绩。目前葭沚街道形成了化学制品及医药制造业、设备制造业、水产、食品加工业、纺织服装、鞋制造业、商品混凝土行业等五大支柱产业，2010年该街道67家规模以上工业企业产值56亿元，同比增长31.9%。自营出口2.8亿美元，高新技术产业总产值36亿元。"2012年该街道实现财政总收入8.9亿元，同比增长12%；地方财政收入4.68亿元，同比增长11%，财政总收入、地方财政收入总量均保持全区第一。"② 产业升级步伐加快，外向型经济持续增长。另外，

---

① 台州市地方志编纂委员会编：《台州会要》，中华书局2000年版，第377页。
② 《葭沚街道经济工作表彰会举行》，椒江新闻网（http：//www.jjnews.gov.cn），2013年12月9日。

街道内重点工程密集，基础设施日趋完善。台州中心大道、台州大道、82省道等骨干道路横贯其中，台州市客运中心、台州学院椒江校区、台州市高等教育园区、台州市体育馆、上海外国语学校台州分校、浙大研究院台州分院、浙大研究生院台州分院、东方太阳城、葭沚泾文化长廊等文体设施错落有致。

目前，葭沚街道正在着力打造四个基地：以葭沚物流园区、台州客运总站、三山港区等为代表的物流配送基地；以台州高等教育园区、浙大台州研究院等代表的文化教育基地；以新世纪商贸城、台州西商务区等为代表的旅游商贸基地；以台州市体育馆、东方太阳城、葭沚泾文化长廊等为代表的人居休闲基地等，葭沚街道正按照"创业在葭沚、居住在葭沚、学习在葭沚、休闲在葭沚"的新思路，把葭沚建设成为集学习、居住、休闲、创业几大城市功能于一体的现代化主城区街道。

二 村庄概况

（一）星村历史沿革

从历史上来说，星村有着悠久的历史，但是从建制上来说，星村只有几十年。这主要是因为星村是经历了几次建制的变革后才形成的。以前并没有星光村，从地域上是属于星明村的，1928年，在国民革命军北伐后，葭沚地区开始实行村里制，到1931年将村里改为乡镇，村里长改为乡镇长，新中国成立初期，台州建立专署直属海门区，葭沚建立了镇人民政府，废除了保甲制和村里制，星明村也建立了村委会。解放前，村里的土地非常集中，大部分为大地主黄楚卿所有，随着土地改革运动的开展，村里的大地主被打倒，村民都分到了土地。村董事长JLJ回忆道：

> 国民党的时候，我们这有个大地主，黄楚卿，他们两兄弟，在台州实力是第一的，我们村里的土地基本都是他们的。现在他们的房子还保留了有几间，现在我们看到大理石这些装潢还很少，他们那个时候地上全都是大理石，不敢想象的。就这个大地主产业很大的，那个年代的时候他就是搞运输的，很多我们不敢想象的东西他老早就有了，他们思想也很超前的，他们经营的方式也是做生意，不过那时候是属于投机倒把，当时海上不是都有土匪的么，只要亮出他的旗号，土匪不敢动的，别的船过去就会抢劫了什么的。解放以后，土改以后

就没有了。我爸爸要是在的话也 90 岁了，他当年就是帮他们打工的。

那时候村里的生活条件非常差，农民都被束缚在土地上，而人均土地只有 8 分左右，生活相对较为贫困。村民 LPD 回忆道：

> 解放的时候，凭我小时候的印象，大家都是分地主的房子，根据你家里多少人分一下。根本谈不上造房子，那时农村也没有这种经济实力，说句难听的，大家能吃饱就可以了。衣服也是大姐大哥穿过了就给小弟小妹穿好了，有条件一年多买一件。我们不是有句老话叫，新衣服可以穿三年，不补的是三年，新三年，旧三年，缝缝补补又三年，那时候以前就是很有规律的，都是这样子搞。

1954 年为了促进农业生产的互助，全国开始实行"互助组"制度，这些互助组又慢慢地变为"初级社"，1955 年，椒江在"初级社"的基础上开始推行"高级社"，星明村也成立了一个高级社，共有八个生产大队，每个生产大队下面又分成若干小队，当时村里把田地按等级分起来，一等田要打到多少粮，二等田要种到多少粮，如果达不到规定，就要自己掏钱袋子，如果超过规定了，还会有一定的奖励。1956 年，因为村领导内部出现矛盾，就把星明村分成了星村和星明村，以葭沚中街为分界线，东边是星明村，西边是星村。据曾经的老书记 YJL 回忆，"当时星明高级社的书记跟社长有点矛盾，书记是 FYQ，社长是 JZM，就是现在董事长的爸爸，有矛盾没法调和，就分开了，分开了以后我就担任星村的副书记，JZM 是书记，还有一个副书记兼大队长，是一正两副的"。分开的时候星村是 1400 多人，分十三个小队，十二个队加一个青年队。在 1958 年 10 月，村里也办起了食堂，开始吃"大锅饭"，农民都要去参加劳动挣"工分"，农业种植主要是以水稻和棉花为主，但跟其他村不同的是，星村除了农业队之外，还成了一个副业队，副业的种类有很多，如砖瓦厂、海洋运输队、渔具制造、造船、修船等，在集体化时期，村民个人只能从事农业，其他经营性的行业往往会被定性为资本主义，因此，副业只能以集体的名义来做。在两个队的共同努力下，星村的经济状况开始慢慢改善，一个成年劳动力一年大概可以做 300 个工分，在当时的条件下，一个工分可以折合成一块三四毛钱，每年收入就有 300 多元，这在当时是很不错的收入了。村民 PZC 说："我们星村都是年终搞分配的，一年一次，有的小队好的，能搞到 400 多块，有的差的也能搞到 200 多块，就相当于我们每个月基本工资 30 多块了。"YJL 老书记也说："那个时候我们村里也算蛮好的。我们村同星明村分开之后，我们村不管经济上也好，大队集体收入也好，在台州也可以讲是数一数二的。"

受益于这样的经济条件，星村在三年灾荒期间并没有受到很大的影响，反而还把余粮借给周围的村庄，以解其燃眉之急。老书记 YJL 说：

> 其他很多地方在 1958 年"大跃进"的时候存在饿死现象。我们这边还比较好，没有受到什么影响，定量分配的时候，男的每月分到 42 斤，女的 38 斤。在吃公社食堂的时候，我们中午，晚上都基本吃白米饭。那时候，我们粮食的储备量相当多，到 1962 年的时候，国家仓库储备了 120 万斤，大队里面差不多还有 80 万斤的粮食。后来，在三年自然灾害的时候，在公社书记的指示下，我们还借粮食给周边的村落，这样借出去就有 4000 多斤，后来又借给北岸 1 万多斤。

村民也认识到当时的灾荒更多的是人为的因素，在"大跃进"期间，为了造成亩产大增的假象，公社强行命令村庄合并挪移一些秧苗，就是把几亩地的秧苗集中插到一亩地里，结果这样一来，就破坏了这些秧苗，使得很多地方口粮田颗粒无收，但是当时星村的村干部认为这样不科学，顶住了上面的压力，没有采取这样的方法，所以水稻丰收了。另外，当时捕鱼的收获也非常大：

> 我们村出三四十个人和浦西、海岸那边专业捕鱼公司合作，组成上百人的团队到东海去捕鱼。捕鱼季的时候，每天可以捕几万斤的黄鱼，那时黄鱼 8 分钱一斤，其他地方的人都羡慕我们这边。

公社时期，葭沚地区还出了一个全国闻名的"七仙女"，当时有七个女青年组织了一个青年队，都是搞农业的干活能手，1957 年她们种出了一株巨大的棉花，有两人多高，引起了巨大的轰动，1958 年还受到了国务院表彰，获得了周恩来签字的国务院奖状，但是在数次变迁中遗失了。老书记 YJL 回忆道：

> 这棵棉花相当大啊，花开了之后，到处都是棉花桃，当时晚上的时候电灯都点起来的，天气冷了的时候，一百几十个电灯泡挂着，怕冻着，要保温。那时候省里面也来，地区里也来，参观的人相当多啊。我们青年队这株棉花呢，就叫七仙女，意思是七仙女种出来的。

这棵棉花到底有多大，我们已经无从考证，但是这个故事确实真是发生的，笔者在翻阅《椒江续志》时，在大事记中就看到有相关的记载：1958年"12月，葭沚'七仙女'组织代表贺凤英出席全国妇女社会主义建设积极分子大会"。1959年"1月，葭沚大队'七仙女'组织被评为农业全国劳动集体模范，许梅香代表'七仙女'出席全国劳动模范大会"①。

"文化大革命"期间，葭沚和海门的造反派分别成立了"葭总司"（葭沚造反派司令部）和"海总司"（海门造反派司令部），两派之间发生了武斗，甚至动用了枪炮，对村里的影响也比较大，村里成分好的年轻人很多都参加两派之间的斗争。村民 WSD 说：

> 我那时候都在种田，有些人扛枪去武斗，在我这个小队里，有个从小一起长大的背着枪去打架了，其他人也有去的。他们这两派打得还是比较厉害的，都打死过人，有人被枪击中，受伤很重，后来送到医院来不及抢救就死掉了。那时候，他们都在山上藏着，我们在旁边的田里种田，他们看不清我们在种田，以为我们要反抗，就向我们开枪，最后打在水稻田里。

而村民 HPL 是"文化大革命"武斗的直接受害者，他回忆道：

> "文化大革命"时，村子分成两派，一派人把我打了，斗争很激烈。我也不是当权派，把我打了以后，花了三千块钱治病。那时候一年的工资才三百块，十年才挣三千块。那时候没钱只能和亲戚借啊。别人当时把我打残废了，自己花了那么多钱治病。

而对于村民来说，很有意见的是那些去参加武斗的人在年终分配的时

---

① 台州市椒江区志编纂委员会编：《椒江市志》，中华书局2001年版，第35页。

候和他们一样，能分到钱分到粮食，这让村民很不满。而且当时在"摧枯拉朽破四旧，雷厉风行立四新"的口号下，村里的"送大暑"等民间仪式、佛堂等都被列为四旧，都是被批判的对象，"庙里面的佛像都被毁掉，规定不能点香拜佛，命令下来以后人们都不敢去拜佛。那时小学堂操场上满地都是被破坏的佛像，然后放火都烧掉，旨在破除迷信思想"。

"文革"期间，星村内部又出现了矛盾，1974年年底到1975年年初，星村分成了两个村：星村和五洲村，当初跟星明分开后，星村有四个片区，五村片区、七村片区、八村片区和九村片区，因为内部出现分歧，在镇里调解下，就分开了，七村片区和八村片区合起来叫星光村，五村片区和九村片区合起来成立了五洲村，也是取"五"和"九"的意思。但是实际上两个村之间的界限很难划分，呈现出你中有我，我中有你的格局。

实行家庭联产承包责任制以后，大集体解散了，土地分到了农户手中，不过在分土地的过程中按照工作性质，分成了劳动地和口粮地，即纯农业户口的既可以分到劳动地，也可以分到口粮地，而副业队的只能分到口粮地。一般劳动地里种植的是经济作物，如棉花、蔬菜等，口粮地里种植水稻，供家庭食用。但是当时种地也是需要缴税的，一般种植的棉花部分要上交国家。很多人自从从土地上解放出来以后，纷纷选择去开办家庭工厂、买船打鱼、规模种植等，村集体企业也都转制成为个人的，不过很多厂慢慢地倒闭了。

(二) 星村近况

在经过几次变动以后，目前星村的地域划分是：北边到椒江边，东边到葭中路，西边到椒江大桥，南边到四号路。星村共有人口2484人、1080户，非农户口255户，农村户口共725户，现在户口在村里面的有1700人左右，其中党员73人，六十岁以上的有323人。星村原有土地1000亩左右，后因市客运总站、椒江大桥等各项工程建设，绝大部分土地被政府征用，目前剩余土地（包括村留地）大概两百亩。

星村地理位置优越，紧靠82省道和椒江大桥，交通十分便利，星村东临的葭中路，是葭沚地区著名的商业街，商铺毗邻，人员密集，是整个葭沚街道最热闹的地方，整条街两边全部都是店铺，商业气息十分浓郁。在这条街上，银行、邮局、菜市场等基础功能设施一应俱全，走在街上会让人恍若走在城中，尤其在早晚高峰期，人流量非常大，摩肩接踵，拥挤异常，车都开不过去。

星村的人口结构比较复杂，首先，星村并非原生的村落，而是慢慢地集聚起来的，村里大部分的姓氏也不是本土的，很多都是外地迁过来的。我们在村里考察的时候，发现整个村庄姓氏并不集中，非常多，人口也比较分散，目前人口相对较多的姓是黄姓、周姓和金姓，而且由于这些姓氏都不是原生的，整个村庄里没有一个宗祠。村里的户口情况比较复杂，农民、居民、渔民混居在一起。

　　星村村内仍然保留着椒江地区规模最大的老街，这些老街都被周围的现代建筑所挡住了，所以走在外面根本想不到里面居然还别有洞天。老街上井巷密布，多的数不过来，巷子里全都是木结构的老房子，有上百年的历史了，很多房子是当年的有钱人家造的，整体建筑都非常精致，如在江边社区（星村下属的一个居民点）有一栋老宅，是民国时期的大地主陶祝华的住宅，坐北朝南，有台门，第一进门厅与正厅均为三开间，有楼，东西厢各三间，亦有楼。出东厢房外，另建小屋5间。门厅前为一院，后建东厢房5间，西厢房3间，为民国初年所建。这栋住宅的雕饰部分保存较好，工艺精湛，具有比较高的历史艺术价值。然而其他的老屋往往保存的没有这么好了，虽然老街已经被列为重点保护的文物，但是由于经费不足，很多时候这些老房子无法得到及时的修缮。如今老街上的本地年轻人已经不多了，他们都选择到老街外去居住，老房子里住的都是些老年人，还有外来人口，从2000年开始，村里的外来人口急剧增加，因为房租便宜，所以他们多租住在这些老房子里，这也为老屋的电力设备增加了巨大的压力。由于老房子年久失修，线路老化，再加上如今电器增多，用电量猛增，导致火灾隐患成了老街最大的威胁，如今老街已经有七八十间房子被烧掉了，幸好都是白天着火，没有造成伤亡，"如果是晚上着火的话，可能会有几十个上百个人伤亡"。JLJ董事长谈起这个话题就心有余悸。星村曾经有一段光辉的历史，是在改革开放前后，80年代到90年代光景。"那个时候村里的企业很多，都是村里自己办起来的，葭沚三个村，属我们村最富。"JLJ董事长说，而当时那个时候是他的父亲担任星村书记。但是如今从村貌上来看，"星村连山区的农村都不如了！"

　　在实行家庭联产承包责任制以后，星村村民纷纷发展各种家庭工业，目前村里的产业主要集中在两块，一个是童装，另一个是干水产品加工和销售。台州共有1000多家童装加工企业，其中主要集中在路桥、椒江葭沚、黄岩新前这三个地方，目前仅星村全村就有100多家童装加工厂，主要以加工冬装毛衣为主，如今村里的这个产业已经发展了二十多年，在全国都有很大的影响力，每到夏季，全国各地的客户都会到这里来订购产品，在市场上占有很大的份额。据常年从事服装产业的LJY说："每年我们全国的童装生产量应该在10亿件以上，台州有1.5亿件左右，而在童装毛衣这一块的优势是我们葭沚，葭沚在整个批发市场名气是比较大的。尤其是质量、款式和面料，这三个葭沚是有名气的。"另一个产业干水产品加工和销售也是村里的主要产业，因为靠近海边，渔业较为发达，村北紧靠着椒江渔业码头，而且椒江水产品批发市场也在村里，这为村民从事干水产品行业提供了得天独厚的条件，尤其是经过长年累月的积累，星村村民掌握了丰富的经验，做出的水产品味道极佳。JLJ董事长谈起这个就很自豪："像鳗干啊这些，还有你们经常吃的咸带鱼啊、马鲛鱼啊这些东西都是我们这里的人搞起来的。别的地方他们不会搞的，搞起来也不好吃的。"

而对于星村的集体经济来说，自20世纪70年代大办乡镇企业，星村曾经辉煌了很长时间，但是在改革开放以后，集体企业都被"摘帽子"，这些企业大都不复存在了，而且在现有的条件下，村集体已经无法再去创办实业。目前星村的集体经济主要是靠两块来维持，一块是土地和厂房出租，另一块是沿街店面出租，实际从性质上来看是一种，就主要靠物业出租来获取收益。村里在葭中路商业街和工人路上一共有80多间店面房，另外，村里还借助水产市场的优势，建起了冷冻厂厂房，同时拿出了十几亩土地，跟椒江区渔业公司合股，开办了椒江区渔家乐，村里以土地入股，占股份的35%，椒江渔业总公司以资金入股，占65%，每年给村里的分红保底40万元，签了20年合同。2013年，星村的集体收入为350万元左右，2014年，星村又增加了菜市场、停车场等几个项目，预计年终收入能达到500万元。

由于村里的土地大都被征用，村里的资产就多了起来，星村面临着集体资产怎么分配的问题，在各方的协商下，2004年星村把全村的集体资产整合起来，实行了股份量化，成立了星村实业总公司。其按照农业部、财政部《农村集体资产核资资产所有权界定暂行办法》《乡镇集体经济组织清产核资办法》的规定，对集体所有的资产（包括债权和债务）进行了全面清查核实。星村全部资产共估价1.62亿元（其中流动资产5685万元，固定资产235万元，资源性资产10341万元。按总资产提留3%计算，提留总资产 488 万元），他们把这些集体资产全部量化到每个村民手上（其股权可以继承也可以转让），明确了产权，股权分配是按照人口股、农龄股、劳力资源补偿股 4∶3∶3 的方案来实行：

1. 人口股：折入总净资产的 40%，量化给享受原村口粮待遇的那部分人员（类似于原土地承包项目中享有承包口粮田权利的那部分人员）的股权份额。享有该股的人员统计的截止时间定为股份量化截止日（2004 年 8 月 31 日）。

2. 农龄股：折入总净资产的 30%，量化给 1956 年（特殊情况可以追溯到 1954 年止）至股份量化截止日（2004 年 8 月 31 日）间且在农业生产劳动年龄段（16—60 岁）内参加村实际劳动的在册人员及曾经在册人员的股权份额，即劳动者对集体的贡献股。享有该股权的男性底分为 10 分，女性底分为 8 分。

3. 劳力资源补偿股：折入总净资产的 30%，量化给本村长期从事农业劳动的合作社社员及子女的股权份额，主要是针对土地被全部征用后，长期从事农业劳动的合作社社员及子女失去劳动对象。折入股份是对从事农业劳动获得报酬维持家庭长期生活的一种补偿。类似于原土地承包项目中，享有承包劳力田权利的本村在册社员承包的劳力田。享有该股权的 1—60 岁男性的底分为 10 分、女性的底分为 8 分，60 岁以上的男性的底分为 7 分、女性的底分为 6 分。

人口股、农龄股、劳力资源补偿股，实行生不补，死不退；迁入不补，迁出不减。经代表大会通过，股份量化截止时间定为 2004 年 8 月 31 日 24 时止。

（资料来源：《星村股份经济合作社改革实施方案》）

除此之外，还要对未来的资产进行折股。用以折股量化的资产是集体经营性净资产（资金性资产）和资源性资产（非资金性资产，如现有的集体提留的土地资产），即为具有经济效益的固定资产、流动资产和资源性资产之和且扣除债务的净资产（下称"总净资产"）。股份合作制改革后，集体资产的置换增值，用于追加集体资产折股量化总额。用以折股量化的集体净资产，分别采取以下办法进行折股：（1）现有固定资产（包括在建工程），按现评估价折入股份；（2）流动资产按有效额减去实际债务进行计算，其差额折入股份；（3）资源性资产按现评估价折入股份。股份量化也是一个现实的问题，尤其是在经济比较发达，集体资产较多的地方，这将是农村改革的大趋势，JLJ 董事长也很肯定，他认为农村股份量化是必经之路：

> 当土地征用了以后，集体资产怎么分配的问题就来了，按照上面的文件规定，村里面的集体资产不能私分，但是你不分的话老百姓就要吵，说什么钱不分，你村干部都贪污了。这种现象在台州是发生过的，不是没有的，老百姓就对村干部不放心，他们要求就是把这个分掉，基于这方面的因素考虑，我们就股份量化，一次性彻底的搞完，把资产都清算了，免得有钱了以后再吵架。我个人认为，农村的股份量化是必经之路。否则的话，你村里面有钱的，发展起来的都要面临资产分配的问题，三两天就要吵架。

而星村实业总公司成立后，原村两委就跟其合二为一了，虽然是挂两块牌子，但实际上职责兼具。实业公司主要是处理村集体资产的日常运营事宜，而村委会在一些村务如个人建保、计划生育等方面发挥作用，但是整体结构是按照公司制，以董事会的形式来运行，董事会成员多兼村委会职务。

由于土地规划限制严格，星村从 1995 年开始就没有再批过宅基地，这 20 年左右的时间，很多年轻人结婚后没法盖新房，只能和老人一起住，或者到城区买房，这也导致村里的违章建筑大大增加，说起这个，HDC 书记很感慨：

> 上面有规划的，但是现在上面不再管了，老房子拆掉太难了。村民要建房子，上面也不批，不批么他们就自己搞了，你到村里去看看，到处是违章建筑。比方说他们家里小孩子大起来了，没地方住，宅基地也不批，违章就违章了。现在大家也都是睁一只眼闭一只眼。而这些杂乱无序的违章建筑，又成为老街的一大隐患。

如今，村里跟开发商合作，共同开发江边的 47 亩土地，要建成一个住宅小区，村里跟开发商协议，建筑面积共 7 万多平方米，要返还给村里 3 万多平方米，共 255 套房子。如今这一项目已经启动，预计到 2017 年能够交房，这样一来，能够为这 20 多年没有分到宅基地的村民进行弥补，也能有效地化解村里住宅用地紧张的矛盾。

在土地被征用以后，农民失去了其基本生活保障，自2002年全部被征用后，星村失地农民劳动力年龄段就业情况不容乐观，一部分被招工就业（大部分企业已倒闭）；一部分经商或打工，小部分由于年龄偏大（4050人员占大部分），文化偏低，处在闲置状态。基于这种情况，村里决定用土地出让的资金来为村民统一办理社保，失地农民基本生活保障正式运作，男16—60周岁、女16—55周岁符合农村养老保险条件的以国家支付16.7%，个人缴83.3%的比例参加农村养老保险，到符合领取农村养老保险金的年龄每月可领取一定的养老保险金（最低生活保障为195元）。因为是动用集体资产，所以也相当于钱是从村民的股份里面扣除，全村办理社保总共支出近7000万元，星村是葭沚地区最早办理统一社保的村庄，如今，每位到了年龄的老人（男60岁，女55岁）都可以按月领取"退休金"（养老金），平均在每人800元左右。但是星村有一个特殊情况，就是村里有一部分村民是居民户口，股份量化以后，村里的资产都是量化到了个人身上，所以交社保的资金也相当于村民自己缴付，但是对农民来说，他们参加的是失土农民养老保险，而对居民来说，他们参加的是城镇居民养老保险，在同等缴费的情况下，居民每个月领取的养老金要比农民领取的养老金多一倍左右，因此村里很多农民对城乡标准不一样意见很大，说起这个，PZC就感觉很不公平：

  我们同等缴费的情况下，为什么回报差这么多？这个意见纷纷的。假如说我们缴的钱少，这回报就应该少，同人家相比，就是农村的社保同城镇的社保差别太大了。就是城乡差别太大了。是不是应该来一个政策，让农村村民参加居民养老保险，这是迫切需要的。比如说要缴费，参照什么缴费。

另外，区、街道为失地农民出台了一系列再就业措施，举办各种类型的再就业培训班，本村有200余人参加了再就业培训。

第二章

宏观背景与社会现实：乡土传统与新型城镇化

一 理论背景与研究述评

多年以来，中国乡土社会一直是社会学、人类学研究的重要领域，从乡土视角研究探索我国社会变迁路径的成果不少，并做出了独特的建树。诸如：梁漱溟的《乡村建设理论》、库尔普的《华南的乡村生活：家族主义的社会学》、费孝通的《乡土中国》与《江村经济——中国农民的生活》、马若孟的《中国农民经济》、黄宗智的《华北的小农经济与社会变迁》和《长江三角洲小农家庭与乡村发展》、杜赞奇的《文化、权力与国家——1990—1942年的华北农村》、施坚雅的《中国农村的市场和社会结构》、折晓叶的《社区的实践》、陆学艺等的《内发的村庄》、毛丹的《一个村落共同体的变迁》等。这类成果或以一个或以若干个村落为个案，从不同学科、不同视角对中国乡土社会变迁进行了深入细致的考察和分析，揭示了中国乡土社会的特征，提出了许多富有创意的观点。

近年以来，针对城镇化进程中乡土村落变迁的研究也有众多类型不一的成果。诸如：李培林、蓝宇蕴等对广州"城中村"的研究，周大鸣对南景村的研究，王春光、项飙、王汉生等对北京"浙江村"的研究，等等。这些成果对村落城镇化过程进行了生动又丰富的现象描述和理论分析，为研究提供了重要的文献素材和思想资料。但是，现有的研究存在以下值得进一步关注和研究的理论空间。

第一，结合中国社会乡土传统研究新型城镇化的成果不多。在城镇化进程中，乡土性因素仍然有其存在的合理性和有益之处，而现有的研究多以传统城镇化模式为借鉴，割裂传统与现代的关系，忽视了中国社会中乡土传统的传承与变迁。

第二,以农村为行为主体来研究其城镇化进程的成果不多。现有的对城镇化的研究主要集中农村被动城镇化方面,政府和市场似乎主宰了农村的一切,但是作为城镇化的一个参与主体,农村在城镇化过程中并没有坐以待毙或一味被动地接受宿命,而是主动地应对城镇化的冲击和挑战。目前城镇化进程中农村主动性视角的研究不仅成果数量少,而且比较分散,没有系统性。

第三,对新型城镇化的特色化发展模式进行概括的成果不多。现有的研究主要以传统城镇化语境下农村、农民被城镇化为主,而对各种具有乡土特色、地域文化特色、民族文化特色的新型城镇化模式缺少概括总结,目前尚无专门性的理论成果。

新型城镇化强调的是以人为核心,提高城镇化质量,而要实现这一目标,除了自上而下地推动之外,还要有自下而上地推动,要把农村作为新型城镇化建设的主体之一,充分发挥农村的积极作用,这也是考察新型城镇化政策"落地"情势的直观体现。因此我们应该从村落的实际情况出发,直面新型城镇化与乡土社会的碰撞,考察新型城镇化建设和乡土社会变迁的现实需要,这将对我们开展新型城镇化建设提供精神动力。通过对城镇化的相关理论进行归纳梳理,我们发现如集聚—扩散理论、中心地理论、增长极理论、城乡磁铁理论、地区城市理论以及费孝通的小城镇理论等理论观点都非常重视城市与乡村之间的互动,侧重于描述城乡动态关系以及小城镇的形成机制,这些理论为我们从中国国情出发研究新型城镇化与乡土传统的互动提供了理论支撑。另外2013年年底的中央新型城镇化工作会议强调了乡土传统对新型城镇化的重要性,并指出新型城镇化要以人为核心,传承历史文脉,让人们记得住"乡愁",这也为本项研究提供了政策依据。因此挖掘乡土资源,实现乡土传统与新型城镇化的良性互动,对促进社会稳定和谐及推动以人为核心的新型城镇化建设具有重要意义。

通过本研究,我们试图回答以下几个问题:农村在新型城镇化中的地位及命运将如何改变?村落文化和乡土传统等乡土性因素能否为新型城镇化提供动力?乡土传统与新型城镇化应该建立怎样的互动机制,才能规避城镇化陷阱而走上不失特色的新型城镇化轨道?这是一种历史必然还是一种政策选择?这种类型的新型城镇化模式该如何进行理论概括?等等,而对这些问题的回答能够为新型城镇化发展模式的探索提供有效的指导。

二 城镇化对乡土社会的冲击与影响

（一）农村社会的碎片化

从经济方面来说，传统中国农村的小农经济形态具有一定的碎片化特征，马克思曾深刻描述过小农经济的碎片化形态："小农人数众多，他们的生活条件相同，但是彼此间并没有发生多种多样的关系。他们的生产方式不是使他们相互交往，而是使他们互相隔离。……一小块土地，一个农民和一个家庭；旁边是另一小块土地，另一个农民和另一个家庭。一批这样的单位就形成一个村子，一批这样的村子就形成一个省。"[1] 随着解放以后土地改革、合作社和人民公社的实行，农村经济发展模式也开始趋向集体化，尤其是到人民公社时期，这种集体化达到了顶峰，"一大二公"的体制使农民没有了自我，大家集体劳动、集体分配，甚至集体吃饭，这种集体化是在行政强力的规制下所形成的一种行政共同体，具有一定的强制性和约束性。而家庭联产承包责任制的实施彻底打破了这种行政性的共同体格局，土地分到了农民手中，农民似乎又重新回到了以前的那种"小农时代"，但是如今的情况与过去存在很大的差别，首先市场经济的冲击使农民单独经营所面临的风险要比过去大了很多，充满了各种不确定性，其次农民的保障和福利要比过去好很多，至少各种农业税费的减免使农民负担大大地减轻了，而且土地对农民的束缚作用逐渐变小，农民的流动范围和频率更大，所以从一定程度上说，如今的"小农"经济要比过去更加"碎片化""原子化"。

而另一个方面，传统意义上的村落在社会结构和社会关系上却具有很强的整合性，就如同费孝通笔下的"熟人社会"，这种熟人社会具有较强的地域性和封闭性，有一套自由的社会秩序、生产生活方式和社会交往模式，整体社会状况非常稳定，似"铁板一块"，在费孝通看来："乡土社会是一个生活很安定的社会……'生于斯死于斯'，世代的黏着……在人和人的关系上也就发生了一种特色，每个孩子都是在人家眼中看着长大的，在孩子眼里周围的人也是从小就看惯的。这是一个熟悉的社会，没有

---

[1] 《马克思恩格斯选集》第一卷，人民出版社1972年版，第693页。

陌生人的社会。"① 当然，这样的社会仅仅局限在一定的地域范围内，是以"村落"为单位的。而人民公社完成了对传统农村社会组织的破坏，对农村社会进行了彻底的改造，"把原有的维系农村社会的组织和人力纤维完全割断了"。② 在改革开放以后，随着现代化和城镇化的冲击，农民对土地的依赖性逐渐减弱，又缺乏村庄公共生活和道德约束，导致农村出现了社会生活的碎片化，因为"农村人与人之间的关系迅速理性化起来，其结果是传统的以宗族和信仰为基础的人际联系解体，现代的以契约为基础的人际联系又未能建立起来"③，所以迅速导致自我中心式的个人主义泛滥，经济理性替代了道德理性，"大家各忙各的"，村民之间的互动逐渐减少，严重损害了村庄秩序。

随着农村经济改革和社会的发展，农村社会格局也逐渐发生了变化。尤其是在经济发达的地区，过去那种以血缘、地缘为纽带联结起来的关系格局已经被打破了。卢福营认为在当前中国社会转型的过程中，农村中出现了分派与分层两种分化：分派是指"农村社会成员在横向上分化为多个并列的派系，在此基础上建构起了一种以派系为核心，主要按利益关系的大小和紧密程度向外扩展的新型差序格局"。分层是指"农村社会成员在纵向上分化为若干个社会资源占有不平等的阶层"④。他用"群山格局"来概括这种独特的社会结构，分派强调的是横向分化，而分层强调的是纵向分化，这两者相互嵌入，就使整个社会结构呈现出"一系列并存的山峰之间的互动关系"。而中国的乡村社会缺乏公共空间和公共的社会网络，这就使农村社会处于碎片化的状态。

（二）生产生活方式的非农化

如今我国社会正面临巨大的转型，逐渐从传统农业社会转向现代工业社会，从计划经济体制转向市场经济体制，现代化、工业化、城镇化水平大大提高，对农村尤其是近郊村来说，还包括生产生活方式的转型，即非农化。真正的城镇化既要实现生产方式的非农化，也要实现生活方式的非农化。而从人类发展的历史来看，随着经济社会的进步，农村的非农化将

---

① 费孝通：《乡土中国》，上海人民出版社 2007 年版，第 9、21 页。
② 姚洋：《新农村建设与农村发展观的转变》，《学习与探索》2007 年第 2 期。
③ 贺雪峰：《新乡土中国》，北京大学出版社 2013 年版，第 123 页。
④ 卢福营：《群山格局：社会分化视野下的农村社会成员结构》，《学术月刊》2007 年第 11 期。

是普遍趋势，大量人口从农业部门转移到非农业部门，从而创造更多的社会财富，这也是实现现代化的必然要求，而农村非农化反过来又会推动我国经济社会的深刻变革。浙江是中国经济的先发地区，民营经济发达，改革开放以来，乡镇企业、民营经济突飞猛进，也使浙江省农村的非农化以空前的速度迅猛发展，尤其是在一些经济比较发达的村庄以及城中村、近郊村中，农村非农化的程度更高，甚至已经完全实现了非农化。

学界对于非农化也有很多的研究，也有学者提出了衡量非农化的标准："一是农业人口（并非指住在农村的人口，而是户主以农业为职业的家庭的全部人口）转入非农业部门的平均程度；二是各部门提供的国民生产总值的比重；三是地区间非农化不平衡的清除程度。"[①] 但是这种衡量标准是针对全国范围的宏观考量，而对于一个村庄来说，要衡量其非农化，笔者认为有两个标准：一是生产方式的非农化，二是生活方式的非农化。

生产方式的非农化，包括农村产业结构和农民就业结构的非农化。不同的村庄有着不同的非农化方式，如远郊村或者农业村的非农化主要以农民外出打工或者手工加工为主，而城中村和近郊村的非农化则主要以从事第二、第三产业和个体经营为主，还有一种特殊情况，即工业化的村庄村民主要以从事第二产业为主。其实农村产业结构和农民就业结构这两个方面是相辅相成的，相互影响。笔者所调查的这些近郊村就主要是以从事第二、第三产业和个体经营为主，其实从星村和富村的情况来看，它们的非农化都是有历史原因的，历史上这两个村就是商贾繁荣的地方，也为村民留下了精神上的基因，而且哪怕是在集体化时期，他们都没有停止副业生产，到了20世纪70年代大办乡镇工厂，这些村庄更是走在前面，因此他们都有很好的物质基础和精神基础，在城镇化、现代化过程中他们能够迅速地把握时代脉搏，做出既符合时代发展也符合自身利益的行为选择。从星村的统计数据来看，本村农业户口人数共有1642人，而从事家庭经营的就有675人，从事第一产业的只有20人，其余全都从事第二、第三产业，可见，其生产方式的非农化程度已经达到较高的水平，完全非农化的劳动者已经成为劳动力的主流。

生活方式的非农化，有学者将农村非农化的形式概括为四种：不离土

[①] 桑学成、彭安玉：《江苏发展史纲》，河海大学出版社1999年版，第207页。

不离乡、离土不离乡、离乡不离土、离土又离乡,近郊村因村庄经济水平的提高和产业结构的调整,其村民的非农化主要是一种"离土不离乡"的形式,这种形式对应的生活方式变化也有一定的特点。首先就是居住条件的改善,村民大多都住进了居民新村或集中安置小区,笔者所调研的星村虽然没有实行旧村改造,但是也建了三个集中居住的社区,笔者曾到过几户人家,他们内部的装修和摆设完全与城市社区家庭无异。其次是收入水平的提高,随着村集体经济的发展和就业结构的转型,村民的收入水平不断提高,村民家里电视、手机、冰箱、空调等家电基本普及,汽车这种大额消费品也走入了寻常百姓家,据统计,星村共有1080户,其中至少十分之一的家庭已经购买了汽车,甚至有的家庭有两三辆汽车。而且从其消费结构看,村民的消费结构正逐渐从以生活必需品为主转向以耐用消费品如汽车、住房等为主。过去时代的生活方式正在被连根拔起,而村民也正在积极地认同、接纳和适应这种非农化的生活方式。另外其社会保障水平不断提高,公共服务日益完善。受益于集体经济的发展,很多近郊村都为村民统一缴纳了社保或失土农民养老保险,而且加大了公共服务的投入力度,使村民能够享受和城里人一样的福利和服务。

(三) 民俗规约传承的断裂化

改革开放以后,随着经济的增长,我国城镇化建设也突飞猛进,但当时的城镇化强调的是经济的发展、城市的发展和土地的城镇化,城市一味地扩张,大量的土地被征用,一大批农村被城镇化大潮所吞没。本来农村城镇化是一个很正常的过程,但是在"以经济建设为中心"的指挥棒的指挥下,政府主导的城镇化建设出现了偏差,造成了区域发展不均衡、城乡差距拉大、环境污染、土地过度城镇化等很多问题,而且由于很多城市在城镇化建设进程中贪大求洋、照搬照抄、只求速度不求质量,大量的自然和文化积淀被破坏,许多乡村在城镇化进程中简单地用城市元素和风格取代传统的民居和田园风光,使乡村地区固有的乡土特色和民俗文化也在"大拆大建"中被毫不吝惜地遗弃了,甚至出现了"千村一面"的景象,而这也造成了乡村民俗规约的断裂。

乡村的民俗规约是传统文化的重要组成部分,这是我们需要一直传承和保护的,什么时候都不能丢。另外传统文化也并不是"封闭""落后"的代名词,它是一个闭合性和开放性共存的循环过程,有一种从闭合到开放的自我转化能力,会随着时代的变迁而自我调整其存在的样态。对老百姓来说，乡土传统的传承并不是要牢牢守在农村的老房子里，即使从农村搬进了城市，从平房搬进了楼房，这其中乡土的民俗规约仍会被人们带进新的生活场景中，只不过此时的乡土传统已经发生了变化，其也正是在变化中被延续和保存下来。而在城镇化实践中，对乡土传统的认识往往都是单向度的，在经济的主导下，很多地方政府都出现了"短视"甚至"盲目"的情况。

究其原因，一方面，过去传统的城镇化在一定程度上来说是资本引导的，在"以经济建设为中心"的口号引领下，全社会都呈现出一种近似"疯狂"的状态，政府官员更多地考虑 GDP 的增长，因为这能决定其职位升迁，而城镇化是最为便捷的途径，既能快速地提高 GDP，又能极大地增加政府财政收入，因此城镇化建设的效益和速度就成了地方政府的主要考量对象；而另一方面，人们对于乡土传统、民俗规约的认识存在偏差，受西方"传统—现代"二元分析架构的影响，以往我们的现代化理论无法正确地解读中国社会现实。因为在这种理论模式中："传统和现代在本质上是对立的，非传统即现代、非现代即传统，从传统状态发展到现代状态是必然的。"① 而且人们对城镇化所要呈现出来的空间形态认识不足，因为中国国情特殊，情况复杂，对于我们到底要实现怎么样的城镇化并没有达成共识，因此在城镇化政策制定、规划设计等方面都出现了很多问题。

（四）农村乡土认同的消解化

所谓"乡土认同"，就是对乡土社会共有价值的认可、接纳和遵从，包括乡土地域、乡土文化等方面。改革开放以来，农村的乡土认同呈现出消解化的趋势，其消解过程是内外多个因素共同作用的结果，而这些因素都与城镇化有着密不可分的关系。

从内部因素来看，首先是乡土传统本身存在弊端，无法适应现代社会的需要，费孝通在《乡土本色》一文中写道："在我们社会的急速变迁中，从乡土社会进入现代社会的过程中，我们在乡土社会中所养成的生活方式处处产生了流弊。陌生人组成的现代社会是无法用乡土社会的习俗来应付的。于是'土气'就变成了骂人的词汇。"② 其次是生产方式的转变，这一点前面我们已经提到，以家庭联产承包责任制为主要表现的农村土地

---

① 杨建华：《发展社会学研究的困境》，《中共浙江省委党校学报》2014 年第 3 期。
② 费孝通：《乡土中国》，上海人民出版社 2007 年版，第 11 页。

改革，使农民从大集体中脱离出来，有了自主经营的权利和自由，农业也开始由集体生产转向家庭经营，这就使农民不再束缚于土地，也促进了人口的自由流动，而且还培育了农民的私人利益观念，而大量农民外出务工经商，对村庄公共事务的关注和参与程度降低，这也导致了农民对农村社区认同的退缩甚至淡出。最后是农民内部的分化，即前面提到的农村社会的碎片化，"农民角色和身份的多元化、地位和需求的差别化导致了彼此价值理念的冲突，从而在一定程度上消解了传统的农村社区"。① 如今在一些村庄里，看上去似乎是一片祥和，没有什么矛盾和纠纷，但这并不表示他们关系更加和睦，其实这也可以看作因为农民互动减少、关系变淡而造成的。

从外部因素来看，首先快速的城镇化极大地改变着农村的乡土认同，城镇化不仅是城市地域的扩张，更是城镇文化、城镇生活方式的扩张，在现有的城镇化语境中，乡土传统、乡土文化往往是"土"的代名词，在城镇化的扩张中，往往将乡土传统都视为落后的，要取而代之，而且城镇化通过对农村社会结构、生产生活方式的影响，破坏了乡土传统赖以生存的物质基础，客观上导致了农村乡土认同的瓦解。而对农民来说，面对城市的繁荣，越来越多的人被吸引、被诱惑，大家都渴望城市的生活方式，而对过去一直生活在其中的乡土传统表现出不屑甚至自卑，越来越多的年轻人开始搬到城市里去生活，而不愿意待在农村，这也导致对乡土传统的认同根据农民的年龄而呈现出不同的层次。其次是现代性"下乡"，随着城镇化的推进，现代生活方式大规模侵入农村，而现代性也逐渐渗透到农村的各个层面。现代性强调的是一种工具理性，与传统社会的价值理性是天然相悖的，其对乡村生活的渗透，必然会导致农民的工具理性和经济理性不断上扬，从而带来剧烈的冲突，正如王思斌所说："现代化是一个破坏传统社区的力量，它以经济理性和社会流动的力量冲击传统社会中普遍存在的共同体意识和情感性联系，并造成颠覆性后果。"② 这必然也会导致农村乡土认同的弱化甚至消解。

---

① 吴理财：《改革开放以来农村社区认同消解之逻辑》，《江西师范大学学报》2011 年第 2 期。

② 王思斌：《体制改革中的城市社区建设的理论分析》，《北京大学学报》（哲社版）2000 年第 5 期。

（五）村落共同体的零散化

在城镇化进程中，村庄的形态发生了巨大的变化，在政府意志的主导下，许多村庄被迁移或者合并，另外，再加上市场化所带来的冲击，传统的村落共同体也随之零散化。

首先是村落共同体边界的模糊。学界对村落共同体的理解大致可以界定为："一个以血缘、地缘、亲缘、宗族等社会关系网络构成的生活共同体。"① 正是有以上界定因素，因此传统的村落共同体有着清晰的边界，折晓叶在对"超级村庄"的研究中，也对村落边界做了表述，她认为"传统的村庄边界划分着村庄与外界之间的疆域界限，如以血缘关系和地缘关系为基础的村落共同体边界、以土地归属为依据的村界、以行政关系为依据的组织行政边界等"②。但是随着城镇对农村的冲击，农村尤其是城中村、近郊村的村落共同体边界也发生了很大的变化，其界限日益模糊，其共同体意识也逐渐弱化。"村落共同体边界的变迁首先表现在经济上，积极的城镇扩张和市场活动会冲破原有村落边界的束缚，并进而实现村落自然边界和行政边界的扩张，这在村落整合的过程中表现得尤为突出：某个中心村经济发展迅速、实力雄厚，从而极大地影响周围较弱势的村落，在吸引周围村民到本村工作的过程中，周围这些村落的经济边界就被打破了，随着村落的整合，其行政边界和自然边界也逐渐模糊，直到消失。"③ 另外村落共同体的自然边界是基于土地所属的地域，随着城镇化对土地的侵蚀，近郊村大量的土地被征用，从而也使其失去了最为根本的自然边界。而外来人口的大量涌入，对村民的日常生活和社会关系也带来了巨大影响，"稀释"了原有村落共同体的聚合性和紧密性，导致其社会边界日益模糊。

其次是村落共同体结构和功能的分化。"按照涂尔干的观点，现代社会不再以群体的共同习俗与传统为依据，而是社会分工和与其相伴随的多重角色造就了真正的社会个体化，个人在群体中只寻求利益的平衡与结合，以理性作为所有行动的动机，不论是目的理性还是价值理性。可以

---

① 李培林：《巨变：村落的终结——都市里的村庄研究》，《中国社会科学》2002年第1期。
② 折晓叶：《村庄的再造——一个"超级村庄"的社会变迁》，中国社会科学出版社1997年版，第287—288页。
③ 李传喜：《旧村改造背景下村落共同体的变迁与重塑》，硕士学位论文，浙江师范大学，2011年。

说，是社会分工以及现代化造成了传统社会的分化。按照费孝通的观点，中国乡土社会中的人都是'私'的，这是对传统乡民追逐个人利益的一种生动描述。在'一大二公'的计划经济时代，平均主义盛行，至少在形式上掩盖了乡土人民'私'的本性，但是随着改革开放和市场经济的发展，社会成员对个人利益的追逐又恢复了热情，这也导致了20世纪90年代中期以来，社会利益分化的加剧，各种利益群体也逐渐形成，建立了新的社会利益格局。"[1] 而随着结构的分化，其功能也出现分化，如共同体在安全、防卫、公共服务等方面的保障功能弱化，对村民的社会支持网络日益松散，无法为人际交往和社会关系网络提供信任支持，这也导致村民的共同体认同和村落凝聚力下降，村庄的团结和社会秩序失范，村落共同抵抗风险和危机的能力弱化等一系列后果。

三 乡土传统：新型城镇化的根基

（一）乡土传统有助于化解现代性危机

现代性的概念起源于17世纪的欧洲，在文艺复兴和资产阶级革命的背景下，欧洲社会开始从传统社会向现代社会过渡，也对人的精神产生了巨大的冲击，西方学者敏锐地捕捉到了这种冲击，此即被称为现代性的问题。在西方的思维逻辑下，现代性意味着理性的、科学的、工具的、变动的、解构的，正如马克思所言："一切固定的古老关系以及与之相适应的素被尊崇的观念和见解都被消除了，一切新形成的关系等不到固定下来就陈旧了。一切固定的东西都烟消云散了，一切神圣的东西都被亵渎了。人们终于不得不用冷静的眼光来看他们的生活地位、他们的相互关系。"[2] 但是任何事物都有两面性，现代性也不例外，在现代化发展之初，的确取得了巨大的成就，推动了人类社会的进步，但是随着现代性不断的发展和演变，其所倡导的科学理性和工具理性逐渐走向"极端"，出现了种种"中心主义"，这些"中心主义"以"二元对立"的思维逻辑，简单地肯定一方，否定另一方，如用"科学理性"否定"人文理性"，用"工具理性"否定"价值理性"，等等，这种简单的"二元对立"导致社会矛盾和

---

[1] 李传喜：《旧村改造背景下村落共同体的变迁与重塑》，硕士学位论文，浙江师范大学，2011年。

[2] 《马克思恩格斯选集》（第1卷），人民出版社1972年版，第254页。

冲突不断涌现，而这也是现代性危机的本质所在。有学者指出："现代化过程在世界祛魅的过程中引发了工具理性与价值理性、理性现代性与审美现代性的分裂和尖锐对立，造成了在物质财富不断增长的条件下人与自然、人与人关系的异化和对立、自由的丧失、生活世界殖民化以及人类精神家园风雨飘零等现代性危机。"①

现代化进程也导致社会很多方面出现了现代性危机，对于中国乡土社会来说，尤其体现在人文精神和社会结构等方面出现了巨大的危机。一方面，传统的道德文化、精神信仰在现代化进程中被严重破坏，而且传统文化与现代文化被割裂，使乡土社会失去了精神根基，导致社会失序、行为失范；而另一方面，随着城镇化的推进，当前中国的乡土社会正在解体，甚至走向"终结"，乡土村庄的社会结构、社会秩序出现混乱，社会功能也日益消亡。在新型城镇化进程中，我们不能让城市现代性危机的悲剧在乡土社会中重演，要设法化解乡土社会的现代性危机。

笔者认为，要化解乡土社会的现代性危机，必须以乡土传统为抓手，要将乡土传统与现代文化相结合、乡土社会与现代城市社会相结合，习近平总书记曾指出："博大精深的中华优秀传统文化是我们在世界文化激荡中站稳脚跟的根基。抛弃传统、丢掉根本，就等于割断了自己的精神命脉。"② 因此，我们要充分挖掘和发扬传统文化中的优秀成分，如优秀的道德规范、价值理念等，重新树立"讲仁爱、重民本、守诚信、崇正义、尚和合、求大同"的时代价值，要"有鉴别地加以对待，有扬弃地予以继承"，用优秀的传统文化来重新改造人的精神世界。另外，乡土社会一些有益的结构和功能仍然值得保留，如邻里之间的互动和互助、村庄的民俗活动、村庄的公共活动空间等等，这些结构和功能对现代的城镇社区建设也具有很大的借鉴意义。因此，对于乡土传统，也正如习近平所说："不忘本来才能开辟未来，善于继承才能更好创新。"③

（二）乡土传统能为农村城镇化提供内生动力

农村的城镇化是多元动力机制共同推动的，但主要可以分为内外两种

---

① 王祥：《试论现代性危机与马克思现代性批判理论的"在场"》，《国外理论动态》2009年第7期。

② 《习近平在中共中央政治局第十三次集体学习时的讲话》，2014年2月25日。

③ 同上。

动力。长期以来，政府也好，学界也好，更多关注的是农村城镇化的外在动力如政府力量、市场化和工业化等等，而对其内在动力却缺少关注和重视，对农村和乡土能不能为城镇化建设提供动力存在很大疑问，实际上，乡土传统等因素仍然能够为农村城镇化提供动力支持。杨建华在《社会化小生产》一书中指出浙江地区的发展是一种"内生型发展"，这是"一种内生为主的发展路径，是一个自发的、自下而上的、渐进变革的过程，发展动力主要来自社会内部，主要由民间和基层的内在需求推动经济增长和社会发展"。① 当然农村的城镇化不能说动力全部来自内部，但是来自村庄内部的动力也不容忽视。

从宏观的角度来说，"任何民族国家，现代化的过程都是一个对内对外的积淀过程，而不是全盘更新……现代性并不是靠完全抹杀传统才得以生成，而是要把尽可能多的优秀传统纳入尽可能多的未来之中。现代社会的秩序也根本不是传统消失的秩序，而是优秀文化传统与时俱进的秩序"②。一个民族的传统"是流淌在血管里的血液，是我们赖以站立的大地"③，因此新型城镇化进程中的乡土传统，不是与现代化必然对立的，不是被消灭的对象，乡土传统能够适应现代化进程，并且随之不断进行自我改造，更重要的是它能够为现代化、城镇化建设发挥稳定器和蓄水池的作用，从我国三十多年的城镇化实践来看，农村一直是经济发展和城市发展的稳定器，我们社会的稳定首先得益于农村社会结构的稳定，而我国在经济危机中受影响较小，也是得益于农村在城镇化中所发挥的作用，只不过以前的农村往往处于被动的地位，是以牺牲农村的利益来保障经济社会的发展。

而农村社会结构的稳定正是得益于农村的乡土传统，比如乡土社会中的家文化，恩格斯在《家庭、私有制和国家的起源》一书中指出，"家庭是社会的细胞"。我国是一个有着悠久的历史文化传统的国家，自古以来都很重视家的存在，古人云"天下之本在国，国之本在家"，可以说家庭是一个社会得以存在和运行的基础，也是一个社会的轴心。"家"对中国

---

① 杨建华：《社会化小生产：浙江现代化的内生逻辑》，浙江大学出版社 2008 年版，第 154 页。

② 杨建华、李传喜：《道德底线失落的历史文化原因分析》，《宁波市委党校学报》2011 年第 1 期。

③ 杨建华：《发展社会学研究的困境》，《中共浙江省委党校学报》2014 年第 3 期。

人来说具有特殊意义。在中国国民的社会生命中，最能使他们保持稳定的因素是对"家"的顾念，在中国人的观念世界中，家不仅是提供食物、舒适、保护及老年照顾等徒具物质和经济意义的房舍而已。更重要的是，家还具有社会、意识形态和仪式上的意义。可以说，中国是一个以家庭为本位的民族和国家，家庭本位是中国社会关系的最根本的基础，它具有很强的生命力。费孝通先生说，"这个细胞有很强的生命力"。由血缘、婚姻和收养关系而形成的家庭，从社会学的视角来看，这一社会基本单位对社会团结、社会整合、社会秩序起着非常重要作用。家庭、家族企业的成员主要是家庭成员，有一种天然的血缘亲缘关系，有一种天然的亲情纽带，对维系家庭的团结、建立家庭的秩序都有着重要的价值。同时，中国传统文化中这个"家"又有很大的包容性和伸缩性，正如费孝通所言："在中国乡土社会中，家并没有严格的团体界限，这社群里的分子可以依需要，沿亲属差序向外扩大。""家里的可以包罗任何要拉入自己的圈子、表示亲热的人物。自家人的范围是因时因地可伸缩的，大到数不清，真是天下可成一家。"（费孝通；2011：25、38）

（三）乡土传统有助于改进城镇化发展方式

城镇化是历史的趋势，是在生产力和生产关系发展到一定阶段后所必然出现的发展形势，因此，在这个意义上来说，城镇化不存在要不要的问题，而是要采取什么样的方式、选择什么样的路径的问题。三十多年的城镇化建设，我们取得了举世瞩目的成就，但是也产生了很多的问题，如城乡二元对立、城乡差距越来越大、农村被粗暴地改造，发展方式粗放、城乡一体化变成城乡一样化、城镇化成了土地城镇化，"以物为本"而忽视了人的发展，等等，究其原因，可以得知是传统城镇化的方式存在问题。受到西方现代化理论的影响，在我国传统城镇化中，城市和乡村是对立的，现代与传统是对立的，很多人认为现代化就是要抛弃旧有的传统，只要彻底抛弃传统，我们才能获得"新生"。实际上，这种观点与"文化大革命"时期的"破四旧"有着相似之处，即都是对传统文化的否定，都造成了传统和现代的断裂。

传统的城镇化方式是否合理，这一问题的答案已经日益清晰，即它在特有的历史条件下有一定的合理性，但是随着条件的变化，它也造成了城市生活和乡土社会的现代性危机。在当前的条件下，必须对传统的城镇化方式进行调整，而最重要的方面就是要从以土地为主的城镇化转为"以人为核心"的城镇化,即从过去的工具理性转向价值理性,更加重视人的意义和发展的质量。

而要实现"以人为核心"的城镇化,就不得不提到乡土传统的作用。从地域方面来讲,新型城镇化要积极推动"就地城镇化",不再单单是把农村人口全都吸引到城市里去,而是要让留在农村里的人过上城市里的生活。而就地城镇化的实施,要紧紧依托乡土社会的资源,通过乡土社会重建和发展特色产业来改善乡村发展状况,改善地方治理,这样也能增强农村的吸引力和凝聚力,农民也不至于再背井离乡。从文化方面来讲,乡土传统所蕴含的人文精神、道德理念和价值信仰对城镇化建设来说也是实现"人的城镇化"所必须坚守的,而这种文化传承和文化自觉也决定了城镇化的"深度"和意义,因此新型城镇化要将乡土传统、乡土文化自觉地融入其中,重视乡土传统文化的保护,消除偏见和误解,让农民在城镇化进程中找到尊严、找到自信,从而能够激发农村社会的内在活力,为新型城镇化建设提供内生性的动力。

(四) 乡土传统有助于重塑村民社区认同

社区认同危机是农村社会现代性危机的一个重要方面,现代性的"祛魅"对乡土社会造成了巨大的破坏,现代性、城镇化的诱惑又使人们纷纷逃离乡土,人民对农村社区、乡土文化的认同也就无形中被瓦解了,而现代性危机又促使人们开始回归"乡土",在经过一次轮回之后,人们追溯乡土传统,寻找乡土社区认同的心理越来越强烈。而社区或者农村共同体已经不能用地理范围来界定了,而是要以社会文化范畴来界定,如亲密的社会关系和优秀的乡土传统等。因此,重塑社区认同不应该淡化文化传统、消解文化基因,而是要将乡土文化作为乡土社会的黏合剂,提高人们对乡土社会和乡土文化的认同感,使人们能够在现代和传统中找到一个平衡点,可以防止乡土传统的断裂,这也有助于维护农村社会的稳定与和谐,提升农村城镇化的质量,避免因此而来的社会转型的阵痛。

重塑农村社区认同必须借助乡土传统,因为"所谓的农村社区认同,实际上是社区成员对社区共有价值或社区文化的认同"[1],而乡土传统往往是社区的共有价值和社区文化的外在表现。但此"乡土"已非彼"乡土",我们并不是为了重塑村民社区认同就全盘照搬乡土传统,这样只会

---

[1] 吴理财:《农村社区认同及重构》,《中共天津市委党校学报》2011年第3期。

让农民在文化上留守于前现代社会，让乡土文化再次成为一种封闭性的形态，这显然是与社会发展和现代化转型相悖的，而实际上在迈向现代化和城镇化的进程中，乡土传统一直是在不断变迁的，很多对乡土传统持悲观态度的学者其实并没有看到乡土传统自身的生命力，其适应性和创新性使其能够传承下去，传统恰恰是在文化变迁中得以延续的，没有千年不变的传统，通过不断地转换形式也在不断地创造着新的传统，实际上传统与现代的绝对割裂从来都是不存在的。因此我们要正确认识、充分发掘和合理利用乡土传统。

农村社区认同本质上还是要归结于村民对于农村的归属感和认同感，要增强村民的归属感和认同感，乡土传统可以提供三个方面的内部性动力：一是乡风民俗，在农村社会中，有一套共同遵守或者奉行的约束机制，即乡风民俗，这是维持村庄内在秩序的重要手段，还是承载村庄公共文化生活的重要载体。村民通过参与村庄的公共文化生活，能够使其对农村的认同具有了仪式性的意义，大家能够相互承认"你是这个群体的一员"，因此民俗活动的"参与性"对于维系人们对农村社区的认同是十分重要的。二是精神信仰，或者说精神归属，生活在一个地方，必须能够认同当地的文化，才能够融入这个群体或地方，对当地社区文化的认同实际上也是一种共同的信仰，也是实现社区认同的基础和前提。三是共同体，与前面两种主观要素不同，这是一种客观的要素，社区认同是对村庄共同体的一种从心理和情感上的表达，村庄共同体能够增强社区的向心力和凝聚力、维持社区稳定以及给人以安全感，因此村庄共同体的建构对于重塑社区认同具有十分重要的意义。

（五）乡土传统有助于保持城镇地域特色

传统城镇化方式所导致的"千城一面""城乡一样化"实际上对乡土传统带来了毁灭性的打击，由于在城镇化进程中对传统文化资源保护意识不强，保护力度不够，使众多的历史文化资源迅速流失，历史文脉被粗暴地割裂，而这些都是不可再生的，在这种城镇化的大肆扩张中，城市的个性、农村的特色都逐渐消失了，我们现在的城市化留下的全都是现代化的高楼大厦，甚至农村这种存在形式都被从根本上抹平了。我国几千年的传统文化，可以说都是脱胎于农业文明，农村也承载着独特的地域文化，"一方水土养一方人"，正是这多种多样的地域特色，才使中国社会中呈现出丰富多彩的文化形态，所以说，我们国家文化的根都在乡村，其实西方很多国家也非常重视农村和农村文化，如法国和日本，他们对农村的重视和保护值得我们借鉴。而对于中国来说，消灭了农村也就失去了祖先留给我们的千姿百态、充满独特美感的传统文化。虽然城镇化的趋势不可逆转，但是我们在城镇化进程中如何才能保护和发扬乡土传统，这是我们亟待解决的一个重要问题。而且如果在城镇化中失去了乡土文化的传承，那势必会导致人们和传统、乡土的断裂，失去精神的依赖和寄托，给人造成精神上的混乱和迷茫，也不利于社会的稳定和谐。

而对于城镇化进程中乡土传统、乡土特色的重要性，也引起了中央的重视。如温家宝同志曾在一次政府工作报告中提出"村庄建设要注意保存乡村风貌"；2013年中央城镇化工作会议也明确提出"要传承文化，发展有历史记忆、地域特色、民族特点的美丽城镇"的目标，同时也提出了具体的任务要求："要依托现有山水脉络等独特风光，让城市融入大自然，让居民望得见山、看得见水、记得住乡愁；要融入现代元素，更要保护和弘扬传统优秀文化，延续城市历史文脉；要融入让群众生活更舒适的理念，体现在每一个细节中。要加强建筑质量管理制度建设。在促进城乡一体化发展中，要注意保留村庄原始风貌，慎砍树、不填湖、少拆房，尽可能在原有村庄形态上改善居民生活条件。"[1]

这些都为我们提供了明确的方向。从国际情况来看，城镇化虽然是经济社会发展的必然趋势，但是受到各种因素的影响，各个国家的城镇化并没有固定的模式，但是有一条普遍性的规律，就是城镇化应该与本国的传统文化和地域特色紧密地结合。对于我国的城镇化来说，只有在新型城镇化进程中依托乡土传统、保护传统文化、地域特色，因地制宜，结合乡土文化、地域文化、传统文化进行整体性的规划，才能使我们的城镇化丰富多彩，并提高城镇化水平，也才能满足人们的多样化需求，真正实现"以人为核心"的城镇化和具有中国特色的城镇化。

---

[1]《2013年中央城镇化工作会议公报》，新华网，2013年12月14日。

第三章

边缘化与边缘效应：城镇化进程中近郊村落的现实境遇

城镇化是一个动态的过程，在城镇化的不同阶段，村落的社会状态会表现出其特殊的阶段性特征。从一定意义上说，城镇化进程中近郊村落的边缘化，实质是动态城镇化过程的一个具有过渡性质的聚合体。近郊村落正处在这一种动态化的发展之中，各种要素混杂其中，充满了矛盾、对比与反差：现代思想观念与村落乡土性、城市文明与农村文明、政府与村庄、本村人与外地人，乃至本村村民因阶层分化而产生的在职业、需求、生活方式、价值信仰以及心理文化素质等方面不相同的人群共存于同一村落空间内，势必产生各种各样的矛盾与冲突。这就导致近郊村落的社会结构呈现出一种独特的表征，这种表征既区别于城市社区，也区别于农村社区，是一种"亦城亦乡""似城非城、似村非村"的社会存在，对近郊村落的社会结构进行田野深描，有助于我们深入了解近郊村落的城镇化，对于促进近郊村落城镇化的有序发展起到重要的支撑作用。

一 边缘化：一个解释框架

如果说城镇化中近郊村落的空间格局变化是近郊村自然属性的变化，那么近郊村落社会结构的变化则属于其社会属性的变化。空间格局的变化为其社会结构的变化提供了必要的条件和前提，二者是相辅相成的。那么，如何来解释当前城镇化中近郊村落的社会结构变化的状况呢？或者说当前近郊村落的社会结构处于一个什么样的状态？这亟须从理论角度进行阐述和界定，建构起一个具有解释力的概念框架。

对于城镇化中近郊村落的社会结构，我们结合本课题组所调研的两个近郊村落的情况，提出了"边缘化"这一概念。我们把这一概念用于社会研究领域，将其视为在农村社会系统与城市社会系统的双重作用下所造就的近郊村落的一种社会属性或者社会身份，这种社会属性或者社会身份又在很大程度上决定了近郊村落城镇化的进程和形式。这种边缘化并没有褒义或贬义之分，它是客观描述当前近郊村社会结构的一个中性概念。边缘化，顾名思义就是边缘区位要素的性质，一般在社会结构中处于劣势，被主流社会结构和形态支配的一方就是"边缘"，而"边缘化"不仅指一个结构的层级、地位，而且还包含了对主流结构或中心结构的一种既有拒斥和对抗也有适应和融合的复杂的态度，因此，这种"边缘化"就表现出比"边缘"更本质的内涵。有学者认为边缘化概念是依托于社会区位结构"中心—边缘"体系的，其在这个体系中体现在"相对于中心的全部行动中"①。边缘化与中心性往往是相对而言的，相对中心区而言，边缘的近郊村落是整个城镇化过程中最敏感、变化最迅速的地区，这种特殊的属性将是近郊村落发展的重要条件。

二 日益走向边缘化的近郊村落

近郊村落社会结构的边缘化并非意味着落后和不能发展，而是意味着一种存在形式、发展方式和相对状态。中国农村社会经历了几千年的发展，积淀了深厚的文化和地域归属，目前在中国现代化及城镇化大潮的共同作用下，一些村落渐渐变成城镇社区，这个过程实际上就是一个走向边缘的过程，首先，农村在城镇化大潮的推动下，逐渐走向农村系统的边缘，然后再进入城镇系统的边缘。相对于传统中国农村的封闭状态而言，走向边缘是农村社会发展的起步，是从边缘区走向中心区的一个不可逾越的阶段，具有非常积极的意义。而这种变化的一个主要实现载体就是村落的社会结构。

（一）土地征用背景下的经济结构转换

城镇化是一个土地、人口等要素集聚的过程，城镇化进程必然伴随着大量的农村土地征用或转换，随着城镇化进程的推进，"一片片田野从人们视野中消失，一群群农业人口进入楼宇堂皇的城市"②。土地征用已成

---

① 吴怀连：《边缘性：中国社会结构性质分析——以重庆合川市为例》，中国社会科学出版社 2000 年版，第 20 页。

② 刘宗劲：《征地制度研究：对中国城市化进程的追问》，中国财政经济出版社 2008 年版，第 6 页。

了近郊村发展过程中的一个关键热词，是在城镇化及经济发展过程中不可避免的一个重要环节。另外，因为土地非农化过程常常伴随着巨大的土地增值空间，土地征用亦被很多村庄视为推动自身发展的契机。在当前的社会发展背景下，土地使用权属及性质的转换往往能带动村庄的整体经济结构调整和转型，调研结果表明：城镇化、工业化所引发的土地征用、土地流转使村庄的经济结构发生了重大的变化。

1. 土地的非农化

土地的非农化又称农地的非农化，指的是农用地转变用途，成为居住、交通、工业、商业服务业等城乡建设用地的过程[1]。土地向来就是农村经济主要的生产要素之一，土地的非农化是农村经济结构转换的重要前提之一，也为城镇化和工业化提供了重要的支撑作用。有学者指出，经济发展和土地的非农化之间存在耕地库兹涅茨曲线假说，这是一种类似于库兹涅茨曲线的倒U形关系，随着经济的发展，耕地损失率（土地非农化）呈现先减小后增大再减小的趋势[2]。相对来说，位于城市边缘的近郊村在土地非农化问题上表现得尤为明显，因为近郊村落所处的区域往往是城镇周边或者是产业聚集地带，这一地带土地增值效应明显，而且处于城乡二元结构冲突和转换以及市场经济转型的前沿，经济转型所诱发的各种体制机制性的利益矛盾冲突最为集中，在这里，土地资源变成了土地资本。从具体实践来看，近郊村落在城镇化过程中的土地非农化具有以下特征。

一是被动的土地非农化。城镇化本质上说是一个政府主导的社会工程，政府行为在土地非农化过程中始终占据着支配性地位。在我国的土地权利上，城市土地和农村土地有着严格的二元结构，我国《中华人民共和国土地管理法》规定，城市土地属于国有，农村土地属于农民集体所有，但是当政府要推进城市化、扩大城市版图的时候，地方政府就可以通过城市规划，将农民集体所有的土地划入城市规划范围，将农业用地征用为工业工地或建设用地，将集体所有土地转变为国有土地，所以被动的土地非农化的过程，实质上就是土地国有化的过程。政府在这个过程中发挥着垄断性的作用。按照土地管理法规定："国家为了公共利益的需要，可以依

---

[1] 张宏斌等：《土地非农化调控机制分析》，《经济研究》2001年第12期。

[2] 曲福田、吴丽梅：《经济增长与耕地非农化的库兹涅茨曲线假说及验证》，《资源科学》2004年第5期。

法对土地实行征收或者征用并给予补偿。""任何单位和个人进行建设，需要使用土地的，必须依法申请使用国有土地。"政府不仅是农业用地转换为工业用地或建设用地的唯一仲裁者，而且还拥有将农村土地征用后转换给城市使用的唯一性的、决定性的和排他性的权力。[1] 政府还控制着土地资源的配置，使土地从征收到出让配置这一进一出两个通道完全受政府控制调配，政府可以从土地的差价中得到巨额的土地收益。在很多地方，政府实际上已经成为城市土地和农村集体土地的共同经营者。这种被动的土地非农化也造成了农民被动的城镇化，也转变了农民在城镇化浪潮中的发展命运。本课题所调研的几个典型村落无一例外地都存在政府征用土地的情况（表3-1）。这种政府主导的被动的土地非农化往往存在一个弊端，就是政府只要地，不管人。随着土地的征用，出现了大量的"失土农民"，很多农民面临着失土、失业的困境，而且土地征用的补偿不足，特别是没有考虑承载于土地之上的农民劳动力价值的补偿。但是政府对被征地后农村的发展和农民的生产生活状况，却缺少相关的有效的政策规定。

表3-1　　　　　　　星村的土地征用情况（亩）

共有土地	客运中心	大桥公司	村民建房	村留地	其他
998	172	480	150	92	104

说明：村落被征用的土地中包含根据当地政府规定按征用土地一定比例留给村落集体，用于发展集体经济的留置地。

二是主动的土地非农化。我国农村土地非农化的途径主要有两种："第一种是国家首先征用农村集体所有的土地，然后再以划拨或出让的方式把农地转化为非农建设用地；第二种是在不改变集体土地所有权的情况下将农地转化为非农建设用地。"[2] 前者即为被动的土地非农化，而后者则为主动的土地非农化。这个划分是以农村集体土地为基础，不包括原有的国有农地。所谓主动的土地非农化，其行为主体是农村村集体，是村集体以自主的集体行动改变了土地利用形式，以集体的方式拥有和利用土

---

[1] 国务院发展研究中心课题组：《农民工市民化：制度创新与顶层政策设计》，中国发展出版社2011年版，第303—304页。

[2] 杨文杰：《关于农用土地的非农化问题》，《云南行政学院学报》2005年第3期。

地，从而实现农民与土地的脱离，并开拓了新的发展空间和发展形式。近郊村落由于其特殊的地理区位，再加上受城镇的影响，它们自身也产生了强烈的发展愿望，其边缘性的特性也为其提供了多种选择。我们发现，所调研的这些近郊村有一个相同的行为，就是最大可能地开发利用村集体土地（包括尚未被征用的土地和征地返还的留用地），可见，"在实现了非农化以后，近郊村普遍把土地作为了一种可以升值保值的资产，并努力把土地价值发挥到最大化。而一旦土地成了在农业领域以外的经济领域生产经营的资本，城郊村的集体经济就获得了新的生产增长方式。应该说这是这些近郊村落的一次理性选择，不仅告别了原来那种'靠天吃饭'的非理性的自然空间，而且与同期政府土地征用相比，自主开发所获得的收益不仅更多而且可持续，是一种'有预见的理性'"①。

2. 经济结构转换的边缘性

农村经济结构的转换是多种因素共同作用的结果，但是土地的征用客观上对近郊村落经济结构的转换起到了推动作用，一个最显著的表现就是土地的征用使传统的种植业失去了存在的基础。应该说，在改革以前，这些近郊村同其他的广大农村地区一样，种植业是农民赖以谋生的最主要的手段，但随着工业化、城镇化的发展，大批的农民开始"洗脚上田"，从第一产业转向第二、第三产业，而大规模的土地征用更是从根上切断了农民与土地的联系，于是就出现了大量独特的"没有农业的村庄"和"没有土地的农民"，这些因素共同推动了近郊村经济结构的转换：从单一的农业种植业向多元化的经济结构转变，从粗放式的家庭经营向专业化、集约化的工厂经营转变，从分散的原子化状态向有组织的经济活动转变。虽然很多近郊村在经济结构转换中取得了巨大的成功，但是相对来说，近郊村落边缘化的区位特征使其经济结构的转换也表现出明显的边缘性特征。

一是近郊村落产业结构调整的自主性。中国式的土地征用表现出一种"要地不要人"的政策倾向，"对于征地以后近郊村落如何发展，政府没有一个统一的、确定的政策规划。而且地方政府更加热衷于获得近郊村的土地用作城市基础建设或商业开发，却很少有兴趣去解决土地置换或者出

---

① 李传喜：《自主选择与政府规制：一个近郊村的城市化探索》，《温州大学学报》2014年第1期。

让后农村及农民的发展问题"①。在这方面政府并没有统一的制度安排和具体明确的政策规定,让近郊村落一定程度上处于无制可依的状态,但是这也为其提供了自主选择发展道路的可能性。本课题所调研的典型近郊村根据自己对城镇化的理解,结合本地的具体实际,通过自主行动的形式做出了各不相同、各具特色的发展路径选择。台州市星村就是一个典型的自主发展的案例。"受工业化、城镇化的影响,星村内部也开始发生变化。首先,星村地少人多,人口有两千四百多人,土地面积约为1000亩,但是绝大多数的土地已经相继被政府征用,仅靠土地种植已经无法产生足够的经济效益,局促的现实条件倒逼着星村考虑其他的出路。其次,随着社会经济的发展和社会分工的深化,星村的产业结构开始发生变革,人们基本上都从第一产业转移到了第二、第三产业,传统的乡村开始出现了分化,而诸如新技术、新工具、新思想、新文化等城市文明就像'打入乡村原子堆的中子',使村庄开始发生裂变,这些都给星村的发展提供了内部动力。星村全体上下都把谋求经济发展作为最重要的目标,但在当时还没有针对这些村庄发展的政策,只能靠自己自谋出路。当时的村干部也基本都是在外创业的成功人士,他们思想开放、眼光敏锐、敢闯敢干,顶住压力把村民的土地全都征用起来,通过筑巢引凤的形式把工业引进村庄,实现村庄发展的目标,从而达到费孝通先生所说的:'我们不走把农民集中到城里去发展工业的路子,而是让农民把工业引进乡村来脱贫致富,这是在一定具体历史条件下作出的选择,使农民和已有的城市相结合,产生中国新型的社会关系。'萧楼曾把夏村的生存状态视为一种'拔根状态的生存':'人人都拔了根,挂了空……在现代性的外表下,夏村几乎已经没有了土地,已经被城市化了,他们只有土的想象,而无法进行土的依恋。'而星村却保留了自己的根,从而可以使村庄发展生生不息,既可以规避市场风险,又可以有自我再生产的能力,所以如今全村上下对村庄未来的发展远景充满了希望。应该说星村所走的这条路是在一定历史条件下所作出的选择,是城乡各要素在此相互磨合而达到的相互平衡与妥协的状

---

① 李传喜:《边缘化与边缘效应:概念解读及其行为方式》,《温州大学学报》2014年第1期。

态，既有偶然性，也有一定的必然性。"①

二是村落资产形式转换的非均衡性。城镇化进程往往是猛烈而迅速的，很多近郊村来不及做好充分的准备就已经被卷入了这个历史的大潮。这些近郊村之前可能还没有形成自己的产业结构和经济形式，只是在城镇化的推进中大量土地被征用后才开启自身的发展进程。而村落资产形式的转换在村落内部以及不同的村落之间也存在很大的差异，结构的发展并不均衡，整体村落资产形式的转换具有一种非均衡性。首先，从村落内部来说，近郊村落的集体经济往往以物业租赁型经济为主，形式单一。从调研结果来看，所调研的典型村落无一例外地都存在物业经济，而且在村庄整体经济构成中占据着主要的地位。当然这是近郊村落抓住城镇化发展的契机，利用自身条件和资源而采取的一种发展模式，取得了客观的经济收益，为近郊村的发展做出了巨大的贡献。这种物业型经济是以近郊村剩余的土地资源为依托，以直接出租土地、建设出租标准厂房、建设综合楼、店面、公寓等物业形式出租来获得收益，从一定意义上说，这是一种在土地被征用以后通过资产转换而形成的"食利"型的经济形式。这些近郊村落很少有集体的工业企业，更多的是村民的私有企业、小作坊，这也是江浙经济发达地区的一种普遍特征。其次，从村落之间来看，近郊村落的资产量化不同步、不均衡，村与村之间的差异较大。村庄集体资产的股份量化是规范农村产权制度的一项有效举措，也是转变村庄经营方式，使其从物业型经济向资本运营型经济转型的重要载体。现在大部分地区都已经不再提倡农村集体经济组织直接创办和管理经济实体，集体经济收入大多来源于物业租金和投资收入，这种经济结构具有很大的局限性，极大地制约了村庄集体经济的发展，因此，要发展壮大村庄集体经济，就必须转变观念，在加强现有物业管理的基础上，"通过股权流转，筹集资金，参股或控股一些市场竞争力强、科技含量高、发展潜力大的企业。这样使集体通过资本运营，获得较稳定的投资收益，进一步壮大集体经济实力，提高农民的分配水平"②。但是受村庄发展条件、经济实力的制约，每个村庄

---

① 李传喜：《边缘化与边缘效应：概念解读及其行为方式》，《温州大学学报》2014 年第 1 期。
② 郑玉敏、徐波主编：《托起的天平：东莞发展的法律思考》，广东高等教育出版社 2008 年版，第 70 页。

在村庄集体资产股份量化上都是不一样的，从调研情况来看，在葭沚街道全部47个村、社区中，经济实力较强、发展优势明显的星明村、星村、五洲村这三个村已经实现了村集体经济的股份量化，有一些村庄发展势头也很好，村集体经济实力大大增强，也正在准备开展股份量化，如富村、繁荣村、乌石村、东方村等，而其他位置较为偏远的村庄尚无股份量化的意愿，甚至有些村庄目前已经是负债运行。

(二) 人口流动中的村落成员结构

"农村社会成员结构的变迁是与社会的发展紧密相连的，它既是社会发展的结果，同时本身又是社会发展的表现。"[①] 城镇化的一个典型特征就是人口的集聚，而人口集聚也必然意味着人口的流动。当前，我国的城镇化进程中正经历着前所未有的人口流动，大量的人口向城市迁移集中，而近郊村因为靠近城市，也不可避免地经历着人口流动过程，甚至有些村庄流动人口比例还非常高，这给近郊村的社会成员结构带来了很大的影响。"随着限制农村人口流动的政策及城乡关系的逐步放开和松动，以及市场机制被引入农村，致使农村人口的社会流动受利益驱动在不同经济单位之间、产业之间、社区之间全面展开。"[②] 与城市及远郊地区的农村相比，近郊村的村落成员结构呈现出一定的独特性。

1. 近郊村社会成员组成的复杂化

近郊村落往往靠近城市，交通便利，这一特殊的地理区位吸引了大量的外来流动人口，使近郊村的社会成员结构更加复杂。从总体上来说，近郊村的社会成员组成可以分成村籍人口和村域人口，但是从调研情况来看，近郊村社会成员还要进一步细分。

首先，我们来看村籍人口即本村自然人口，这是指具有本村村籍的村庄常住人口。虽然都具有本村村籍，但是受城镇化影响，村籍人口却发生了分化。最典型的表现就是户籍上的不同。很多近郊村落往往是农业户口的村民和城镇户口的居民共同存在，如星全村共有2484人，随着撤村建居和土地征用，全村共有255户、684人办理了农转非手续成为居民户

[①] 卢福营：《转型时期的中国农村社会成员结构的变迁》，山东农业信息网，2004年9月6日。

[②] 卢福营：《群山格局：社会分化视野下的农村社会成员结构》，《学术月刊》2007年第11期。

口，除此之外，本村还有一部分"水上户口"，即渔民，有200余人，这些"水上户口"渔民并没有耕地，以前主要以从事捕鱼、水上运输等相关的行业。另一个表现就是工作地、居住地的不同。也就是村籍人口的外流。从调研情况来看，这些近郊村落中绝大多数村民还是居住在村内的，但是也有很多村民或因为外出经商或因为寻求更好的居住环境而选择城区或外地居住，还有一些人是在村内居住，但工作却在城区或周边区域，呈现出类似于"日出而作，日落而息"的"钟摆"状态，可以将这部分村民称为"钟摆族"。一般来说，流出的本村人口往往具有较强的经济能力，从年龄来看，大多集中于20—30岁这一年龄段。

还有一个典型的表现就是迁移性社区。一种是组合性的社区，现有的社区是在旧村改造新农村建设中经过村庄规模调整，即村庄合并而成的，如星洲社区是由星村和五洲两个村庄的部分村民合并而成，还包括部分其他村的村民，都是周边村庄在土地被征用、实行股份量化以后，在撤村建居过程中组合而成的。另一种是分散性的社区。如江边社区、海晨新村等，即原有的居民不再安置在同一居住区。同时，一个拆迁安置户集中居住区也不只是安置一个社区的居民。由此形成了一个社区居民分散于不同居住区、多个社区居民同住于一个居住区的现象，打破了原有的村或社区的概念。

其次，我们来看一下村域人口。所谓村域人口指的是生活在某一村域内的人口，是以村为单位，生活在这一地域共同体内的全部人口，既包括本村人口也包括外来人口，有学者也将这种人口聚集形态称为"新人口聚集区"[①]。前面已经介绍了村籍人口的变化，下面来看一下其他村域人口的情况。这部分村域人口主要指的是居住在村庄内的外来流动人口。很多村的外来人口在数量上都超过了村籍人口，甚至多出许多倍。表3-2为2010年以来星村外来人口的数量变化情况。

表3-2　　　　　星村外来人口居住证登记情况（人）

	2010年	2011年	2012年	2013年	2014年
江边社区	317	6716	6939	7435	10055
星洲社区	457	5330	5395	5358	6087
合计	774	12046	12334	12793	16142

---

① 秦玉霞等：《村域范围内新人口聚集区规划构想》，《许昌学院学报》2007年第5期。

这些外来人口大体上有三个来源：一是当地村中企业多，就业机会多，很多外来人口选择到村中企业中打工，租住在村内的农民房中，这部分人占外来人口的大多数；二是近郊村企业多，人口也比较多，也有很多外来人口选择在近郊村中做小生意，自己租门面开小店，同样租住在村内的农民房中；三是因为近郊村靠近城市，交通便利，而且房租相对城区而言要便宜许多，很多外来人口出于经济利益的考虑，选择租住在近郊村内，但其工作是在城区，也属于前面提到的"钟摆族"。这些外来人口虽然住在村域内，但仅仅是房租客，始终处于村域结构的边缘，无法融入当地的生活圈子。

2. 近郊村社会成员身份转换与权利的非同步性

传统的中国农村社会，农村社会成员普遍居住和生活在村庄，以土地和农耕为本，呈现出较高的均质性。随着农村非农经济的发展和城镇化的推进，近郊村落社会成员的均质性被打破了，逐渐地分离为多个阶层和群体，呈现出非农化、多元化、异质化的趋势，也面临着多重社会身份的转换。

首先是近郊村社会成员产权身份的变化。产权身份的变化是在"多样化的生产资料所有制形式和多样化的资产经营方式"[①] 以及20世纪80年代以来的产权制度改革的背景下产生的。应该说非农化是近郊村社会成员社会身份变化的最大动力，随着农民的非农化以及城镇化，大量农民摆脱了"土地"的束缚，产权身份从原来单一的土地产权变成了多元化的产权。很多农民虽然从土地和家庭经营中转移出来，选择到其他多种形式的经济单位中就业，但是"仍然拥有户籍所在村里的一份土地和集体生产资料的产权，并且凭此身份可以坐享一份集体经济的利益"[②]。随着市场经济的发展，很多近郊村引进了现代的产权制度，纷纷开展了农村集体资产的股份量化，村民从集体经济的所有者变成了现代企业制度下的股权所有者，从村民变成了股东，使村民的产权身份发生了极大的转换。如今"村民的产权身份或者说'村籍'客观上成为一种可以为农村社会成员谋利的社会资本，影响着农村社会成员的分化。这在一些村集体经济发达、资

[①] 陆学艺、张厚义、张其仔：《转型时期农民的阶层分化》，《中国社会科学》1992年第4期。

[②] 卢福营：《中国特色的非农化与农村社会成员分化》，《天津社会科学》2007年第5期。

产雄厚的村庄表现得更为明显"①。

其次是近郊村社会成员职业身份的变化。这是与城镇化进程中城乡产业结构调整和农村土地征用背景下村庄经济结构转换密不可分的。随着市场经济的发展，农村的经济活力大大被激发出来，在集体经济之外还出现了大量的个体私营经济，再加上土地征用以及非农化过程，使农民或主动或被动地选择其他的职业。大量农民从第一产业转向第二、第三产业，从农业劳动者成为兼业劳动者或者非农劳动者，村民职业身份呈现出多元化取向。

再次是近郊村社会成员社区身份的变化。这是社区结构的演变和城镇化的吸引，以及农村社会成员的跨区域流动导致的。相应地村民社区身份也有三种类型变化，第一种是实现农转居的社区，农民变成了居民，这是农民市民化的一种主要形式。二种是离开近郊村进入城镇就业居住的农村社会成员，居住在城市社区，但其户籍仍在农村，这就导致其社区身份出现模糊化，因为很多管理权限是与户籍绑定在一起的，许多权利和义务也都需在户籍所在村行使和实现，而不是与工作生活所在城镇社区相联系，比如选举权等，对这部分人，城镇无法给予其合法的社会身份和相应的权利，城镇无法完全接纳他们，因此他们还处于一种半离乡状态。第三种是通过旧村改造中的村落合并，将若干个近郊村整合为一个集中安置小区，原近郊村村民或整体或部分迁入该小区，虽然名为小区，但实际上并没有脱离农村户籍，但其身份已不是原来的"村民"，至少"村民"的内涵已经发生了改变。

可见，在城镇化背景下，近郊村村民具有了多重社会身份，这是由其社会成员分层的多元性决定的，"一个农村社会成员既可以进入产权阶层系列，又可以进入职业阶层系列，还可以进入社区阶层系列"②，但是从调研情况来看，近郊村村民社会身份的转换具有不彻底性和不充分性，而与此相对应的就是近郊村社会成员身份与权利的非同步性。一个典型村落就是星村，该村虽然已经被划入了城区的范围，但是受制于城乡二元体制及户籍制度，其村民无法享受城镇居民社会保障，依然是按照农村社保政策享受最基本的社保。调查中发

---

① 卢福营：《中国特色的非农化与农村社会成员分化》，《天津社会科学》2007年第5期。
② 同上。

现，近郊村的农村社会保险和商业保险发展也相对滞后，这使农民需承担的风险较城镇居民大大增加。另外，该村有两百多名村民在2002年就已经转为了城镇户口，但是这些人却并未享受到与城里人同样的待遇，并未被纳入城镇居民社会保障体系，而是仍然以该村村民的身份享受村集体的福利待遇。这就造成了部分离农的农村社会成员"两栖化"，形成各类边缘人群。

（三）失地后的村民职业转换

土地曾是近郊村村民赖以谋生的主要手段，务农也曾经是最主要的职业形式，但是城市的开发以及社会经济的发展使近郊村大量的土地被征用，这极大地改变了农民的生产状态，相当一部分农民从农业中逐渐分离出来，使从事单一农业劳动的村庄社会成员实现了职业转换，近郊村村民的职业结构也呈现出高度分化的特点。

1. 离土不离乡的非农化

应该说，"城市化是推动城郊村社会成员非农化的主要力量"①，随着城市化的不断推进，近郊村的土地被大量征用，农民失去了赖以为生的生产资料，这在客观上导致了农民的非农化，而与其他类型的村落不同，近郊村落由于其靠近城市的特殊区位优势，其非农化形态以"就地非农化"为主，近郊村的村民们无须付出太高的流动成本，就基本上实现了"离土不离乡"甚至"离土不离村"的非农化转型，具有较强的村域特色。相对远郊的村庄而言，近郊村人口向外流动的比例很小，离开土地的村民更多地是利于近郊村位于城市边缘的区位优势，大力发展个体私营经济和第三产业。从调查情况来看，大多数近郊村的村民选择留在本地。台州市星村随着土地被征用，村民出现了明显的职业分化，大多数村民"洗脚上田"，进入工厂打工或自主创业，实现了职业上的"非农化"和产业结构上的劳动力转移（见表3-2）。从表3-3中可以看到，星村农业户口的劳动力为770人左右，其中外出、经商的只有20人，占劳动力总数的2.6%，而留在本地从事家庭经营的则占到87.7%，从比例上来看，还是选择留在本地的村民占了大多数。

---

① 董金松、李小平：《城市化背景下城郊村社会成员的职业分化研究——以浙江三个村庄为例》，《浙江省委党校学报》2006年第6期。

表 3-3　　　　　　　2011 年星村农户及人口情况（单位：人）

农业户口人数	汇总劳动力数	从事家庭经营	从事第一产业	外出务工	汇总劳动力数 其中常年外出务工			
					总数	乡外县内	县外省内	省外
1642	770	675	20	20	5	0	0	5

资料来源：2011 年台州市椒江区农村经营管理统计年报：农村经济基本情况分析表。

葭沚自古商贸兴盛，人口集中，这为星村提供了得天独厚的物业经济发展环境，可利用外来人口大量集中的条件，大力发展物业经济。其集体经济主要来源于店面和房屋出租，而村民租房收入也不菲，星村 607 户村民有出租私房 2000 多间，80% 以上村民有房屋出租，一般村民出租收入有 4000—5000 元/月，最高的有 1 万元左右，房屋出租租金成了部分村民的主要家庭收入来源，而在近郊村中普遍出现了靠房租为主要收入途径的"食利层"。从星村村民的情况来看，其村民工作大概有这么几类：第一类是自己做生意、办厂；第二类是周边开小店；第三类是进企业打工，大部分都属于第三类；第四类就是自己种田，这部分是年纪比较大的村民，而且人数非常少。而这些行业都没有进入城镇就业结构的主流。

2. 职业转换的不彻底性

城郊村社会成员的非农化一般来说有两种情况：完全非农化和部分非农化，完全非农化是指农村社会成员完全脱离农业转而从事其他经营活动，而部分非农化是指尚未完全脱离农业，或者是从事非农业劳动，兼顾农业，或者是无其他劳动手段，只能以农业为生。如今，近郊村的完全非农化程度已经非常高了，这部分劳动者已经成为近郊村劳动力的主力军，但是，不可否认，在非农化过程中，一些特殊群体却被排斥到了边缘化地位。这些特殊群体主要指的就是 40—50 岁年龄段的村民，这些人没有其他的劳动技能，在非农化过程中显得无所适从，对他们来说，他们是被迫进行的非农化，少数年龄较大的村民只能选择继续务农，在零星分散的边角土地里寻求有限的收获。

还有一种不彻底性是很多近郊村民处于不充分就业状态，处于半息半作的生活中。不充分就业又称就业不足，指的是有就业愿望和能力的劳动年龄段男子和妇女不能充分得到有报酬的、自由选择的、生产性就业的就业水平。① 调查中发现，在土地征用之前年纪大的村民主要靠种地，而年轻人主要是在厂里务工或者在外跑生意，很少务农。土地征用之后，对于年轻人而言，就业的模式没有发生太大的改变，而对于年纪大的人而言，影响相对较大，尤其是对于年龄达到40岁的女性和年龄达到50岁的男性的四五十岁的人员，再就业存在较大困难，近郊村中这部分四五十岁的村民还有相当一部分赋闲在家，以打零工维生或直接处于无业状态。

另外，在调查中我们发现，近郊村中还存在另一种特殊群体，可以将其称为"自愿失业"，多数时候这些人都是赋闲在家，其中不乏年轻力壮的劳动力，他们宁愿天天玩乐也不愿去工作。从总体分析来看，文化程度低、缺少劳动技能、工资要求高等是这部分村民自愿失业的主因，而近郊村普遍较高的村集体福利以及有较高的房租收入做保障，这也在客观上助长了自愿失业的心态，所以这些村民宁愿失业也不愿出去工作，成为近郊村的食利群体。

3. 职业转换的自主性

这一阶段，由于国家出台新的土地征用和补偿政策，政府只按标准给予被征地村庄和村民一定的经济补偿——土地征用补偿款，不再负责劳动力的就业安排。因此，被征地农民失去土地这一赖以生产和生存的生产资料后，在获得有限经济补偿的同时却面临失业的风险，村民不得不自主选择谋生的路径。从近郊村村民职业转换方式来看，大体上有三种：第一种是土地征用单位安置，但这主要是90年代以前的土地征用过程出现的村民职业转换，现在已经基本上没有了；第二种是村集体组织安排，或者是由村集体企业雇用本村村民，或者是村庄通过引进企业的方式促进村民就业，或者是通过出租、承包集体资产的形式，组织村民就业；第三种是村民自主择业。应该说村民自主择业是当前近郊村村民职业转换的最主要的途径和方式，即便是第二种即村集体组织安排就业也要以村民的自主选择为前提。目前，村民自主择业呈现出日益多元化的倾向，有跑运输的，有经商办厂的，也有经营出租房的，等等，但受雇于村内及周边企业的务工者占据大多数。

4. 职业兼业化程度较高

如今随着社会经济的发展，村民的收入来源越加多元化，而村民职业

---

① 源自百度百科，https://baike.baidu.com/。

的兼业化则是其主要前提。从调查情况来看，近郊村村民的兼业化程度较高，表3-4是台州市星村村民的兼业情况，从表中可以看出兼业户占到了全村总户数的43%，这个比例不可谓不大。村民的兼业形式主要有农业兼业户和非农业兼业户，农业兼业户指的是在从事农业劳动的同时还从事其他行业的劳动，而非农业兼业户指的是从事非农业劳动的同时兼做其他非农职业，从实际情况来看，农业兼业户逐渐减少，而非农业兼业户正在逐渐增加。

表3-4　　　　　　2011年星村农户及人口情况（单位：户）

总户数	汇总农户数				
	合计	纯农户	农业兼业户	非农业兼业户	非农户
1080	725	5	550	140	30

资料来源：2011年台州市椒江区农村经营管理统计年报：农村经济基本情况分析表。

（四）城镇化进程中的组织结构变迁

随着农村城市化进程的不断加快，农村基层组织建设面临着许多新情况、新问题，各村"天下大同"的局面已经被打破，村级组织结构也日益呈现出多样化的特征，不同类型的村庄情况也明显不同。

1. 村庄自治组织向社区化组织转变

在城镇化进程中，近郊村落的村庄自治组织不断向城镇社区组织转变，这是大势所趋。当前，受城镇化和工业化的影响，村庄的社会结构已经发生了巨大变化，原有的村庄管理组织在一定程度上已经无法适应新形势的需要。比如在近郊村中不少社区是迁移合并型的，打乱了原来村庄的边界，导致原有村级组织趋于涣散，在调研中有不少村干部反映，以前一个村的村民都居住在一起，有什么事情都可以立即通知到所有村民家庭，现在改造后村民们都四处分散，有事情的时候找个人都比较困难，再加上"村改居"之后，村民对村里的依赖大大减少，客观上导致了一些村级组织调控能力弱化，凝聚力、战斗力和号召力不断下降。同时，随着城市化的推进，撤村建居势在必行，由于村干部和社区干部报酬待遇上的差距，以及对社区工作不能正确理解，不少村干部特别是村党支部书记出现了思想上的误区，对未来期望值不高，工作热情骤减，一些村级事务没有及时加以处理；也有一些村干部鉴于工作量减少，便做起了第二职业，这在一定程度上影响了村级事务的开展。另外随着土地被征用，房屋被拆迁，村民被安置，村级组织原来所承担的诸如发展村级经济、管理社会事业等方面的基本职能一下子弱化，同时，一些新的事务管理与服务职责则因改造而"浮出水面"，迫切需要村级组织给予高度关注，譬如失土农民培训、村民社会保障、社区的建立筹备工作等，而此时村级组织又因为能力有限、消极不作为、职责不明晰等原因往往不予以作为，致使村务管理工作出现"盲点"，造成了有人没事干、有事没人干的局面，村民意见较大。因此，依据不同类型的组织设置不同的组织机构已是势所必然。

从当前发展形势来看，亟须对各种类型的村庄进行梳理归纳，积极探索村庄自治组织向社区化组织转变的有效途径。诸暨市的城西新村在这方面进行了有益的探索。目前城西新村村民仍然是农业户籍，无法享受城镇居民的权益和待遇，他们从实际出发，在原村两委的基础上，又挂上了"社区服务中心"的牌子，分设好"六站、五室、四栏、三校、二厅、一家"，六站即党员服务站、农技服务站、计生服务站、劳动保障站、医疗服务站、救助服务站；五室即办公室、调解室、阅览室、活动室、避灾室；四栏即公开栏、信息栏、宣传栏、阅报栏；三校即党校、村民学校、法制学校；二厅即村民议事大厅、便民服务大厅；一家即星光老年之家。社区服务中心打破了原有的村籍的界限，以村域为界，也为辖区范围内的外来流动人口提供各种服务，这是农村社区化管理的一大进步。

2. 村级集体经济组织与村级自治组织尚未完全分离

目前在很多近郊村都有自己的村级集体经济组织如经济合作社，一些经济较为发达的村庄还成立了股份公司、股份合作社等新型的集体经济组织。但很多村庄却依然是一种"村企合一"的运行模式，并未实现"村企分离"。近郊村经济合作组织的改造，是农村经济发展及现代产权制度改革的特殊产物，也是最关键的一项改革。作为行政村集体经济组织，它代表着本村村民的经济利益，对这部分资产有必要给予高度重视，并加以妥善处理，否则必将引起村民的不满和抵触，因此有必要通过改造，加强农村经济合作组织的建设。可以想象，在过渡阶段，不同的村之间、新组织与旧组织之间，在权力、资金、人员、费用等方面难免会有一个矛盾磨合的过程，如不妥善解决，有可能会激发矛盾，甚至使社区运作处于瘫痪状态。如星村在20世纪90年代初就成立了经济合作社，但是经济合作社并无实际内容，也不是一个独立核算的组织，依附于村委会，而且当时村里也没有集体经济和产业，这只是一个应政府要求而建立起来的"空架子"。2004 年成立了星村实业总公司，村民只是以土地入股，由公司负责村庄土地、厂房以及进驻企业的管理。村委会随之实施企业化运作，成为一种"村企合一"的村级组织。但因为星村只是以土地入股，按村民人头实行的股份量化，所以不是平均主义的经济，而是一种按"份"共有的集体经济。

三　近郊村落社会结构的基本特征

"社会结构是整个社会的基本架构，通过农村社会结构变迁的分析可以窥探农村社会变化的基本方向以及未来的特征。"[1] 可见，深入分析近郊村落的社会结构对于近郊村的发展将是意义深远的，甚至可以说近郊村能否真正实现城镇化的关键因素正是其社会结构的转型。从总体上来看，近郊村的社会结构具有以下特征。

（一）近郊村社会结构的张力性

近郊村位于城市系统和农村系统的交接地带，对近郊村来说，它具有一种历史赋予的独特性：既有很强的村落表象性因素，也具有明显的城市化因素，"城市与乡村各要素空间变化梯度大，是城市与乡村两类性质不同的区域间的急变革"。[2] 因此，它在社会结构与社会形态上更多地体现出一种过渡性和边缘性，"它已成为一种特定的、介于城市与乡村之间的连续统一体"[3]。在近郊村的社会结构中，经济结构、社会成员结构、职业结构以及组织结构都存在一系列的矛盾与冲突性，这些处于新成长阶段中关键位置的近郊村无论在体制还是在结构功能上都面临着新的问题与困难，但正是这种特殊的区位及冲突性赋予了近郊村的社会结构很大的张力性。调查中发现，很多近郊村落的发展虽然受到体制制约、政策偏向、政府规制等一系列外部因素的约束，却也为村庄提供了"请城市进村"的机会。他们可以利用自身的结构性优势，主动将城市资源引入乡村，依靠村庄内部的合作，实现内聚型的"集体非农化"转型。而实践证明，近郊村落的工业化、市场化发展并没有导致村庄的消亡，而是经过不断的自我调适和主动进取，对引进的城市资源产生了新的适应力，而且通过对村

---

[1] 钟涨宝主编：《农村社会学》，高等教育出版社 2010 年版，第 85 页。
[2] 高长见：《城乡结合部社区的阶层化趋势研究》，人民网，2005 年 6 月 24 日。
[3] 顾朝林、熊江波：《简论城市边缘区研究》，《地理研究》1989 年第 3 期。

庄社会结构和组织不断的"自主建构"和创新,嫁接出了更加灵活的企业体制和行政体制,使其更能适应现代城镇化对农村社区结构和功能的要求,为其与城市系统的融合奠定了基础和平等对话的条件。

(二) 近郊村社会结构的半开放性

在城镇化过程中,不管近郊村是主动还是被动,都与市场建立了密切的关系。市场经济是开放的经济,但是从近郊村的社会结构来看,其还呈现出一种半开放性。近郊村是城市与农村两大系统的交锋地带,也是两大系统之间的缓冲地带,这里既要承受城市外泄的"城市压力",也要接纳广大农村腹地向城市转移的"农村压力",这在客观上也要求近郊村必须具有开放性的社会结构才能更好地包容、接纳这些压力。但是在调查中我们发现,近郊村虽然也接纳了很多来自城市与农村的因素,但是在某些领域却始终保持着一种封闭性,最典型的表现就在于近郊村村集体经济的封闭性。近郊村的集体经济严格地按照村籍来区分,村庄利益分配始终在相对较为固定的圈子里流转。而一些经济发达的近郊村更接近波普金所说的"团体型"村庄,在许多这样的村庄里,"村民的身份被严格地界定,同时,与村民身份相伴随的是村庄成员对村庄资源和机会的垄断要求"[①]。

(三) 社会结构转换的半自主性

近郊村社会结构的转换是一个复杂的过程,一方面受到来自政府、市场的外部压力;另一方面也受到来自村民的内部推力,所以说近郊村社会结构转换是一个具有半自主性的过程。中国的城镇化是政府主导的社会工程,随着城镇化的推进以及农村私营经济的发展,为近郊村带来了大量的新鲜事物,导致近郊村的生产关系发生了重大的改变,农村社会结构开始趋向于多元化和复杂化。而此外,实现城镇化也是近郊村村民的内在诉求,他们迫切地希望改善生活质量,提高生活水平,在非农化及职业转换方面体现出强烈的自主性,这也在很大程度上推动了近郊村社会结构的转换。

四 近郊村落现实境遇的边缘效应

"边缘效应"源于生态学,它是指在某一生态系统的边缘,或在两个或两个以上不同性质的生态系统交互作用处,由于某些生态因子或系统属

[①] 高春凤:《自组织理论下的农村社区发展研究》,中国农业大学出版社2009年版,第84页。

性的差异而引起系统某些组织及行为的较大变化。在这里,可以把"边缘效应"引入社会学研究领域,将其视为不同社会系统的交互作用而产生的一系列反应。近郊村落正处于农村系统与城市系统的交界处,两大社会系统在一定程度上有所重合,城乡各要素在这里发生汇集、交叉及反应,其边缘性的社会结构势必会引发一系列的"边缘效应"。

(一) 创造了近郊村落发展的条件和机遇

异质地域间交界的公共边缘地带往往聚集了大量的互补性因子,不同的地域属性也在这里汇集交融。处于边缘地带的近郊村具有对立统一的特性——分割城市与农村,同时又将两者连接起来。其"似城非城,似村非村"的特征决定了其所处环境的多样性和异质性,同时处于交界地带的区位使其能更便捷地获取各方的资源,有利于承载多元化的社会经济活动,因此具有较高的发展价值。"它所蕴涵的综合价值使个人和团体的社会与经济活动的有效性提高,选择机会增多。从此意义上讲,边缘区可谓促进城市文明发展的前沿区。"[1] 在近郊村,最明显的表现为发展机会的增多、人口和企业的集聚、物质和信息的迅速流通,等等。这些使近郊村的经济活动更加有效、市场更加广阔、能量更加强大、对环境的适应性更强,从而为近郊村的发展创造了充足的条件,也使其生命力更加旺盛。比如,随着台州市城市化发展,市区土地资源越来越紧张,原先的工业企业不得不向周边地区迁移,而这恰恰给近郊的星村带来了契机,利用自身的土地资源吸引了大量的工业企业入驻,有力地促进了星村集体经济的发展。同时,工业企业也带来了大量的就业机会,一方面,星村村民可以就近在这些企业就业;另一方面,吸引了大量外来务工人员,并由此给星村带来了出租房屋、经营针对外来人员的服务业等机会,明显地提高了村民的收入水平,并使得村民收入来源多元化(见图3-1)。

(二) 构建了城市生态系统的缓冲带

历史经验表明,城市生态系统具有人口高度集聚、资源紧张、环境污染等负功能,且其自我调节、修复、还原能力较差,很多时候无法满足城市人群的需要。而近郊村落的存在可以在一定程度上缓解城市生态系统的城市病。城市为了维持自身的存在与发展,必然要通过各种途径向周边排

---

[1] 邢忠:《边缘区与边缘效应:一个广阔的城乡生态规划视域》,科学出版社2007年版,第13页。

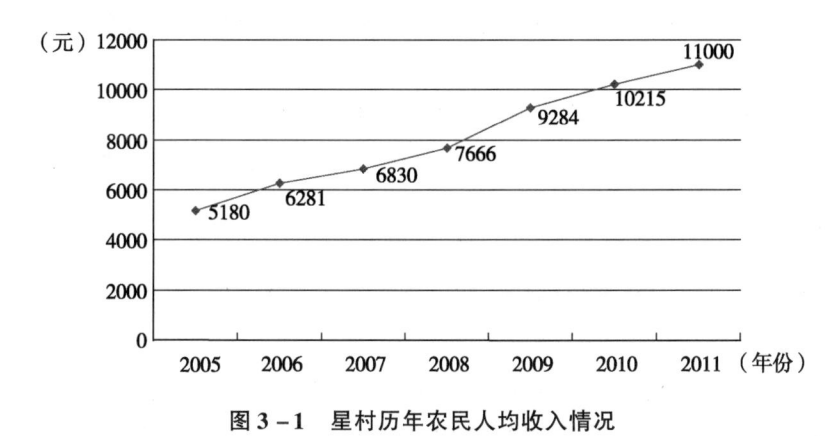

第三章　边缘化与边缘效应：城镇化进程中近郊村落的现实境遇

图 3-1　星村历年农民人均收入情况

资料来源：2011 年台州市椒江区农村经营管理统计年报：农村经济基本情况分析表。

解过重的负载，而近郊村正处于这一特殊地位。但是一些在城市看来属于负面的因素，在近郊村落却有可能转化为正面功能。随着经济社会的发展，城区的交通、能源、水源、环保等压力越来越大，原有的城市功能迫切需要改造和创新，在这个过程中，一些部门开始逐渐向城市周边地区转移。从很多近郊村情况来看，不仅吸引了大量工业企业，还吸引了大量外来就业人员，大大减轻了城区的压力。反过来，这些工业企业的产品及服务又能供应城区，这会带动一大批相关产业的发展，如建筑业、运输业、物流业、商饮业、服务业等（见表 3-5），从而实现城区与近郊村之间的良性互动。

表 3-5　2011 年星村经济收入情况（单位：万元）

农村经济总收入	村组集体经营收入	农民家庭经营收入	农村经济总收入按行业划分							
			农业收入		渔业收入	工业收入	建筑业收入	运输业收入	商业收入	服务业收入	其他收入
			种植业收入	其他收入							
7514	196	7318	10	0	240	4310	35	810	1400	22	666

资料来源：2011 年台州市椒江区农村经营管理统计年报：农村经济基本情况分析表。

总的来说，近郊村落的存在使城乡实现了共生、适应及循环，使城市生态系统与外部系统间建立了和谐有效的关联。近郊村落因其在"边缘区所特有的媒介和半透膜作用决定了它在城市生态系统中的重要性"①。另外，从当前发展阶段来说，城市体系日益完善，虽然城市也依然在发展，但是其发展对于城乡一体化的发展所做出的贡献已经越来越有限。相反，近郊村及广大农村地区的发展将会对城乡一体化建设起到越来越重要的作用。

（三）提供了村落自主行动的可能空间

近郊村在应对城市化挑战的实践中采取了集体性的自主行动，取得了明显的成效。可以说，近郊村所处的边缘化区位以及特殊的社会结构为其提供了集体自主行动的可能空间。首先，治理体制上的边缘化导致了近郊村落发展的双轨制甚至某种程度的无制可依的状态，从而为近郊村落提供了发展的自主选择权。其次，近郊村在城市化政策中处于边缘化，政府并未对其提出具体的发展模式。同时，在"以经济建设为中心"这个"指挥棒"的影响下，政府往往更热衷于城市及工业的发展，对近郊村前期甚至一度采取放任自由的态度，这就使近郊村有了较为宽松的发展环境，能够按照城市化发展规律以及自身的需求选择适合本村村情的发展道路。再次，近郊村落的内在发展诉求为村落自主行动提供了动力。城市化的迅猛推进，使大量的土地被征用，一方面致使近郊村落的土地资源日益短缺并增值，另一方面迫使近郊村实现资产形态的转换，以谋求自身的新发展。同时，通过土地转让获得了不菲的经济补偿，为近郊村的自主发展提供了有利条件。正是在此背景下，近郊村将村民承包的土地集中起来，由村庄统一管理、统一开发，借助集体土地资源的自主经营，发展集体经济。

需要注意的是，虽然近郊村的边缘区位及社会结构可以为其提供较为宽松的发展环境和自主行动的可能空间，却缺少科学合理的规划，表现出一定的随意性甚至盲目性，有可能导致发展的无序化。

首先，大量违章建筑出现。长期以来，在内外因素的共同作用下，近郊村往往走上了一条自主发展的道路，应该说农民的生存理性让他们努力寻求自己的脱困之路，然而，等农民实现脱困之后，经济理性就开始发挥作用。在小农意识形态基础上形成的近郊村民的"经济理性"是一种类似于"极端功利主义"的"另类理性"，带来了一些意想不到的消极后

---

① 邢忠：《"边缘效应"——一个广阔的城乡生态规划视域》，中国城市规划学会2001年年会论文集：城市生态规划。

果。近郊村在发现违章建筑有利可图后，开始追求利益的最大化。于是，出现了很多未经审批的厂房，而村民看到外来人口涌入可以带来可观的房租收益以后，则在房前屋后凡是能利用的地方都搭起了建筑物，使原本拥挤的街道更是杂乱不堪。尤其是在尚未完全开展旧村改造的绍兴外山村、台州星村等更是饱受违章建筑之累。

其次，强化了政府与村庄的博弈。在以经济建设为中心的背景下，政府为了鼓励农村自主发展，往往对一些违章行为睁一只眼闭一只眼。台州市星村大量的违章厂房甚至一度得到政府的默许和支持。出于规章制度的严肃性，当时政府对星村的违章建筑还是要收取罚金的，只不过罚金的70%会返还给村里，而且年终的时候还要按照厂房平方数给予一定的现金奖励。在这种"经济逻辑的强势下，人们对此（违章行为）往往会'集体失忆'或者当作无关紧要的方面"[1]，为了经济发展而把这些约束条件省略掉了。而这种做法留下了后遗症，由于之前通过罚款把星村的这种违规行为合法化了，使大量违章建筑成为事实，给村庄整治和违章处理留下了极大的隐患。目前，这种违规行为还在继续，政府则依然采取妥协式的罚款方式，只不过这些罚款不再返还给村里。

（四）带来了新的社会矛盾

近郊村处于城市系统和农村系统的直接交锋地带，其所体现出来的边缘化本身就是不稳定的表现，势必带来新的矛盾与冲突。

1. 结构性的矛盾。在城市化及非农化进程中，农村一般面临着两种命运：一种是外散型的非农化[2]。这种村庄在非农化的过程中几近解体，大批村民外出谋生，使村庄变成"空壳村"。另一种是内聚型的非农化。在这种村庄里，农民往往采取集体行动，在村里举办或引进非农产业，从而实现整体非农化。近郊村属于后者，但是这种类型的非农化仍然面临一些结构性矛盾，主要是村庄工业化、市场化促使人口集聚，进而导致村庄社区结构的膨胀，而本村村民和外来人员之间在社会身份、村庄福利和居民权利等多个方面还存在较大差异和区别。

2. 制度性矛盾。随着村落非农经济的发展，村域范围内入驻了大量

---

[1] 李培林：《村落的终结——羊城村的故事》，商务印书馆2004年版，第71页。

[2] 折晓叶：《村庄的再造：一个"超级村庄"的社会变迁》，中国社会科学出版社1997年版，第16页。

的企业和单位，它们地处近郊村村域内，但并不隶属于近郊村，近郊村集体组织无权对其实施管理。伴随这些企业和单位而来的还有大量的外来务工人员，这部分人员户籍在流出地，近郊村对其无权管理，而其户籍地政府也受地域限制，无法对其实施有效管理，另外还有一部分人，因为近郊村房租相对便宜，他们便选择租住在近郊村，但是并不在村内企业里工作，而是在城市中工作，这些租房客处于游离状态，很不稳定，近郊村也无法对其进行有效的管理。总之，上述几种状况很容易产生管理的真空状态，给近郊村社会管理带来了巨大的风险。

3. 文化性矛盾。从村庄层面看，其文化上的矛盾主要是指这种内聚型的村庄本身所带有的封闭性、乡土性与更大的社会延展性之间的矛盾。这种内聚型的村庄往往对应的是村庄利益的独享性和封闭性，会在一定程度上影响村庄与更大范围的宏观社会体系的联系。从村民层面来看，本村村民与外来人员之间的文化融合存在很大困难。调查中发现，近郊村村民与外来人员之间基本上很少交流，这些交流也往往局限于房东与租客之间的利益往来，这种状态导致宏观意义上的村社区无法产生较强的凝聚力，而且会增加当地的社会管理风险。

第四章

在场与脱域：近郊村落乡土认同的式微与重建

一　相关概念内涵

城镇化是经济社会发展的必然结果，近郊村落城镇化过程中农民群体正在被强大的社会机制从传统的农村中剥离出来，去面对陌生的城市。这场社会变迁在空间上表现为传统农村社区转为城市社区；在社会主体层面上表现为农民身份转为市民身份；而且其不仅体现为经济体制的转轨、社会结构的转型及文化模式的转换，尤为关键的是人们在心理层面的转型适应及社会认同上发生变化。近郊村民正处于这种转变的"风口浪尖"，他们处在农村与城市、农民与市民、传统与现代矛盾冲突的夹缝中，经历的心理震荡最为强烈。笔者认为，乡土认同状况不仅影响到农民群体本身的社会适应与城市融入，还关系到当地社会的安全稳定与和谐发展。因此，研究近郊村民乡土认同具有重要意义，尤其是在农村发生急剧转型的背景下，乡土认同研究就更为重要和更具典型性，可以为我们提供当前社会变迁中近郊村民的心理图式。[1]

乡土认同是影响农民行动逻辑的一个重要变量，近郊村民的行动逻辑也只有放置在近郊村落具体的场域中才能透彻地理解，脱离了具体的场域去认识近郊村民的行动逻辑，很容易陷入价值判断的泥沼中。而且近郊村民在生活中的行动逻辑同样影响着他们的乡土认同，要么再生产乡土认

---

[1] 孟祥斐、华学成：《被动城镇化群体的转型适应与社会认同——基于江苏淮安市失地农民的实证研究》，《学海》2008年第2期。

同，要么改变乡土认同①。布迪厄认为，人们的实践活动并不是在传统意义上的社会中发生和存在的，真正的实践活动是在场域及社会空间中存在的，它离不开场域和社会空间，而所谓的社会恰恰是由一个个场域构成的。换言之，实践活动的场所是场域及社会空间，而不是社会，实践活动只有通过场域及社会空间才能与社会世界联系在一起。②

而吉登斯所讨论的"脱域"是指人们的社会关系从互动的地域性或地方性场景中"挖出来"或"抽离化"，并使社会关系在无限的时空地带中"再联结"起来。③社区作为地域性社会生活共同体在现代城市社会中的重要性越来越弱化，吉登斯也在其《现代性的后果》中提出了"就地点所能嵌入的亲密关系而言，社区的确被大大毁坏了"的论断。简单地说，也就是"它把社会关系从具体情景中直接分离出来"。④社区文化其实是处境化的生产和生活经验及维持和保存它而建构起来的规范体系，也就是说，一切社区的共有价值、行为规范、伦理道德都是基于社区生活的需要而形成的。在人们脱离乡村这个行动场域后，其行为必然不被原乡村所规约。英国社会学家马丁·阿尔布劳以更极端的语言表明，家与工作的分离在现代早期就已发生，资本主义早已使作为社会经济生活的一种原则的地域性成为明日黄花，如今的社会生活已经完全非领土化了。从社会性的意义上讲，地域性已不再具有任何明确无误的重要意义。⑤在近郊村落发生剧烈社会变迁的过程中，原有的乡村地域已经不能再向村民提供社会关系、价值规范等乡土要素，这就直接导致了共同体是没有地方性的中心的，它已和地点脱钩，成为"脱域的共同体"。

引入在场与脱域的概念，其实笔者是为了强调研究乡土认同不能脱离村民所生活的乡村场域，但并不像毛阿敏所唱经典老歌《篱笆墙的影子》中描述的"星星还是那个星星"，乡村已经发生一系列的变迁，可以用

---

① 吴理财：《改革开放以来农村社区认同消解之逻辑》，《江西师范大学学报》（哲学社会科学版）2011年第2期。

② 董晋骞：《场域、惯习与实践活动的"双向模糊关系"——关于布迪厄的实践活动理论》，《社会科学辑刊》2013年第4期。

③ [英] 安东尼·吉登斯：《现代性与自我认同》，赵旭东、方文译，生活·读书·新知三联书店1998年版，第19页。

④ [英] 安东尼·吉登斯：《现代性的后果》，田禾译，译林出版社2000年版，第25页。

⑤ 参见王小章《何谓社区与社区何为》，《浙江学刊》2002年第2期。

"脱域"的概念来理解。在一定程度上而言，近郊村民已经摆脱了原有农村生活的约束，与此同时，城市社会又对他们缺乏有效的管制，他们如脱缰之野马一样，开始游离于城市与乡村制度性和文化性规制之外，在增加行动自由的同时，大大增加了行动失范的风险，也极大地削弱了农民对农村社区的认同。我们的研究要考虑到在近郊村落范围内，在农村原有的地域、社会关系背景下，村民们独有的态度与观念；还要意识到，在城镇化与市场化的冲击之下，近郊村落越来越脱离了原有的价值观念、交往体系。因此，在近郊村落市场化、城镇化与现代化的背景下，研究乡土认同显得尤为紧迫，乡土认同的式微与重建不仅需要在乡村这个场域中进行探讨，而且还要重视村民脱离原有的活动场域与文化情境所产生的连带效应。

二 乡土认同研究的文献回顾

社会学意义上的认同，一般强调的是建立在人们相互之间亲密交往和友好互助之上的心理上的归属感和亲切感。社区认同是居民对社区的一种特殊情感，它是指居住在一定地域范围内的人们，基于自身生活和发展的需要，在相互沟通、相互交往、互帮互助的基础上，所形成的心理上的依恋和归属。社会认同是一个社会的成员共同拥有的信仰、价值和行动取向的集中体现，本质上是一种集体观念，它是团体增强内聚力的价值基础。[①] 很明显，社会认同的范围更大，可以是说包括了一系列对与自身相关的社会事务的评价与态度，可以是对城市的也可以是对农村的看法。

乡土认同问题的提出是与乡土社会的衰落相关的，无论是滕尼斯眼中的社区向社会的转变，还是当代学者关心的熟人社会向陌生人社会的转变……都会导致乡土社会中的各类群体对自身所依附的生存场域的认知与态度发生变化。在大量农民工进城务工的历史进程中，学界主要关注农民群体在城市中的城市认同、城市适应、城市融入等问题。在农村发生一系列社会变迁的背景下，不应该仅仅关注社会变迁本身，同时要重视在这样的变迁过程中，村民对变迁的主观认识、客观适应问题。目前，国内对于乡土认同问题已经逐步开始涉足，研究成果还不是很丰富。以往研究乡土

[①] 李世敏：《改革开放以来中国农村社区认同的变迁——以河北李村为表述对象》，硕士学位论文，华中师范大学，2010年。

认同，是在城乡二元分离的情境中探讨的，主要是从对农村社区认同、乡土文化认同角度展开的。笔者认为，农村社区认同是对于农村地域心理上的一种依恋与归属，这与本书中的乡土认同概念有一定差别。乡土认同更多地是一种价值判断，带有一定的选择性与倾向性，包含了对于农民身份、农村地域、农村文化的情感与判断。如果说农村认同研究关注的主要是群体对于农村地域的认同问题，其与乡村认同、农村社区认同的研究相互重叠。那么乡土认同则不仅关注农村地域问题，还关注农民自我身份以及农村文化认同问题，研究的覆盖面更广，更能挖掘近郊村落在市场化、城镇化、市场化过程中对于农民身份、乡土地域、乡土文化的认同状况。

在城乡一体化过程中，近郊村落村民对城乡差别的认识正处于重塑期，不仅展现了多元化的特点，而且出现了新的认识与观念。这些新的变化都值得我们进行深入地挖掘。吴理财认为，改革开放以来，由于生产方式的变化、农民内部的分化、传统婚姻家庭的解体、城镇化的快速推进、现代信息技术的发展、现代性"下乡"、国家基层治理转型等原因，我国农村社区认同总体趋向消解。[①] 孟祥斐、华学成认为，城郊农民在我国快速城镇化进程中成为失地农民，失地农民的转型适应有同化、融合、分化和边缘化四种表现形式。而社会记忆、社会认同与被动城镇化机制是失地农民转型适应的重要影响因素。社会记忆与被动城镇化机制共同制约着失地农民的社会认同，社会认同反过来也影响着失地农民的转型适应，而转型适应的成功又影响着失地农民的社会记忆与社会认同。由于上述要素的综合作用导致失地农民的社会认同呈现内卷化趋势，转型适应发生障碍，这将不利于失地农民的城镇化与城乡社会的融合。[②] 农村社区认同及其边界逐渐模糊甚至瓦解，降低了农村社区的凝聚力，不利于农民之间的合作，也给农村社区带来治理上的困难，阻碍社会主义新农村建设。[③] 施蔫、眭海霞发现，从理论上看，农民对农村社区认同是建立在共同经济利益的基础上的。而实际调查的结果显示，经济因素并不是影响农民社区认

[①] 吴理财：《改革开放以来农村社区认同消解之逻辑》，《江西师范大学学报》（哲学社会科学版）2011年第2期。

[②] 孟祥斐、华学成：《被动城市化群体的转型适应与社会认同——基于江苏淮安市失地农民的实证研究》，《学海》2008年第2期。

[③] 张丽丽：《农村社区认同危机及其应对》，《沈阳农业大学学报》（社会科学版）2012年第2期。

同的决定性因素。在现行的城乡二元体制结构下，文化因素、政治因素、制度因素相互综合影响着农民对社区的认同。[①] 李增元、袁方成认为，与传统农村社区认同相比，现代农村社区认同既包含了部分传统社区认同因子，还具有与当前时代特征密切联系的诸多现代要素，这对塑造现代农村社区认同提出了更高的要求。[②] 吴理财认为重构农村社区认同需要发展农村社区公共福利，同时建设生活化的农村社区文化，建设农村社区公共生活，在农村社区文化与公共生活中孕育农村社区认同。[③]

总体而言，目前的研究成果数量有限，但对于农村认同问题的研究角度比较全面。主要的问题在于，学者们对于乡土认同概念的认识存在较大的差异，这主要是因为，不同学者对于这一问题有各自的切入角度。角度不同，研究内容与研究对象就会出现较大的差异。比较一致的意见是，农村社区或共同体并非纯粹的地理区位性概念，而且是社会心理、文化性范畴的概念。

三 近郊村落乡土认同的现状考察

（一）愿当农民：近郊村民的理性选择

从就业来看，除了在村中搞服装生意的成功人士外，星村也存在大量的新生代农民工，他们对于村庄的认识由于缺少传统的社会记忆，更倾向于成为一个现代的农村人，而不是传统意义上的农民。城郊农民被动进城后在就业环节上不能很好地融入城市，直接导致其社会网络重建困难（虽然还有别的原因）。他们对于农民身份或市民身份都无所谓，但是让他们再过农民的生活或从事农业生产已经基本不可能了，除非农民过上市民的生活或农业生产彻底现代化。

网络社会对新生代农民工产生了最直接的影响。"每一个社会成员基本上都是某个或某些制度化的社会组织的成员，人们在这些组织中可以获得组织化、制度化的社会支持。同时，每一个社会成员又都生活在一个由他自己的社会关系组成的社会网络中，每一个社会成员都在自己的社会网络中得到相应的社会支持。"新生代农民工在父母的"安乐窝"中发展自

---

① 施蒞、睢海霞：《农村社区认同现状及成因分析——对鄂、皖两省的调查》，《中共四川省委省级机关党校学报》2010年第3期。

② 李增元、袁方成：《农村社区认同：在管理体制变迁中实现重塑》，《中州学刊》2012年第1期。

③ 吴理财：《农村社区认同及重构》，《中共天津市委党校学报》2011年第3期。

己的社会关系网络,可能在一些长辈眼中他们的生活过于安逸,但事实上他们有自己的烦恼,也有自己的安贫乐道的策略。他们可以去KTV,也可以玩网游,有自己的"非主流"社交群体,他们生活在自己的世界中,虽然他们生活在星村,但是星村又离他们太远了,因为他们见到的不是真正的星村,而是一个土地逐渐消失的近郊村落,是一个在城乡一体化中褪去农村田园色彩的城镇化农村。但这是一种历史的必然趋势,处在这种社会变迁中的每个人都会受其影响,年轻人又是接受新事物的排头兵,他们最先放下传统,拥抱现代化,他们乐在其中又必须面对不可预知的结果。我们没有理由将青少年与网络相关的问题归咎于年轻人,整个农村对新技术的渴望并不针对产品本身的实用性,而有相当程度的炫耀,虽然选择权在他们个人,但选择是一个过程,社会变迁的潮流涌动,顺便把最靠近岸边的年轻人"拉下水"。但是,年轻人与长辈之间的鸿沟并不是二者所有矛盾的根源,我们也可以视之为乡村多元化的一种表现,况且只要二者以互相包容、交流的姿态,双方可以实现共赢。

陈香娥当了一辈子会计,老一辈的村里会计有个特点就是认真、严谨,不会出现严重的错误而得到历届干部的信任,以前的工作量是很大的,因为那时候计算工分,每一天都要记清好多村民的劳动量,年底的时候还要认真地核对、汇总,所以他们是很辛苦、很繁忙的,而且他们还有一个特点就是在上班的时候没有一台电脑,累的时候在自己的椅子上打个盹,桌子上放着自己的大算盘,这在年轻人是不可想象的,他们一不接触网络,二还使用传统的计算工具。对于陈香娥来说,现在有电脑还是方便多了,很多计算工作只要在年底的时候输入电脑点击一下结果就出来了,当然,这要借助大学生村官小芳的协助。在这样的合作过程中,一个传统的会计与现代的村官有了交集,现代技术可以大大减轻陈香娥的计算工序,老一辈人的认真严谨又会潜移默化地影响小芳这个现代大学生村官。因此,我们可以说,传统与现代的融合需要一个过程,而且要在这个过程中考察。

一部分村民认为自己还是农民,但这部分人的生活方式已经城镇化了,这部分生活方式完全城镇化的农民只是在心理上将自己定位为农民;另一部分村民也认为自己还是农民,他们则更为"客观"(笔者并不是说前一部分的村民撒谎),因为他们经济条件有限,生活方式还保留着农村的特色,房屋的结构、家庭人口的构成……都有农民的风格。于是就发生

第四章　在场与脱域：近郊村落乡土认同的式微与重建

了这样的情况，虽然都表明自己是农民，但客观情况是一部分人已经完全市民化了，接受访谈的这些长辈，他们还是忠实于自己的出身，认为自己永远是农民，虽然他们已经不是了。

　　那么，星村的村民还想不想当农民呢？这个问题的答案是复杂的。笔者发现，没有一个村民想当"面朝黄土背朝天"的农民，但是也没有一个村民不愿意当城乡一体化后的农民。为什么呢？如果我们总是将过去的村庄描绘成鸟语花香、炊烟袅袅的世外桃源，我们就不能理解这个问题。过去的农民干农活无论从劳动强度还是劳动时间上来看都是非常辛苦的，而且在过去非常重视粮食生产的年代里，从事田间劳作仿佛是没有尽头的，村民看不到职业的前景，或者说，干农活是没有出路的。

　　在星村土地尚未大量开发为建设用地之前，一部分农民还从事农业生产活动，但是在城镇化与市场化双方面的压力之下，从事农业生产活动的人数越来越少。在最初面临这种社会变迁时，部分农民感觉到了农活越来越繁重，根本没有空闲的时间，几乎全天候在从事农业生产，这就导致粮农的不适应，他们一般不去思考为什么会产生这样的不适应，很大程度上处在农活忙不完，身体甚至快被累垮的焦虑状态中。事实上，这可以说是近郊村落城镇化过程中从事农业生产活动的农民不得不面对的难题，而且必须有一个调整的过程才能逐渐适应。为什么会出现这种情况呢？一方面，在城镇化、市场化背景下，从事农业生产的近郊村民工作量没有下降，但是劳动力数量却减少了。家庭在村集体承包的耕地面积没有改变，之所以从事农业生产就是因为他们的土地还没有被占用，所以试图通过耕种庄稼创造财富，而且他们感觉到在城镇化过程中，由于耕地面积的下降，农产品的价格可能会相应地上升，耕种所得会进一步提高，但是事与愿违，这种小而分散的经营方式越来越不适应新的市场环境。另一方面，从事农业生产的村民数量越来越少，同村从事农业生产活动的村民基本消失，春种秋收式的帮扶机制已经逐渐被破坏了。如果继续从事农业生产，无法获得同村人的帮忙是一个难题。传统社群的生活有个常见且重要的特色，即人际关系紧密、长远，而现代世界则给个人更多的自由，① 虽然独立有益处，却带来了相应的孤独。小规模耕种粮食已经不能致富，仅能维

---

① [美] 贾雷德·戴蒙德：《昨日之前的世界：我们能从传统社会学到什么？》，中信出版社2014年版，第355页。

持基本生活,过去那种守望相助的耕种模式由于村中相当一部分人脱离农业生产而告终结。

(二) 向往城市:身边城市的强力吸引

农村社区认同建立于农业生产以及与之相适应的生活方式之上。城镇化不仅仅是城市地盘的扩展,同时也是城市生活方式的扩张——它把农村生活方式视为"前现代的"或"落后的",并试图去取代传统的农村生活方式。城市具有异质性,异质代表不同于农耕传统的生产方式和生活方式,是乡村原住民所陌生和未知的。① 农民在城镇化进程中,不但被城市虚华的生活方式所吸引、诱惑,同时也产生了对自己原有文化的自卑感而羞于回归传统的农村生活方式。

上文已经提及,由于农业生产活动已经不能为村民带来较大的财富,越来越多的星村村民选择放弃从事农业生产活动,而是主要从事非农业生产活动,或者经商,或者到周边地区打工……也就是说,近郊村民基本上否定了农业生产活动对于改善生活的价值,认为非农业生产活动才能带来更多的财富。但是,多数近郊村民在村庄城镇化后很容易发现年龄大、学历低等一系列问题,而且通常会立刻发现自己在更大的社会舞台上没有"后台"、缺少"关系""市面也不灵",也就是说他们社会资本比较弱、社会资源相对少、信息获取能力低。与这种情况相比较而言,近郊村民遇到的困境首当其冲是原有的、基本上是由同质性的社区成员构成的社区网络很大程度地失效了,且又不能尽快而有效地与崭新的、异质性的城市社会成员建立新阶段的社会网格,或者是与这些社会成员间的关系强度还不大,再有就是勉强与之建立起联系的社会成员的地位普遍偏低,结果造成进城的农民无法从新建立的社会网络、社会资本中获取一定的收益,或者说这种收益的可能性很小,这样就导致在城镇化、市场化的过程中近郊村民常常会感到力不从心,而且他们照样还得与具有同样遭遇的社会成员来往,综合的局面让他们依旧认同自己是"乡下人"。笔者认为,认同与适应是两个层面的问题,对乡土社会的认同与否在很大程度上是村民的一种主观选择,虽然这种选择受到了外部环境的建构,但最终是一种主观意向。而适应则是一种客观的生活状态,需要有物质基础作为保障。一般而

---

① 储冬爱:《乡村原住民的都市想象与文化认同——以广州"城中村"为例》,《文化遗产》2012 年第 3 期。

言，在村庄城镇化之前及城镇化过程中，经济实力较强的村民对新的生活环境与生活方式的适应性会相应更强，道理是简单的，例如，在近郊村落的交通工具不断升级的形势下，没有基本的经济条件是无法购买轿车这样的大件交通工具。虽然星村村民会在近郊村落的变迁过程中非常轻易地选择放弃农业生产活动，否定农业生产的价值，而去推崇城市的生产、生活方式，但要适应城市的生产生活方式却并不容易，需要经过个人不懈的努力与政府的支持。图4-1显示了依据认同与适应两项指标生成的近郊村民对于城镇化生活方式的适应类型。

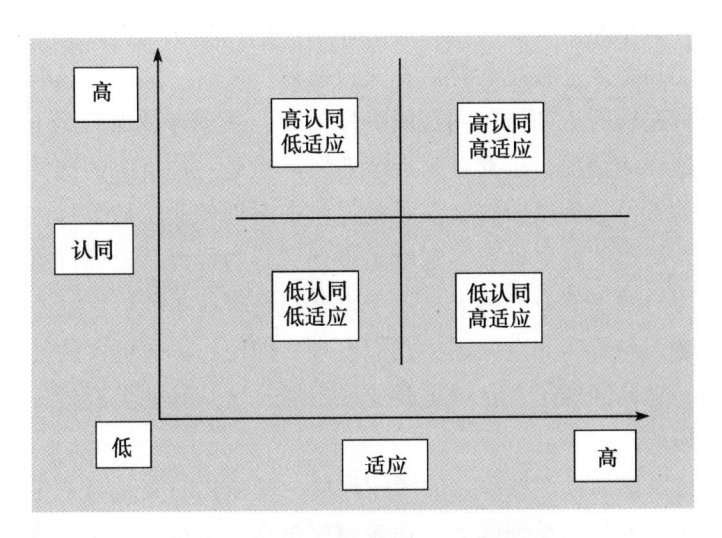

图 4-1　近郊村民城市生活适应系统

一是低认同—高适应类型，这类村民虽然由于职业收入高、社会资本强等原因对于城市生活高度适应，却并不认同与乡土社区相异的城市社区；二是低认同—低适应类型，这类村民不仅由于职业收入低、社会资本弱等原因无法适应城市生活，而且无法认同城市生活，而是对乡土社会充满向往；三是高认同—低适应类型，这类村民虽然对于城市生活高度认同，也向往城镇化，但是由于职业收入、社会资本等原因无法适应社会变迁，很难过上自己所向往的生活；四是高认同—高适应类型，这类村民不仅在村庄城镇化的过程中很好地适应了新的变化，而且也对这种变迁非常认同。可以说，对于城市生活越是认同、适应，对于原有的乡土生活就越是排斥。星村村民很大程度上对于城市生活是高认同的，但适应情况则可能是高适应，也可能是低适应，这在实际生活中存在一定的差异。

今天的星村人是愿意自己的子女到外闯荡还是留在家乡呢？一般来讲，父母更愿意自己的子女就近工作，特别是在星村周边城市发展迅猛的背景之下，周边地区为年轻人提供了大量的就业岗位。因此，农民大多数不愿意儿女离开家乡到外地谋生。但是农村的孩子，书读得好的，早就知道自己是要离开的。大一点的城市，人们对于人口流动已经习以为常，在各种形态的城市中，县城最为保守，在那里，儿女离开原生家庭到外地发展，会被视为不孝。加之家庭内部兄弟姐妹之间价值观念的巨大差异，很容易产生在乡村去留、在家还是在外地发展的争执。如果说在这种讨论或争论中有什么东西一直发挥着显著的作用的话，那就是农村安土重迁的传统思想。尤其是在这种观念背后补充道德评价之后，实际上具有一定的破坏力。星村这样的近郊村落同县城一样保守，甚至有过之而无不及，那么就出现了这样的情况，子女在附近就业实际上是一种折中的选择：如果不是到太远的省份去读书，那么孩子就尽量在附近就业，如果村内或村旁无法就业就到周边的城里就业，这就是近郊村落的优势。近郊村落的年轻人可以在身边的城里就业，每天往返于家庭与企事业单位，也就不会出现突出的空巢老人与留守儿童问题。我们发现，即便村民有再大的安土重迁的乡土情结，也会同意子女在城里就业或定居，这是其他类型村庄同近郊村落无法比拟的。

近郊村民更加肯定城镇化的居住环境，城镇化的交通与卫生状况得到村民的肯定。这是容易理解的，在城镇化过程中，过去泥泞、崎岖不平的土路被水泥路或者沥青路取代了，越来越多的村民开始驾驶电动车、摩托车，有的则购买了轿车，过去那种去哪里没有一条平坦路，甚至没有自己的交通工具的年代已经结束了。ZXF告诉调研人员，以前去远一点的地方要去租自行车，"人家开了店，就是出租自行车的，你用的话给他多少钱，不用的话还给他"。而"现在和以前绝对不一样了"。LPD则谈道：

> 要说车子，实际上，这个车子也可以分两步，也可以这样说。凭我记忆，那时9岁、10岁的时候，那时我们农村大队刚搞到一台拖拉机，生产队里开心得不得了，忒牛了，有了拖拉机比黄牛快多了，那时候已经很好了。然后发展到机关单位，机关单位等于说是领导，一个大机关搞个一两台车，私人呢，那时候不多，也不是没有。因为私人家里也没钱，都是集体的，除非是大工厂、大机关，公用一下，

第四章 在场与脱域：近郊村落乡土认同的式微与重建

这时车有，但不是很多，也不分高档低档，就是为了方便。改革开放以后，个人办企业也挺多了，个人的条件也都好起来了，车子我们国家在改革开放以后造车厂也多了。我记得我们国家有一汽、二汽、上海有几个比较大的厂子，现在民营的厂子也有很多。在农村，家里有儿子，有女儿的，一般来说，凭我自己想象，百分之五六十都有车子。为什么这样讲，以前路很空，现在都挤死了，有的甚至有两辆。那有点可怕，车子这样搞起来。

过去有段时间马路上都是脏兮兮的，由于星村有很多在当地打工的外来人口，他们租住在老房子里，由于老房子没有现代的厕所系统，很多小孩的排泄物就直接被倒在马路上了，非常影响环境卫生，引得怨声载道。但总体而言，星村的卫生状况在不断地改善。HDC 介绍说：

> 上次我们这里创建卫生城市的时候我们礼拜一到礼拜六、礼拜天都上班的，白天晚上都要上班，办事处的驻村干部跟我们一起，我们自己到村里去打扫卫生。我们搞垃圾起码搞了几个月，很多垃圾要搞。

WGF 也表示：

> 椒江离市中心就比较近了，经济方面就活跃了，比如小区的建设，道路的改造，公共基础设施、信息方面都相应地提高了。当然，农村人的素质也提高了，以前到处脏兮兮的，根本不搞什么卫生，东西吃完随手一丢，风一吹，废纸到处飞。现在都往垃圾箱里扔，村里卫生都搞得比较好一点。这也是农村显著发展的一个表现。

另外一个值得关注的问题就是村子里面的房间类型与结构的问题。目前来看，村子里的房子大概分为四类，可以体现村子在现代化、城镇化过程中的变迁，第一类是老旧的木房子，有 20 世纪 50 年代建的，也有民国甚至更久时期建造的；第二类是那种黑瓦房，一般两三层，是 60 年代老百姓建造的；第三类是落地房，这种房子在村子里数量不少，这类房屋的结构相对简单，南北跨度大，东西较窄，所以背面的采光不太好；第四类就是现在和城市房间没有大区别的套房，干净整洁，而且结构现代化。不能简单地说第四类就是最好的房子，因为村民有两个以上儿子的时候，娶来儿媳妇，住那种自家建造的落地房也很好，因为它层数多，能够容纳几个家庭的需要。ZXF 就自己建了一座五层的落地房，家里两个儿子娶了媳妇后每对夫妻使用一层，自己和老伴使用一层，还有专门一层作厨房，而最上面的一层则被他作为自己制作帆船的"基地"，五颜六色的手工帆船就在他家最高的一层制作出来。这就是村民"个人改变传统的生活方式，进入一种复杂的、技术先进和不断变动的生活方式的过程"，① 这种新的生活方式是以城市生活方式为参照的。以城市为范本的生活方式自然吸引广大村民的注意与向往。路易斯·沃思认为，"城市性"作为一种生活方式，具有有别于乡村的一整套社会与文化特质。② 虽然从认同城市的生活方式到完全适应城市的生活方式可能需要一个很漫长的过程，而且认同与适应本身又是两个层面的问题。

（三）自得其乐：近郊村落的乡土文化

文化认同曾是构建社会整体性的基础，但这种基础随着现代性在世界范围内的全面展开而被彻底瓦解。在现代性的不断扩张中，乡村文化被界定为落后和迷信，村民被界定为现代意义上的农民，这些都与村民自己对于自身文化的认同相去甚远。事实上，农村地区的自我价值判断有自己的标准，村民在评价自己村庄的文化价值时，并不会一味地否定，他们也在争取自己在这个问题上的话语权。现代文化的确具有吸引力，传统文化、乡土文化同样具有自身的独特魅力。

农民的娱乐休闲与民间信仰是了解乡土文化的切入口。笔者在调研的过程中特别询问了村民目前的娱乐休闲方式。总体的情况是，在务农活动减少与休闲时间上升的双重影响下，村民的娱乐休闲方式更为丰富与惬意，中老年人打打麻将、扑克，平时还可以在老年协会喝茶聊天；而年轻人则有更多的选择，不仅可以到城里的娱乐场所，还可以在家上网休闲。不过也存在一些问题，虽然娱乐休闲活动变得越来越丰富，社会活动空间得到一定程度的拓展，但社会活动空间逐渐出现了固化、压缩的趋势，同时，娱乐休闲的内容并没有优质的提升。年轻人平时的活动大多局限在网

---

① ［美］罗吉斯、［美］伯德格：《乡村社会变迁》，浙江人民出版社 1988 年版，第 309 页。
② 郑杭生主编：《社会学概论新修》，中国人民大学出版社 2003 年版，第 311 页。

第四章 在场与脱域：近郊村落乡土认同的式微与重建

络上，老年人则局限在喝茶聊天上，村民的身体素质可能会出现逐渐下降的趋势。诸多的受访者对待这个问题的答案出乎意料的一致，老年人可能打打麻将，晚上还去跳广场舞，而年轻人则更多地与网络打交道，将上网作为主要的娱乐休闲方式，一部分年轻人甚至经常赌博，不利于村庄文化的健康发展。笔者认为，娱乐休闲活动主要分为两种，一种是静止式的，例如上网、打麻将；另一种则是运动式的，例如球类运动。星村居民的娱乐休闲活动主要是静止式的，这也是目前农村文化建设过程中必须重视的一个问题，农村的娱乐休闲活动由于村民理念、基础设施等问题难以在运动式的文化建设方面获得突破。例如当前很多地区都在搞农村的图书馆建设，尽管可以为农村地区送去大量的图书，却不能保证村民的广泛参与。还有就是有些农村地区搞电影下乡，如果电影本身质量不高或者农村秋冬季节比较寒冷，甚至会出现无人问津的冷场局面。在网络、电视等媒体日益完善的情况下，传统的宣传工具与娱乐方式已经出现了明显的不适应，我们应该创新村民的娱乐休闲方式。否则，由于休闲娱乐方式的单一化、压缩化，乡村文化建设就会处于停滞不前的境地，就会造成村民乡土认同感的下滑。

  星村村民对于自己的民间信仰有相当程度的认同感，这也就意味着民间信仰在星村还有较强的生命力。村民对待民间的宗教信仰，即便怀疑宗教本身的真实性，但也会将其当作生活中的重要一部分，他们会人为地将传说演绎为生活的一种意义体系，而这个意义体系的内容是由村民自身建构的，他们将其作为自己的生活的信仰与精神寄托。过去农村主要从事农业生产活动，他们逐渐养成了朴素的或者直觉的认知观念，这是不同于现代人思考习惯的一种理性，比较另类，但绝对不是没有意义的。对于民间信仰价值的肯定实际上是一种对乡土文化的认同，不应该被归类或界定为现代科学的对立面。这种认识实际上是将迈向现代的努力以彻底抛弃既有的思考和生活方式为根本前提的。这种彻底的抛弃实际上是在瓦解既存的文化认同，但是让人接受一套新的与当地人的生活极为遥远的现代国家所发明出来的集体认同又基本没有实现的可能。笔者曾探讨过社会转型背景下星村民间宗教信仰的现实状况与未来展望，基督教在近郊村落并没有发展迅猛的原因就在于村民对本土佛教、"五圣"的传统信仰。但这种对乡村民间宗教信仰的认同状况不容乐观，这主要是因为越来越多的年轻人对传统文化的忽视甚至否定，民间宗教信仰的衰落也是难以避免的。

一方面是农村娱乐休闲方式在城市娱乐休闲方式面前的单一性缺陷，另一方面是民间宗教信仰的衰落，从这两个角度综合来说，乡土文化认同呈现出逐渐退化的状况。前者主要是在一种比较中形成的局面，在没有城市娱乐休闲作为参照物的情况下，农村单一的娱乐休闲方式并没有成为农村文化建设的短板，也没有在村民当中形成一种负面的情绪。在将城市娱乐休闲作为参照物进行对比之后，农民难免觉得自己的娱乐休闲方式过于单一，即便没有形成提升娱乐休闲质量的观念或者没有找到提升娱乐休闲质量的途径，但正是在比较中逐渐地否定了农村自身的娱乐休闲方式的合法性。后者则是由于新一代的近郊村民对于传统乡土文化的重视程度越来越弱了，这与年轻一代追求新事物的风格有关，让他们去接受与自己的年代相距甚远的民间宗教信仰确实太难了。

四　近郊村落乡土认同的重建策略

（一）推进星村再集体化

既然星村村民愿意当农民，对于农村的身份认同尤为强烈，那么要强化这种认同，就要打牢这种自我身份认同的基础。星村村民之所有如此强烈的身份认同，最主要的原因是再集体化后，村集体能够为村民提供经济支持、社会保障，可以为他们提供城市居民在城市社区中无法获得的服务。因此，继续推进近郊村再集体化可以让村集体实力更强，服务更加优化。在星村城镇化发展基本成熟后，农村社会保障日益完善，再集体化后，每位村民还能在年底享受股份分红，也就是农民所说的年底领钱。这就不难理解村民想当现代的农民了。道理很简单，现在的农民不从事农业生产，有城里人的社会保障，还能享受城里人享受不到的股份分红；运气好，自己原来被村里征用的土地还可能被开发，这样就可以分到商品房，还有额外的各种收益。试问，有这样的好处，农民为什么要拒绝当农民呢？如果农民的身份还是像以前那样苦、那样累，就没人愿意当；如果农民的身份像现在这样有好处、有面子，自然就有人愿意当。所以学术界大可不必争论改变农民或农民工的叫法，因为只要他们的生活改善，权益得到保证，到底怎么称呼着实不重要，甚至原有的农民身份也是一种资源，因为不是农民就没有农民能享受到的一切。

受访者 FY 提出了农民现在自信的源泉：拆迁可以分房，集体资产能给村民分红，城里人就没有这个待遇了，所以农村人现在很自信，甚至可

第四章 在场与脱域：近郊村落乡土认同的式微与重建

以称他们为超城市人。超城市人有机会分得价格不菲的楼房，每年都有股份量化的分红收益，同时，还有一系列的社会保障，医疗保障和养老保障都不缺少。那么，村集体资产的重要性也就体现出来了，而村集体资产是再集体化实现的。她还举了个有意思的例子，就是现在年轻男女在相亲的时候，双方中的一方可能会有意识地问另一方户口情况及家庭所在的村庄，如果不是农村户口就不再考虑了。也就是说，农村户口与个别城镇化的近郊村落在相亲中形成了天然的竞争优势，再集体化后的星村虽然还不能集中力量办太大的事，但确实可以集中力量为村庄的发展做很多事。星村村民愿意当农民，对于农民身份的认同实际上是一种新型的自我认同，他们彻底否定了过去那种"面朝黄土背朝天""汗珠掉地上摔八瓣"式的农民形象，代之以不仅享受城乡一体化的社会保障，同时还能享受村集体股份分红的农民身份。

(二) 有原则的城镇化

德国哲学家黑格尔说："传统并不仅仅是一个管家婆，只是把它所接受过来的忠实地保存着，然后毫不改变地保持着并传给后代。它也不像自然的过程那样，在它的形态和形式的无限变化与活动里，永远保持其原始的规律，没有进步。"[①] 这就告诉我们，一味固守本民族传统文化的做法是错误的，传统文化的生命力只有不断创新，才能充满生机与活力。激进的现代主义者认为文明的最终结局只有两种，一种是不断提高科学技术水平，最终征服自然而走向宇宙；另一种是成为保留地里的原始居民。国内出现的被动上楼现象的原因，大部分是由于补偿不到位，而不是因为居民不愿意住进现代的楼房。在星村更是如此，谁能有机会住进与城市一样的套房或者直接有机会分得村集体与开发商协定的商品房更是锦上添花。我们在不了解乡村生活艰难或无法体会这种艰辛的情况做出保留乡村原貌的结论不仅不符合村民利益，也不符合社会的发展方向。所以笔者认为所谓的被动城镇化实际上是一种客观的被动城镇化，即近郊村落的城镇化需要客观的社会基础，在经济条件不具备的情况下，近郊村落无法获取城镇化的机会。近郊村落目前的城镇化在更大程度上是一种主观的主动城镇化，即村民们翘首以盼，希望能借力于城镇化而在住房、收入、就业等方面获得发展机遇。

---

① [德] 黑格尔：《哲学史讲演录》，商务印书馆1981年版，第8页。

同时，我们不能全盘否定乡村存在的价值。事实上，村民之所以会出现不愿做市民的主要原因在于对未来生活风险的担忧，还有就是对原有社会关系网络弱化的抵触。现在要明确的是，在城镇化来势凶猛的背景下，维护村民的乡土认同与推进城镇化并不矛盾，城镇化不是无原则地全面推开，而是要有原则地城镇化。LUD对农村的变化有自己的思考，在结束访谈时他指出了目前需要关注的三个问题：

> 一是独居老人的用电，用煤气的安全问题；另一个是火灾隐患的产生原因在于老旧的木房子电线老化，现在由于出租给外来人口，老旧房被隔成更多的房间，用电量加大，同时，每家每户现在各种电器的使用造成了用电量的急剧上升；最后一个需要关注的问题是，以前毛泽东时代是农村包围城市夺取革命的胜利，现在是在城镇化过程中农村被城市包围了，是一个城市包围农村的时代，因为现在的星村周围都是高楼大厦，村里面的老房子还不少，被城市包围了。总体来说，现代化与城镇化对村庄而言既有好处，也有不利的地方，现在村庄房子更好了，但是交通越来越拥挤，现在老人和孩子之间的矛盾少了，但是联系也相对减弱了，因为观念差别更大了。

接受访谈的YNS就认为自己既不是传统意义上的城市人，也不是乡村人，而可以说是"城乡人"，因为她在农村上班，下班后回城里，既是城市人，也是农村人。这是容易理解的，到城市居住的村民原有的工作还在村里，而且原有的社会关系也都在星村，在星村工作，在星村交往，对星村是有感情的。而居住在城市，大部分的时间都和家人在一起。这样就出现一个人共享两个时空的现象，即白天的时间及活动空间在农村，这就是农村时间与农村空间；下班后回家，回到城里，这就是城市时间与城市空间。虽然乡土社会中的社会关系网络对于村民仍有一定的吸引力，但是一旦他们有机会进入城市的楼房中，他们也会在现实的考虑中放弃在农村的生活。可见，城市的吸引力更大一些，而近郊村落中原有的亲密关系网络成为城市生活的有益补充。

（三）创新乡村文化建设

乡村文化建设已经取得了较为显著的成绩，村图书馆、老年活动场所建设填补了以往农村文化建设的空白，政府推广的电影下乡等活动也有力

第四章 在场与脱域：近郊村落乡土认同的式微与重建

地推动了乡村文化建设。星村也将一段时间停办的"送大暑节"再次办起来，成为村内乃至整个区县的重要文化活动。只有推动乡村本土文化建设与发展，才能强化村民的乡土认同。但现有文化活动的静止性或表演性（多为表演类活动，如广场舞）极大地限制了文化活动的吸引力与交流性，也就无法推动村民的广泛参与并强化村民之间的社会关系网络。体育活动设施的建设与体育活动的开展是未来乡村文化建设的重要突破口，尤其是球类运动。托克维尔在《论美国的民主》中指出了除了依法以乡、镇、市、县为名建立的常设社团以外的那些根据个人的自愿原则建立和发展的社团在现代社会中无与伦比的重大作用。[①] 这类非正式社团除了一些宗教性质的社团外，还有大量以体育活动为兴趣的社会团体，这类兴趣小组可以有效地培养成员间的互助情感与相互认同。

上文中已经提到，要继续推进再集体化，这样才能保证村集体有发展乡村文化的整体实力；还要继续推进城镇化，促进城乡一体化，这样才能创新乡村文化建设的内容。传统的思想与现代的工具是可以共存的，村民的生活逻辑是简单的现实与功利取向，只要能在城乡一体化过程中有新的收获，他们就会成为城镇化的坚定支持者。城市各类的文体设施中，球类运动场所是乡村有必要效仿与学习的，这不仅仅有利于丰富乡村文化内容，而且有利于社会的公平正义。我们不能将大量的资源置于城市中，也不能一味地存有农民不爱体育运动，只会打麻将聊天的旧观念。笔者2014年夏天开始就在自己的家乡——一个小山村中向小朋友们推广足球运动，得到热烈的响应，当时因为没有足球，我们就用便宜的篮球作为足球来踢，等到笔者国庆回家带来一个新足球作为礼物给他们时，笔者不在时他们能自己组织比赛了。如果以球类运动为乡村文化建设的突破口，不仅可以推动农村体育事业的发展，而且可以提高农民的身体素质，更有利于城乡一体化与社会公平正义的实现。只有具有强吸引力的文化设施与文化活动，村民才会对乡村文化产生认同感，才能最终在新形势下重建近郊村民的乡土认同。

---

① [美]托克维尔：《论美国的民主》（上卷），商务印书馆1991年版，第213—221页。

第五章

非常规行动：城镇化进程中近郊村落的行动逻辑

我国城镇化建设最突出的特征是政府主导，因此农村一直被置于"被城镇化"的话语体系中。学界在相关学术研究中往往都更多关注以政府为主体的"被动城镇化"，这也是与长期以来政府强制推行的城镇化实践密切相关的。长期以来，在传统城镇化的叙事层面，农村处于被动的、弱势的、边缘的状态中，发自农村的诉求被有意无意地忽略。但是，农村也是城镇化的一个重要主体，在城镇化过程中也有着自己的发展需求和愿景，但是在传统城镇化中却受到了种种阻力与制约。张兆曙提出了一个新的社会行动的概念，即"非常规行动"理论："当例行化程序和路径无法支持行动者的自主性欲求时，行动者将会筹划出新的行动程序和路径，借助非常规行动实现自主性欲求。"[1] 笔者在调查中发现，虽然农村面临工业化、城镇化、现代化的冲击，但是很多村庄并没有坐等"被城镇化"，而是在积极寻找独特的发展变迁之路。处于城乡交接地带的近郊村所处区位独特，是城镇化所伴生的一种特殊的社会存在，是城镇化首先要触及的地区，城市及乡村两大社会系统在此碰撞、交融，它们所受到的例行化规范和制度的制约更多，在这里城镇化与乡村之间的冲突更加激烈。我国城镇化正面临进一步深入发展的历史机遇，是从传统城市化向新型城镇化的重大转折，并且将提高城镇化质量作为城镇化建设的重要目标。因此从农村主体的视角研究近郊村在城镇化过程中的诉求及行动逻辑，对于探究城镇化发展的内在规律、转变传统的城镇化发展方式、完善城镇化研究的理论链条等具有典型意义。

---

[1] 张兆曙：《非常规行动与社会变迁：一个社会学的新概念与新论题》，《社会学研究》2008年第3期。

一 近郊村落的行动背景

（一）边缘化

在传统城镇化的语境中，近郊村的发展变迁实际上是一个"走向边缘"的过程。近郊村落的边缘化并非意味着落后和不能发展，而是意味着一种存在形式、发展方式和相对状态，这一概念包含了对主流结构或中心结构的一种既有拒斥和对抗，也有适应和融合的复杂的态度。中国农村社会经历了几千年的发展，积淀了深厚的文化和地域归属，目前在中国现代化及城镇化大潮的共同作用下，一些村落渐渐变成城镇社区，这个过程实际上就是一个走向边缘的过程。首先，从区位结构上来说，农村在城镇化大潮的推动下，逐渐走向农村系统的边缘，然后再进入城镇系统的边缘。走向边缘并不是一个具有贬义的词，相对于传统中国农村的封闭状态而言，走向边缘是农村社会发展的起步，是从边缘区走向中心区的一个不可逾越的阶段，具有非常积极的意义。其次，从社会属性上来说，近郊村落在城镇化过程中逐渐地脱离原有农村社会，介于农村社会与城镇社会两个系统之间，形成了一种具有多重边缘化特征的独特社会结构。既区别于城镇社区，也区别于农村社区，呈现出一种"亦城亦乡、非城非乡"的社会存在，具有独特的社会属性。比如社会政策的边缘性，在制度供给中处于边缘弱势地位；社会结构的混杂性，呈现出空间结构的碎片化和人口结构的复杂化；村庄发展的过渡性以及社会成员的异质性；等等。

（二）新型城镇化

城镇化是经济社会发展的基本规律和必然趋势，而长期以来，我国的城镇化是城市优先发展的城镇化，甚至形成了"牺牲农业支援工业，牺牲农村支援城市"的城乡二元格局，在户籍制度、税收制度、公共服务、基础设施和社会保障等诸多方面，农村都处于弱势。然而随着时代发展，传统的被动城镇化形式已经日渐式微，这种以土地征用为主要标志的扩张型城镇化也产生了一系列问题，如失地农民大量涌现并且缺少有效的就业及生活保障只追求城镇化速度而造成发展模式粗放、农民市民化难度大、城市病严重，等等。这些问题不断激化，甚至引发了诸多社会矛盾和冲突，整个社会也开始重新审视城镇化的意义。在此背景下，"新型城镇化"的概念应时而生，强调要提高城镇化的水平和质量，强调要以人为核心，其内在含义其实是更加关注"被城镇化"的对象即农村及农民的发展诉求，或者也可以理解为更加强调农村及农民的主体性和主动性，而这也无疑会给农村带来前所未有的发展机遇。而对学界以及政界来说，转变思维方式，挖掘新型城镇化的内在规律，探求新型城镇化的发展模式和道路，就显得尤为重要。

（三）乡土社会

乡土社会也是近郊村行动的一个重要背景，其往往作为影响因素嵌入行动过程、行动方式、行动结果中，因此我们也要重视乡土性因素在近郊村落应对城镇化行为中的作用。而新型城镇化与传统城镇化的一个重要区别，就是其更加重视文化的传承和创新。2013年12月，中央城镇化工作会议明确提出："要融入现代元素，更要保护和弘扬传统优秀文化，延续城市历史文脉；要融入让群众生活更舒适的理念……尽可能在原有村庄形态上改善居民生活条件。""一方水土养一方人"，水土也是培育文化的重要根基，对一个城镇来讲，如果没有自己的文化，就形不成自身的特色，优势就发挥不出来，而极易导致国人与传统、与乡土、与地域文化的断裂，因此城镇化要传承文化，发展有历史记忆、地域特色和民族特点的美丽城镇。中央城镇化工作会议还指出："城镇化应该是自然而然、顺势而为的过程"，城镇都是从乡村发展而来的，我们要顺应社会发展规律，实现城镇化与乡土社会的契合，避免历史记忆和地域特色的消弭，不能因为城镇化的发展而失去了文化的根脉。在笔者看来，虽然城乡一体化的规划已经使当下的乡村不同于《乡土中国》中的乡村，但城镇化不应是把农村"消灭"，不能简单地用城市生活来吸引农民离开农村，也不能在消灭农村村庄的同时，还消灭了农村的文化。其实城镇化对乡土社会来说，既是挑战也是历史机遇：一方面城镇化给乡土社会带来了巨大的挑战和冲击，甚至会导致其消亡；另一方面，乡土社会、乡土文化如果能够顺应时代潮流，把握社会规律，与时俱进，可能会有更美好的明天，而且乡土社会中有价值的文化因素，我们在新型城镇化建设中必须坚持。可以相信，"置身于现代化、全球化语境之中的乡村，完全可以通过重构本土文化传统的特殊魅力，保持一种舒适的生活节奏、'田园'的生活方式，而成为人类可亲可居的生活乐园"[①]。

---

① 张士闪：《以城镇化为契机重构乡土文化》，《中国社会科学报》2013年12月7日。

二 城镇化进程中近郊村落的非常规行动

"非常规行动"对应的是"例行化行动",这种"例行化行动"是一种应然的行动,在社会行动概念中,强调的是行动者对社会规范、常规、惯例的一种遵从,或者说是被动地接受主流观念的影响,按照主流规范重复性地开展行动,它是一种形式主义的合理性。但在现实生活中,实践是在不断发展的,这种形式主义合理性只会要求行动者按照某种既定的规范行动,这往往会限制实践的突破与社会的发展,因此21世纪的理性哲学正在向马克思的实践合理性回归。马克思把实践置于思想的中心,他的哲学也是一种实践哲学,他既承认社会发展的自然规律,但是也强调人的有目的、有意识的实践活动。[①] 在马克思看来,实践就是人类有目的地进行改造和探索现实世界的一切社会的客观物质活动。[②] 因此来说,"非常规行动"就是一种以目的为导向的实践合理性行动模式,强调行动的能动性和过程的创造性。但需要注意的是非常规行动并非失范行动,非常规行动表现为"行动者在追求目标的过程中'不按套路出牌',或者在例行化行动之外'另起炉灶',是通过筹划出新的行动程序和路径,'换一种方式'去实现个体欲求"[③]。也就是说"行动者首先考虑的是改变行动的程序和路径,即'换一种方式行事',而不是挑战规范性要求,只有当行动者'换一种方式行事'越过了社会规范的界限时,才进入失范行动的范畴"[④]。从这个意义上,可以把近郊村的非常规行动理解为,作为行动主体的村级组织及村民不去被动地接受传统城镇化叙事层面为其安排好的"宿命",而是通过主动、积极的行动来改变自己的命运。从这个角度上,可以把近郊村在城镇化进程中的非常规行动划分为两类,一类是规范的非常规行动,另一类是失范的非常规行动。

(一) 近郊村落规范的非常规行动

规范性的非常规行动指的是行动者虽然改变了例行化的行动方式,但又不挑战既有的社会规范,仅仅是在技术层面上做出行动组织方式的改

[①] 参见邵华《马克思与实践智慧》,《马克思主义与现实》2013年第3期。
[②] 参见王洪胜《马克思主义的实践合理性思想》,《黑龙江科技信息》2009年第36期。
[③] 张兆曙:《非常规行动与社会变迁:一个社会学的新概念与新论题》,《社会学研究》2008年第3期。
[④] 同上。

变。具体来说，在城镇化进程中近郊村的规范性社会行动有以下几种。

1. 非农化过程中的合作行动

非农化是工业化、城镇化的必然结果，也是城镇化的一个应有之义，因为城镇化的一个要求就是农村人口转移到城市，从农业劳动者转变为第二、第三产业从业者。但是城镇化、工业化、市场化所带来的是对传统社会结构、社会秩序的"解构"，农村在城镇化、工业化、市场化大潮的冲击下，原有的"大一统"的生产方式发生了巨大的转变，村庄共同体和村庄共同利益逐渐弱化，国家行政力量逐渐退出农村，再加上村庄原有的维系力量不能迅速复活，因此农村呈现出个体化、原子化的趋势，村庄就像"一袋马铃薯"（马克思），"蜂房式的彼此封闭的社会结构被打破以后，乡村社会的结构单元又重新地复原为一个个原子式的个体"[1]。整个农村形势似乎变得非常悲观。但是学界在探讨农民的行动逻辑时，有一种视角叫作社会互构论，认为"农民行动是个体与社会长期互动的产物，其本身并不存在本质的规定性，农民的选择行为并没有固定的选择模式，而由其特定的、具体的生存境遇所决定"[2]。对于近郊村来说，作为自我保障基础的土地被全部或大量征用，而相应的社会保障却无法及时到位，村民在社会政策、社会公共服务供给中始终处于弱势地位，这也使农民所要承担的风险较城市居民来说大大增加。而"地方政府更加热衷于获得近郊村的土地用作城市基础建设或商业开发，却很少有兴趣去解决土地置换或者出让后农村及农民的生存发展问题"[3]。也就是说，在当原子化的农民面对强势的国家、强大的市场和资本的时候，会自然地产生一种不安全感，"当国家和市场不能提供足够高的保障水平时，农民又会转而回归村庄集体，寻找安全性框架"[4]。因此在非农化过程中的合作就成了近郊村村民的必然选择，只有加强合作，才能共同应对城镇化、工业化、市场化的冲击。

---

[1] 吴毅：《村治变迁中的权威与秩序——20世纪川东双村的表达》，中国社会科学出版社2002年版，第186页。

[2] 黄宗智：《华北的小农经济与社会变迁》，中华书局1986年版，第5—6页。

[3] 李传喜：《边缘化与边缘效应：近郊村落城市化的境遇及路径》，《南都学坛》2013年第6期。

[4] 戴建生：《行动者、村庄与国家：城中村改造中农民行动的情景框架》，《学术研究》2013年第4期。

近郊村在非农化过程中的合作主要是通过组织化的形式，有以下几种。

一是经济合作社或实业公司，通过经济上的合作来增强抗风险能力，同时能产生规模效应，有利于增加农民收入。这种合作社已经不同于之前的高级社或者人民公社，在性质上有很大的不同。之前的"合作社"往往是政社一体的，以行政手段强制性地要求村民加入，在运行过程中职责划分不清楚，而且受到体制等原因的影响，其发展存在较大的局限性。而当前的这种合作社或者实业公司，则是在村民自愿的基础上，由村民集体决定的，而且只负责村庄经济的运营。另外，在家庭联产承包责任制以后，村民就呈现出原子化的状态，他们在市场经济中就显得非常弱小，利益有时候也无法得到保障，风险加大，因此出于安全的需要，农村"再组织起来"的意愿就非常强烈。还有一种情况是在城中村或近郊村中，由于土地被全部或者大量征用，农民已经"洗脚上岸"实现"非农化"，而对应的村庄因为土地出让或征用，集体资产大大增加，关于资产的分配问题也成了其所面临的难题，在这种情况下，村民也希望能有一个组织出来管理集体资产，这就催生了村级实业公司，即股份制的集体所有制，星村实业总公司就是在这种背景下产生的。

二是各种协会，如老年人协会、青年协会、妇女协会等，加强村民日常社会生活中的关联。应该说，这种协会、组织的出现对费孝通先生提出的"差序格局"提出了很大的挑战，即农村已经受到现代城市生活的影响，不再是过去那种封闭的、血缘的、泥土的生活体。如今农村的关系结构更倾向于一种"圈子格局"，即整个农村中的关系、格局是由一个一个的圈子所组成的，如老年协会是一个圈子，妇女协会、青年协会甚至有些农村中的"门球队""歌舞队"等都是一个个圈子，这些圈子并不是孤立的，而是相互重叠，一个人可以参加若干个圈子，而这些"圈子"在维护农村社会稳定、促进社会和谐方面起到了不可替代的作用。

三是村民的政治参与，如民主恳谈、民主决策五步法等，让村民参与到村庄日常事务的管理中来，通过参与使公共利益达成一致。如今随着村民参与意识、民主意识的不断增强，村民要求政治参与的诉求也越来越强烈。星村由于成立了实业总公司，公司按照企业模式来运行的，成立了董事会、监事会和股东代表大会等组织，这些组织具有一定的政治性，同样对村庄的公共事务有管理权和表决权。

2. 再集体化过程中的博弈行动

我国在新中国成立后对农村社会的改造中，分别经历了集体化（人民公社）和去集体化（家庭联产承包责任制）两种形式，但是改革开放40年后，随着农村生产力的发展，在很多农村又出现了"再集体化"的倾向。当然，此"集体化"并非彼"集体化"，从性质上说，曾经的集体化是一种制度安排，而当前的再集体化更多的是一种路径依赖，是"在中国乡村工业化和城镇化初始阶段中所遭遇的一个无法回避的历史选择"。[1]

一是土地征用中的博弈。这主要是政府与村庄、村民之间的博弈，在既有的城镇化中，国家通过强力手段征收农村的土地，把原有的集体所有制土地变为国有土地，通过转换土地性质及用途后，土地的价值就大大地上升，出让的开发建设用土地每亩可以卖到几十万元甚至上百万元，但是这部分钱更多地被政府截留作为财政收入，农民能拿到的补偿金少得可怜，城市和农村不对等的地位，巨大的"土地剪刀差"使农民无法享受城镇化所带来的"改革红利"。在这种情况下，村庄必然要考虑自己的利益，虽然政府征用土地具有强制性，村庄没有选择的余地，但可以通过"讨价还价"也就是博弈来为自己争取利益。比如提高农民的土地补偿金、给村民购买城镇居民社会保险、在被征土地上兴办的产业应让失地农民优先就业和入股，等等。此外，很多近郊村的土地并未被完全征用，仍然有一部分可以自由支配。因此，很多近郊村通过土地流转的方式，实行农业的规模化经营以及通过建设标准厂房出租或土地直接出租等形式来获取收益，但是这种行为一般以村为单位进行，仅靠村民个人是无法进行的。十八届三中全会对土地流转做了具体的规定，这将会推动农村大规模的土地流转，为农村经济进一步发展提供了战略契机，对村庄来说，要把握住这次契机，在与政府、市场的博弈中争取主动，从而更好地维护自己的利益。

二是村庄治理中的博弈。主要是阶层及派系在村庄公共事务中的博弈。卢福营提出了村庄治理阶层博弈中的"局中人"概念，他认为"局中人"是管理者（村干部）、非管理精英和普通村民[2]，村庄治理中的阶层博弈主要就是这三元权力博弈。如今，随着村级民主治理的发展，村庄

---

[1] 吴毅：《转型时期的乡村政治》，中国农业出版社2006年版，第150页。
[2] 卢福营：《冲突与协调：乡村治理中的博弈》，上海交通大学出版社2006年版，第16页。

治理的阶层博弈更趋理性、民主、公平，尤其是在村级民主氛围浓厚的浙江地区，村民的民主意识、参与意识大大增强，协商民主已成为一种惯性。在设定的协商民主制度条件下，村庄公共事务必须经过各利益主体的讨论、协商、博弈，达成一个一致的意见，最终交由村民代表大会表决，这就充分保障了村民的权利和地位，以前村干部决定一切的情景再也无法出现。派系竞争则主要出现在选举这样的权力或利益出现重大调整的时候，不同派系之间的博弈虽然容易出现贿选和宗派斗争，但是客观上说，派系竞争或博弈一定程度上有利于村庄治理的民主性和村民的参与性，有利于农村社会的稳定与发展。

三是社会权利上的博弈。城镇化的一个重要内容就是要让农民变为市民，但是实际调查中发现，很多近郊村的村民并不愿意变成市民，其原因并不是没有实现非农化，在经济发达地区的近郊村，村民已经全部或大部分实现了"洗脚上田"，农业已经不再是主要的谋生手段，而且很多农民在城中就业；也不是农民在文化上难以适应现代城市生活，相反，随着交通、互联网的发展，近郊村村民的生活方式越来越城市化。近郊村的农民不愿变为市民，其实是为了"农民"这个身份所承载的那份土地权利，归根结底，就像毛丹、王燕锋所指出的在"城郊农民的安全经济学"[①] 的影响下，土地能为农民提供最基本的安全保障。而对这种安全感的追寻也使近郊村表现出一定的封闭性，虽然在很多经济发达的近郊村，外来人口甚至已经超过了本村人口，但是外来人口却无法享受到该村集体土地运作所附带的种种福利，外地人争取同等"村级待遇"的努力始终遭到本村人的抵制，甚至村庄内部也有严格的规定，如"外嫁女"就是一个典型的例子。

（二）近郊村落失范的非常规行动

"失范的非常规行动是失范性行动与非常规行动的交集，即行动者在重构一种非例行化的行动式样的同时，也突破了社会规范为社会行动设置的'禁区'。"[②] 吊诡的是，近郊村落失范的非常规行动一种是因为非理性，另一种是因为理性，但其根源都出在行动者的自主性欲求上。

[①] 毛丹、王燕锋：《J市农民为什么不愿做市民》，《社会学研究》2006年第6期。

[②] 张兆曙：《非常规行动与社会变迁：一个社会学的新概念与新论题》，《社会学研究》2008年第3期。

1. 处理矛盾的非理性行动

当现有的例行发展模式、程序或者道路已经无法满足近郊村或村民的自主性诉求的时候，行动者就会趋向于摆脱既有的常规、惯例和规范，从而采取一些突破了"合法空间"的行为，通过进入社会规范所设定的"禁区"来谋求个体利益。比方说上访问题，从当前的数据来看，上访所涉及的最主要的问题是征地问题和拆迁问题，而这两个问题恰恰都是近郊村所面对的主要问题，在很多地方出现了地方政府侵犯农村农民权益的行为，农民急切地想通过一定的渠道表达自己的诉求，维护自己的利益。在面对这种情况的时候，农民有两种选择，一种是牺牲个体利益，做"顺民"；另一种就是突破社会规范的限制，进入"行动禁区"。如果不能做出第一种选择的话，就很容易走向失范的非理性行动。上访是我国为实现下情上传而设立的制度，却规定不许越级上访，而地方政府往往是当事方之一，这就容易使地方政府既当运动员又当裁判员，而农民或是因为地方政府不作为，或是出于对地方政府的不信任，不得不突破制度设定的"合法空间"，通过越级上访和重复上访等非理性的行动，以求获得更高层的关注，来解决自己的问题。更有甚者，农民在利益诉求表达渠道不畅通的情况下，在面对征地、拆迁时采取了极端的行为，造成流血冲突甚至付出生命的代价。还有就是在一些经济比较发达、组织程度较差的村庄，在处理矛盾时寻找"黑恶势力"的帮助成了一种很正常的"理性"选择，而这种黑恶势力往往是与村庄的经济精英、政治精英捆绑在一起的，在土地征用、拆迁、工程招标等方面经常出现他们的身影，而农民则处于弱势地位。

2. 村庄发展中的逐利性行动

失范的非常规行动还涉及社会规范与个体自主性的关系问题。社会学领域有一个著名的"斯科特—波普金论题"，即"道义经济"和"理性小农"之争，① 斯科特的"道义经济"认为农民的行动策略是安全第一，生存伦理大于理性计算，而波普金则认为农民是"理性小农"，其行动策略是利益第一。但是我们在实践中发现，农民尤其是中国的农民往往能在安全与利益的摇摆之中找到一个均衡点。比如近郊村的违章建筑问题，受到

---

① 郭于华：《重读农民学经典论题——"道义经济"还是"理性小农"》，爱思想网，2007年11月21日。

城镇化的影响，大量人口涌入近郊村，有些在村中企业就业，有些则因为房屋租金便宜，租住在近郊村，每天在城区与近郊村之间钟摆，巨大的市场需求刺激了农民的经济理性，但是受制于农村宅基地政策的限制，村民无法大规模地扩建住宅，因此很多人就开始选择"另类"的方案，大量违章建筑开始出现。违章建筑触及了社会规范的"禁区"，本来是政府打击的对象，但是近郊村一方面因为其地缘区位，另一方面农民产生了"法不责众"的观念，因此，违章建筑就在农民的"安全—利益"的博弈中保持着一种危险的平衡，甚至被作为一种"弱者的武器"来对城镇化、工业化、市场化进行回应。

三 城镇化进程中近郊村落非常规行动的性质

（一）非预测性和不确定性

例行化行动是在固定的时间、固定的地点、按照既定的规则、沿着既定的路线做固定的事情，并且结果能够符合固定的预期，因此，例行化行动是一种能够被人把握和预测的行动。但是对于非常规行动而言，以上种种特征似乎截然相反，由于这种行动"不按套路出牌""不按常规出牌"，所以我们就很难预测，即便是已经知道"非常规行动"必然会发生，但是其行动展开的具体路径、所涉及的手段、工具、对规范的偏离程度以及行动结果也都是难以预测和确定的。近郊村是城镇化的一个重要主体，在城镇化过程中的地位也越来越受重视，我们能预测到面对城镇化的冲击，近郊村必然要做出应对，但是具体如何应对我们无法提前预测，只能根据其已经表现出来的实践总结归纳其特征规律。如有的村庄在土地被征用以后把土地出让金平均分给了村民；有的村庄则以村民入股的方式将这笔资金进行利用；有的村庄建立起了集体经济，以股份制公司的形式开发利用村集体资源，并给村民提供分红等其他福利；有的村庄则较为散乱，没有有效的组织；等等。这种非预测性和不确定性对新型城镇化以及新农村建设来说，增加了村庄改造的难度，但是村庄形式也更加丰富。

（二）自主性

从一定程度上来说，非常规行动的主体一般属于弱者，因为其行动是要突破社会规范的制约，而社会规范往往是由社会的强者、精英制定的，他们不会主动地寻求改变，除非他们的地位和利益受到外部的挑战。对近郊村来说，其对城镇化的应对动力主要是来自内部的推力而非外部的拉力，而且对于近郊村这类村庄如何发展，政府并没有明确的政策规划，"治理体制上的边缘化导致了近郊村落发展的双轨制甚至某种程度上的无制可依的状态，从而为近郊村落提供了发展的自主选择权"①。所以近郊村只能以自主性的行动来应对城镇化、市场化、工业化的挑战，并积累了很多"自发性经验"，如村庄引进工业，改变生产方式、发展物业型经济，实现村庄经济的转型等，通过这些实践能使近郊村落更加主动地适应城镇化进程，而不至于被城镇化大潮所湮没。另外农村社会的乡土性质使村民联合起来进行集体行动成为可能。

（三）个案性

并非所有的近郊村落都会选择非常规行动，因为非常规行动需要具备相应的基础，如视野水平、预测能力、筹划能力、驾驭能力、知识储备、社会资本等，如此才能对非常规行动的路径、方式、手段、工具进行合理的组织安排。哈耶克曾指出，知识上的构成性局限决定了大部分弱者没有勇气去冒险，宁愿接受命运、按部就班，过着"有律按律，无律按规"的生活，而不会轻易地去改变日常生活的固有格局，这也是人的一种"惰性"使然。因此采取非常规行动的近郊村都是一些独立的个案，不同的村庄就意味着不同的社会遭遇和行动策略，而近郊村在表现形态上的个案性"决定了它不足以导致宏观层面的社会变迁"。②

（四）粗放性

近郊村虽然具有自主选择、自主行动的可能空间，但是由于缺少科学的指导、合理的规划，在发展方式、发展路径上就表现出很大的粗放性、随意性甚至盲目性，有可能导致发展的无序化。虽然随着社会的发展，村民的知识水平、视野都不可同日而语，但是在市场化影响下，不论是城里人还是农村人，都成了理性的"经济人"，而农村人尚未完全摆脱"小农理性"的魔咒，在这种"小农理性"的主导下，近郊村及其村民往往更加注重追求利益的最大化，而对发展方式没有太多的考量。调查中我们发现，近郊村在土地利用、村庄建设、集体经济等方面都表现出一定程度的

---

① 李传喜：《自主选择与政府规制：一个近郊村的城市化探索》，《温州大学学报》2013年第6期。

② 张兆曙：《非常规行动与社会变迁：一个社会学的新概念与新论题》，《社会学研究》2008年第3期。

粗放性，这种发展方式将来必然会制约村庄的发展。

（五）普遍性和常规性

前面讲到了近郊村的非常规行动具有个案性，但是我们不能无视这样一个基本事实，就是近郊村非常规行动实际上也是对原有社会规范的改变，虽然社会变迁是一种宏观的变化，而非常规行动是一种微观的行动，但是如果这种微观的行动在社会生活中经过某种特定的社会过程的作用，如模仿、借鉴、传播和扩散等，就可以演化成为一种流行，成为社会生活普遍所采取的行为模式，这样的话就会导致社会规范、社会原则事实上的变化。所以说，近郊村的非常规行动虽然是个案性的，但是经过特定的社会过程加工之后就可以变成普遍性与常规性的行动，使行动路径和模式逐渐固定化、组织化，并产生新的社会规范、社会原则，如基层协商民主，最开始只不过是几个个案村庄的独立的民主实践，但是经过总结和推广之后，成了一种普遍的民主治理形式，甚至上升到了国家制度层面，这种新规范对旧规范的替代和改变就促进了社会变迁。

四 城镇化进程中近郊村落非常规行动的启示

（一）有助于推动城镇化的改革与创新

所有的革新都是对既有规则的挑战，这也切合了非常规行动的内涵。近郊村在城镇化过程中没有被动地接受，而是通过"换一种方式"来重新选择自己的命运，这种主动性的行动方式的选择往往具有更高的效率，能摆脱例行化行动或者既有社会规则的困境，为近郊村创造新的机会，获得更多的资源。近郊村的非常规行动作为一种改革和创新，"其过程选择的合理性应该体现在，通过对时间、空间和事项，重新分割与重新组合，至少在理论上应该具有效率、机会和资源上的比较优势"。[1] 从我国城镇化的内在前提来看，城乡二元结构安排和组织方式严重地限制了农村发展的个体诉求，而他们身上包含着最原始的创新冲动，当自己的利益与安全得不到保障的时候，近郊村只能选择非常规行动（或称为革新）去实现个体欲求，一种是自己筹划出一种全新的行动方式，另一种是借鉴其他成功的经验做法。一种有效的、成功的非常规行动往往能成为普遍性的行动

---

[1] 张兆曙：《非常规行动及其后果：一种社会变迁理论的新视域》，中国人民大学出版社2009年版，第333页。

方式，从而推动城镇化的改革和创新，甚至成为顶层制度。

从历史的角度看，近郊村的这种非常规行动具有时代性，按照马克思的观点，生产关系总是滞后于生产力的发展的，因此，不同时期的社会规范、社会制约各不相同，比如家庭联产承包责任制是对人民公社时期大一统的生产方式的颠覆，看似是一个自上而下的制度安排，但是实际上来源于小岗村的"非常规行动"。再比如如今农村的再集体化，也是对当前社会规范的一种应对，在城镇化、市场化、工业化大潮的冲击下，农民出于安全考虑，通过再集体化的方式来应对挑战。

但需要注意的是近郊村的非常规行动也有规范和失范之分，这就需要建立一种评价约束机制以保持其行动的合理性和规范性。近郊村非常规行动的合理性主要体现在能否帮助近郊村走出例行化行动和传统城镇化的困境，主要切入点应该是"过程选择"，即要从三个方面进行考量：第一，近郊村要摆脱现有困境需要抓住什么机会，创造什么条件；第二，现有的行为方式是否缺乏效率，是否阻碍了村庄的发展；第三，近郊村有什么资源、缺少什么资源，什么资源有助于非常规行动，什么资源对行动构成限制。通过明确以上这三个问题，才能对近郊村的非常规行动进行合理性评价。

（二）增加了近郊村应对城镇化的资本

非常规行动的自主性、个案性决定了近郊村在应对城镇化的时候能充分考虑村庄的内在诉求，能够充分利用自身的社会资源、条件和优势，以村落为行为主体，"在集体行动逻辑下实现内发性的自主发展，推动农民非农化及村落社区化，以应对和适应城镇化大潮"[1]，这也就是笔者之前在一篇文章里提到过的"乡土型城镇化"，这种模式在经济发达地区比较普遍，尤其是在以乡村工业化为基础的近郊村，表现更为明显，村庄的内在诉求、乡土资源能够被充分地考虑和调动起来，从而使其在非农化、城镇化的道路上有更多的自主行动的可能。

近郊村的非常规行动还有助于重建农村社会关系网络，前面讲到农村在城镇化、工业化、市场化的冲击下呈现出原子化、离散化的倾向，集体

---

[1] 李传喜：《边缘化与边缘效应：近郊村落城市化的境遇及路径》，《南都学坛》2013年第6期。

认同感降低了，合作意识减弱了，村民之间的关系被利益所侵蚀，[①] 传统的农村共同体面临解体的困境。从实践情况来看，近郊村的这种规范的非常规行动能够将家庭、社区、企业以及公私生活联系起来，形成新的社会关系网络，并使农村村民在信任、互惠、合作的基础上从原来传统的农村共同体变为集经济共同体、生活共同体、政治共同体三者合一的共同体形式。

另外，近郊村的非常规行动还形成了新的社会规范。有学者指出："农村的社会规范是传统取向的，以传统的道德、习俗来调节人与人之间的关系。"[②] 但是从家庭联产承包责任制实行之后，在现代化、市场化的冲击之下，传统的社会规范、社会秩序更多的是名存实亡，因为它们失去了支撑力量。而近郊村的再集体化重新将村民组织了起来，基层民主治理的广泛推行不仅使近郊村在内的广大农村强化了道德、民主、法治的社会规范，还形成了一种以"参与—博弈—均衡"为主要特征的新的社会规范体系。

[①] 林聚任：《社会信任和社会资本重建：当前乡村社会关系研究》，山东人民出版社2007年版，第1页。

[②] 王润珍：《农村社会学》，化学工业出版社2010年版，第137页。

第六章

代际传承：内生性乡村权威的演化

一　相关文献回顾

我国的乡村精英在传统社会（清朝及之前）主要是由士绅、乡长等组成的，他们不仅作为乡村社会中国家权力的代理人，而且也是保护乡民利益的人。在社会政治较为混乱的时代中（清朝末期至解放前），土豪劣绅成为地方的头面人物，并且势力不断上升，占据乡村政权，事实上，这一时期有大量的乡村精英被迫退出，地痞流氓则抢夺了乡村政权，国家的政策以及政权的内卷化最终也导致了乡村社区中乡绅的衰落。①

自新中国成立，乡村政治精英的产生与治理模式的转变主要经历了以下几个阶段：国家权力主导阶段，乡村民主初始阶段，家族文化复兴阶段，经济能人治村阶段。②传统的、单一形式的政治精英形态的构成基础在1978年开始的农村社会改革过程中逐步瓦解，同时，经济体制改革也导致在经济生活和社会生活领域出现一些新的群体，他们有的依托于个人的经济实力；有的依托于自己的人格力量；有的依托于农村社会中不断苏醒的各种传统因素来影响乡村的生活，最终依靠这些发展为乡村社会中的经济精英和社会精英。③

"权威的含义相对于权力来说，更加地模糊一些，因此我们可以对它作更为宽泛的解读……权威的力量的产生主要来源于人们心理因素的作

---

① 汪小红：《乡村精英格局演变的启示》，《中国社会导刊》2006年第16期。
② 任映红：《新中国成立以来村落政治精英的产生与乡村治理模式的变迁——以浙南XF村为例》，《江西社会科学》2011年第11期。
③ 汪小红：《乡村精英格局演变的启示》，《中国社会导刊》2006年第16期。

第六章 代际传承：内生性乡村权威的演化

用，人们基于此以一种主动的姿态服从权威的意志。"① 村庄权力的代际转移表明，这些乡村精英已经成为村庄的权威人物，而且权威人物的产生是以村庄为其发展背景与环境，他们是纯粹的内生性社区权威。充分发掘、激发"本土资源"是"内源性发展"的精神实质所在。它并没有去否认"外力"在一定条件下的巨大作用，但更强调我们需要从各自社会内部中创造出发展所需要的因素，而绝不仅仅是从外部将我们所需的因素简单地移植过来。同时，内生性理念还表现在村庄的持续发展主要是建立在自力更生基础之上的，② 这就启示我们，内生性的乡村精英所产生与演化的环境是嵌入乡村的发展历史之中的，乡村精英作为内生性的社区权威，维系其存在的源泉来自村庄内部，其存在的意义也在于为产生它的农村服务。

本节旨在通过对星村这个近郊村精英代际传承的研究提供一个具有典型性的个案，发掘出乡村精英代际转移的条件与特征。我们有必要承认的是，个案研究在本质上是通过对某个（或几个）案例的研究与发掘最终实现对某一类现象的了解与认识，而并不是去奢望实现对某一个总体的全局认识。而并不是非常清楚这一类现象的范围有多广阔、覆盖了多少个体，事实上我们认为这也不是个案研究一定要回答的问题。个案集中展现了某一类别现象的主要特点，那么，从个案研究中发现的主体结论也仅仅是适合与所涉及的个案相类似的那一类其他个案或现象。③

早在17世纪的时候，"精英"一词就已经出现了，最开始是用来表示精致的、质量上乘的商品，在历史的进程中逐渐演变为指代具有优势地位的那一类人。"精英"一词直到19世纪末20世纪初的时候，才开始在社会科学等领域被使用，并由于帕累托社会精英理论的流行而被大众所知。尤其是在20世纪90年代以来，"乡村精英"群体伴随我国农村问题研究的不断扩展与深入，获得广大学者的"特殊关注"，并出现一大批非常有

---

① 张立伟：《乡土社会的秩序与纠纷处理》，谢晖、陈金钊主编《民间法》（第一卷），山东大学出版社2002年版，第147页。
② 杨建华：《社会化小生产：浙江现代化的内生逻辑》，浙江大学出版社2008年版，第40页。
③ 王宁：《代表性还是典型性？——个案的属性与个案研究方法的逻辑基础》，《社会学研究》2002年第5期。

理论与现实意义的研究成果。①

王汉生根据精英影响力的来源,将其分为党政精英、经济精英和社会精英,并且给乡村精英下了一个"在社区中负有领导、管理、决策、整合功能的、有重要影响的人物"的定义。② 陈光金根据乡村精英在不同资本上的优势差异,将乡村精英分类为政治精英、经济精英和社会精英。他指出,支部书记、村委会主任和踊跃参加社区政治的能人(非干部)组成了村内的政治精英;而社区范围内的私营企业主与集体企业的创办者、管理者构成了村内的经济精英;在知识、人品、背景、经验等多方面都有优势的社区成员构成了村内的社会精英,政治精英、经济精英和宗族精英等都可称为社会精英。③ 孙立平指出"民间统治精英"由政治精英、经济精英、知识精英等构成,他们的影响力分别来自其所拥有的财富、能力、威望和知识,并且处在国家机构之外,他们的权力来自非正式的互动交往,并且通过社区成员之间相互的评价而有所区分。④ 在本书中,要讨论的乡村精英,是在近郊村落发展的历史进程中的政治精英,但由于在星村,政治精英人物之间发生了代际转移,政治精英本身是一种复合精英,即政治精英人物集政治、经济、社会精英于一身。这种复合精英更有发生代际转移的可能。

陆学艺认为:精英的形成条件,包括了个人的基本素质和个人所处的环境背景与适当的机遇。个人所具备或能控制的精英生成条件称为他的资源,包括社会资源、经济资源和人力资源;个人虽然不能完全地控制但能在一定程度上进行利用的精英生成因素可以称之为机遇或背景,包括国家宏观的制度背景、政府的社会政策等。⑤ 理论界对于精英形成机制这一问题的研究已经非常多,所提出与支持的主要理论假设,其重要的观点是认为在当代中国

---

① 刘博:《精英历史变迁与乡村文化断裂——对乡村精英身份地位的历史考察与现实思考》,《青年研究》2008年第4期。

② 王汉生:《改革以来中国农村的工业化与农村精英构成的变化》,《中国社会科学辑刊》1994年第11期。

③ 陈光金:《20世纪末农村社区精英的"资本"积累策略》,《江苏行政学院学报》2004年第6期。

④ 孙立平:《改革前后中国大陆国家、民间统治精英及民众间互动关系的演变》,《中国社会科学》1999年第1期。

⑤ 陆学艺:《内发的村庄》,社会科学文献出版社2001年版,第272页。

农村，有两种社区精英的形成模式，一是精英之间相互转化，二是直接生成。学术界把这两种形成模式分别称作精英复制与精英循环，并且不同的研究者偏重于强调其中的某一种模式，从而产生所谓的精英复制论与精英循环论。① 吴思红指出，各精英在村庄活动中，以各自的利益为基本取向，表现出若干利益博弈模式，从而使权力结构出现稳定和不稳定两种类别。② 吴业苗也注意到，我国农村村落权力结构在市场经济向农村的推进过程中，正在发生极为迅速的分化。在村落权力平台上，村落内生性、体制性的正式权力与宗族、地方恶势力、非治理精英等非正式权力竞相表演。③ 乡村精英逐渐从依附型转向独立自主型；从职业上看，他们中的很大一部分脱离了农业生产劳动，转向了社会的其他非农职业，职业分化加剧；从角色上看，他们在乡村社区中扮演的角色不再单一，有更多的对自身经济和政治利益的追求；从地域流向来看，他们不断地从农村流向城市；从精英自身发展的要求上去看，有的走向了成功，有的则遭遇了失败。④

笔者认为，乡村精英的形成有两种模式，一种是横向的转化，转化包含了经济、政治、社会、知识等精英类型的相互转化；另一种模式则是纵向生成与转移，纵向生成的乡村精英基本上是自我生成而不是通过转化而生成的，也包含新老精英的代际转移。本书中所谈及的乡村精英问题实际上主要是纵向上出现的新老精英的代际传承，并且主要是乡村政治精英的代际传承问题。

二 星村金氏家族概况

根据对 JLC 的访谈，我们了解到，JLC 的父亲"从土改时开始参加工作，他当村长书记也当了 20 多年"，后来调到了办事处。再下一任的书记是 JLC 姐夫的哥哥，1989 年的时候叔伯兄弟 JLR 是书记，JLC 是村长。1990 年以后这段时间 JLC 当书记，1996 年、1997 年就是 JLC 弟弟（目前星村实业集团公司的董事长）当了。表 6-1 为星村金氏家族五兄弟的基本情况。

---

① 陆学艺：《内发的村庄》，社会科学文献出版社 2001 年版，第 302 页。
② 吴思红：《村庄精英利益博弈与权力结构的稳定性》，《中共中央党校学报》2003 年第 1 期。
③ 吴业苗：《转型时期村落权力结构分化的分析》，《湖北行政学院学报》2002 年第 6 期。
④ 李强彬、向生丽：《转型社会中乡村精英的变迁与乡村社区治理》，《兰州学刊》2006 年第 4 期。

表 6 – 1　　　　　　　　星村金氏家族五兄弟情况

排行	年龄	工作情况
老大	64 岁	办自来水公司
老二（JLC）	59 岁	农村合作银行理事、开办运输公司
老三	54 岁	上海国家海洋局干部
老四（JLJ）	49 岁	星村实业集团公司董事长
老五	45 岁	水产交易（有摊位）

由表 6 – 1 可知，金氏家族兄弟五人具有相当强的经济实力与社会地位，而且他们在星村的地位是非常稳固的，这种稳固依靠的不是偶然的政治得势，而是有着坚实基础的。同时，笔者也注意到，整个金氏家族在星村都有着相当强的整体实力。一方面，其他叔伯兄弟中有一部分也在村里任过职。姐夫的哥哥做过书记后就是叔伯兄弟 JLR，"JLR 1989 年就是书记，1980 年时可能就开始当书记"，"JLC 没当村长时他就是书记"。"1990 年以后这段时间 JLC 当书记，1996 年、1997 年就是他弟弟当了"。可以说，从 JLC "爸爸从土改时开始参加工作……他当村长书记也当了 20 多年"，到他的四儿子 JLJ 从 1997 年就当村长、书记，再成为现在的星村实业集团公司董事长，"JLC 家族掌权半个多世纪"。另一方面，星村金氏家族"礼"字辈不仅在经济领域获得了比普通村民更大的成绩，尤其在政治领域具有不可比拟的优势。例如 JLC "以前是种田。种了 4—5 年，然后搞副业，从事机械修理"。跑运输"从 1980 年开始，跑了一两年，有拖拉机、电动机……后来还搞拖拉机维修什么的，一直到 1985 年。原来是大队整，从 1985 年开始，村长整。1985 年时，就成了第一任村长"。同时，JLC 谈到老三"18 岁当兵去的啊，从部队转业，转到了夏阳洪（音），然后转到了国家海洋局"，"在上海定居了，是国家干部了，直属中央的"。这种乡村精英代际传承的现象在星村金氏家族中体现得尤为明显。在城镇化迅速发展和星村再集体化的基础上，这种现象对于保持星村经济平稳有序的发展具有重要意义，可以说，星村这种能人治村并发生乡村精英代际传承的现象是浙江农村发展过程中形成的特色现象。

我国农村在 20 世纪 70 年代末，开始实行经济体制改革，在推行家庭联产承包责任制之后，改变了农村的生产经营方式，农村经济和个体工商业较快地恢复和蓬勃发展起来。传统的家族长权威、"毛式干部"的体制性精英主导村政的格局在这种社会转型的背景下慢慢地消失了，而一个

"致富能手"带领全村前进的新时代正在悄悄来临。^① 我们可以发现，星村个体私营经济在改革开放以经济建设为中心的一系列路线、方针、政策等确立后，实现了初步的发展，也得到了政府的大力支持。JLC 先生的父亲在村中做了 20 多年的书记，到了 JLC 这一辈，如果不是他个人在改革开放的背景下，始终不间断地搞运输生意，积累起相当的个人财富，是无法在星村新的发展背景下脱颖而出的。

根据卢福营先生的调查，农村私营企业主大致有以下来源：自力型个体经营户，乡镇集体企业的骨干或承包者，祖业继承者。这些人保留了农民的基因，或多或少带着农民的烙印；呈现了强人的形象。[2] 而金氏家族"礼"字辈的乡村精英可以说集合了这些特色，他们中有的是个体户，有的是国家干部，有的则在经济经营与政治精英之间徘徊，有的从经济精英转化为纯粹的政治精英。例如 JLC 自己从事副业多年后成为村里第一任村长，干了一年就又下海搞运输了，后来又在村里任职，做过村长和书记；而他的四弟则之前一直在办自己的工厂，后来在 1996 年前后进入星村，成为村长后成了职业村官，不再办工厂了。

三　乡村精英代际传承的条件和特征

乡村精英一般现在或过去是企业经营管理者，大多具有较强的经营和管理能力。在经营和管理活动中，积累了丰富的社会资本。创造财富与乡村管理的能力是乡村精英代际传承的关键和力量来源，没有这样的能力，无法在乡村中立足；参政意愿是乡村精英代际传承的心理基础；社会资本是乡村精英代际传承的重要条件。个人能力、参政意愿与社会资本三者结合，形成了星村乡村精英代际传承的条件。

（一）乡村精英代际传承的条件

1. 个人能力

（1）经济能力

农村税费改革、基层普选与民主意识的觉醒使传统政治精英在社区居民中的天然权威受到直接的冲击，尤其是城市化的快速发展，很快破坏了

---

① 袁松：《富人治村——浙中吴镇的权力实践（1996—2011）》，博士学位论文，华中科技大学，2012 年。

② 卢福营等：《当代浙江乡村治理研究》，科学出版社 2009 年版，第 213 页。

传统精英结构存在的合法性基础,正是在这样的历史进程中,谁能创造财富,谁就更容易得到较高的社会地位,地位和贡献成正比。毫无疑问,乡村精英能够发家致富脱颖而出,就表明他们有着很强的创造财富的能力。雄厚的财力是当选村干部的前提和基础,只有这样才能实现村庄权力的代际传承。我们必须承认,农村中的富裕群体在基层选举过程中拥有一种与生俱来的优势,而这种优势实际上正是由他们所掌握的财富实力所决定的,乡村中的经济精英群体由于不愁吃、不愁穿,以钱为竞选的坚强后盾,也就弱化了他们在当村官期间捞一把的念头,实力更强的富豪为了当选,甚至会在竞选时强调当选后兴办公益事业、免费服务、发展集体经济等执政诺言,这很容易会吸收大量村民选票,对村民产生极强的吸引力。JLC、JLJ 两兄弟以及他们的叔伯兄弟,只要是当村干部的,基本上都兴办过自己的工厂。具有一定的经济实力是个人能力的体现,也是获得村民支持的重要前提条件。

(2) 人际交往能力

较强的人际交往能力可以为乡村精英的代际传承获取村民的支持。费孝通先生将中国传统乡村社会的特征定位为"熟人社会",指出"熟人社会"的人际交往与人际关系具有显著的乡土特色,因为在"熟人社会"中,鲜有陌生人。[①] 也就是说,每一个村民在村庄中的家庭历史、品性道德和为人处世都可以说是"裸露的、阳光的"。即便乡村精英在经济领域没有获得成功,只要他乐于在村庄中贡献自己的特长,总能得到村民的认可,而经济领域的成功与做一个热心肠的人是不矛盾的。一旦具有相当的经济实力,同时能够和村民保持良好的人际交往,乡村精英的威望就会直线上升,尤其是土生土长的乡村精英在"熟人社会"中,这种权威的增长更加迅速与稳定。接受访谈的星村事业公司董事长 JLJ 在谈到为村民服务时,谈道:

> 就是要增加一下集体的收入。最开始进到村里来的时候,对于村民也不太熟悉,我就经常和他们打交道,希望能了解村民的真实想法与需要。

[①] 费孝通:《乡土中国 生育制度》,北京大学出版社 2005 年版,第 9、29 页。

一般而言，乡村精英的人际交往能力体现在村里有需要帮忙的事凡请必到、不摆架子、不嫌贫爱富；不索回报、不计成本，只要有需要，不管白天晚上，第一时间赶到；在调解村民之间的矛盾时，推心置腹而又能说会道，入情入理地关心每一方；身体力行、任劳任怨，能够做出适当的自我牺牲，同时以村民的集体利益为重。[1]

（3）社区治理能力

乡村精英要实现代际传承，必须具备相应的社区治理能力，才能应对各项突发事件，引领村庄不断进步。在乡村社区这种熟人社会圈里，乡村精英的角色和作用是乡村治理中的重要一极，[2] 忽视他们的作用就难以理解社区政治系统中要求和支持的数量、种类、强度，并且会难以对村庄进行有效的控制。带领村民治理村庄，乡村精英不能仅仅停留在讲讲话、动动嘴皮，一定要意识到比这更为重要的是要走到村民中去，走进乡村的每一个角落，了解村内的真实状况，帮扶村民解决实际困难，尤其是为村民发家致富提出建议与落实行动，为村庄的长远发展殚精竭虑。乡村精英能够为了保护其拥护者的利益而在关键时候挺身而出；乡村精英有良好的人际关系，有一定的组织协调能力和号召力，而且在村庄以外拥有相关的资源，能够对村庄内的一系列事务进行组织协调。[3] 组织化的发起者、鼓动者和推动力就是乡村精英，乡村精英掌握着有效的社区治理能力，能够坚定地推动与保障农村发展，这也就要求在执政的过程中乡村精英必须有办法应对村内发生的实际问题，为当选与连任奠定坚实的基础。JLJ董事长在谈到改善村庄环境时谈道：

> 之前村里搞经济几乎都是亏本的。我来这个村后，就把靠近路旁边的房子都把它改造掉，搞商业房，搞出租，这样就改善了周边的环境，有些房子都是20世纪90年代的属于危房一类的，既改善周边环境，又增加集体收入。

---

[1] 张健：《传统社会乡村精英身份建构与权威基础——以关中庙村为个案》，《安徽农业科学》2011年第11期。

[2] 李强彬、向生丽：《转型社会中乡村精英的变迁与乡村社区治理》，《兰州学刊》2006年第4期。

[3] 李军：《乡村精英：农村社会资本内生性增长点》，《调研世界》2007年第3期。

在谈及在村里面做工作会遇到阻力和压力及其解决时，JLJ 这样说：

> 阻力也很大的，村里面的发展，必然会遇到个人利益的问题。打个比方说，我想把整个一条街改造了，可能会遇到几家的房子在这个旁边，违章建筑肯定是要拆掉的，那么一拆就会损害个别人的利益，他会说，我这个房子本来一年收入几万块，这样搞就没了收入，生活来源我一点也没有了。所以我们村如果想改造就会遇到很多很大的阻力，压力也很大。
>
> 我们就去做工作啊！告诉他们这件事不是你个人的事情，是村两委集体的决策，也是和上面的政策相结合的，主要是新农村改造。当然在这个过程中我们会适当地给他们一定的补偿，你比如说，你自己想在道路两边经营的，前提是必须你自己经营，我们可以给你百分之十的优惠。

一般而言，乡村精英之所以能在农村城镇化过程中成为经济精英或其他类型的精英，并在长期的历史演变中保持精英地位，实现精英地位的代际转移，尤其是实现政治地位的转移，是因为他们拥有代际传承所需的主要资源。首要的资源就是他们的财富，或者说是创造财富的经济能力；同时较强的人际交往能力为他们在村内人气的稳定与上升奠定基础，在农村民主政治日益发展的今天，这种人气对于当选与连任越来越重要。我们也要意识到，经济能力与人际交往能力不能代替解决实际问题的社区治理能力，尤其是近郊村落在城镇化、城乡一体化背景下，近郊村落面临着纷繁的利益纠葛，乡村精英的社区治理能力为他们解决村庄内出现的诸多问题提供基本的保障。因此，三方面的能力组成了乡村精英代际传承所需的个人能力。

2. 参政意愿

任何行为背后都有其主观目的性，当这目的性导致行为的发生时，这就是行为的动机。乡村精英参与政治主要受到经济利益、政治利益、精神需要的推动。[①] 因为如果能够获取乡村政治权力，不仅可以很好地维护已

---

① 史雪莲：《对农村经济精英的社会学考察——以苏北柘汪四村为例》，硕士学位论文，南京师范大学，2007 年。

获取的经济利益，同时，还有机会获取额外的经济利益；乡村是一个讲政治的场域，政治权力同时也有可能转化为经济资源；土生土长的乡村精英出于改造故乡的公益心与责任感，为造福村民而积极参与家乡的治理。

虽然星村的乡村精英参政有经济、政治方面的考虑，但是精神需要的影响同样不可忽略。按照马斯洛的需要层次理论，当一个人的基本物质需要得到满足时，社交、尊重和自我实现等需要会成为行为的主要动机。而且人们的需要是有层次的、依序推进的。受数千年儒家文化的熏陶，中国文化有其自己的独特之处，实实在在的社会地位不仅体现在受到尊重和认可，还表现为取得道义上的优势、声望和成就感，已经在经济、政治方面获取一定成功的乡村精英对于生存和物质需要不那么迫切，而会追求更高层次的精神需要。[1] 这些乡村精英在自己致富以后没有忘记家乡，他们大多都是地地道道生在星村、长在星村的农民，对家乡有着非常深厚的情感，而且能够实现代际传承的乡村精英，比较尊重家族的参政传统，也有意愿带领全村百姓致富，他们参加竞选不仅是为了带领村民共同富裕，改善家乡的环境，同时还可以超越个人利益的局限，实现更高的人生价值。JLJ在谈到当选村长那年的想法时说：

> 那个时候，他们（乡镇领导）对我进行考察，我一点思想准备都没有，说实话，那个时候他们在单位里面就问："你认为你们星光村，谁当村长比较合适"，他们就这样直接问我，我说谁能当这个很难说，可是我认为，既然是当村长，首先，思想要端正；其次，他自己要热心于、投入于这项工作，否则，人家自己办企业，不愿意做的，你拉人家进来也没用的。因此，首先是思想要端正，抱着那种到村里面捞一把的，有这种心态是不行的。我说了这两点看法后，他们说这个说法是对的。而且那时候我自己根本不知道他们是在对我进行集体考察。

在农村，确实会出现这样的情况，一旦当选村干部，并没有为民服务，而是一味为了自己的利益，当个人利益与村民利益发生冲突时，并不

---

[1] 刘科：《基层政治中的乡村经济精英研究》，硕士学位论文，湖南师范大学，2011年。

能履行竞选前的承诺,不仅不能够为村民办好事、办实事,甚至有可能会利用手中的权力损伤村民利益,这样就会较为迅速地在村民中失去权威。① 而能够实现代际传承的乡村精英由于参政动机端正,承担着整个家族在村中的荣誉,更能够全心全意地为村民服务。

3. 社会资本

乡村精英能够实现代际传承,还需要社会资本的支持,这是一种无形的力量保证。布迪厄首先提出了社会资本的概念,他认为:"社会资本是潜在的或实际的资源的复合体,这些资源同那种持续性的网络的占有具有密不可分的关系,这一网络是得到大家公认的,并且为大家所共同熟悉,还是一种体制化关系的网络。"② 帕特南则指出,我们可以将社会资本理解为"能够通过促进较为协调的具体行动以提升社会效率的规范、信任和网络"。③ 对于乡村精英的代际传承,两种社会资本至关重要,一个是村民的支持,另一个就是乡村精英家族势力的支持。

血缘、地缘网络的自组织作用在城镇化发展过程中有逐步散失的风险。乡村精英在农民组织化过程中发挥着不可替代的作用,村民出于利益自我保护的需要,会普遍支持有利于利益实现的乡村精英参政。他们作为乡村精英,经过自己不懈的奋斗和拼搏,最终拥有了超出其他村民的社会地位和经济地位,他们不仅有权威,而且有团结能力,他们依靠出众的经济实力和社会地位,能够较好地动员村民,并且在关键时刻还能够做出一定的牺牲,挺身而出,对村内居民和仰慕者具有直接而有效的影响力。根据卢福营先生的调查,20多年以来,村庄领袖的基层选举发生了以下较为明显的变化:一方面是农村民主竞选的范围一步步地扩大;另一方面是选举中的民主性、竞争性日益增强。④ 只有能够动员政治支持,获得民众的广泛信任;能够提供优质的公共服务,促进农村公共资源均等化,满足社会的服务需求;能够较为有效地治理矛盾冲突,运行全面的矛盾解决机

---

① 郑明怀:《农村经济精英带领村民致富的能力和意愿探析》,《农业考古》2011年第6期。

② 包亚明:《布尔迪厄访谈录——文化资本与社会炼金术》,上海人民出版社1997年版,第202页。

③ [美]罗伯特·D.帕特南:《使民主运转起来》,江西人民出版社2001年版,第195页。

④ 卢福营:《能人政治:私营企业主治村现象研究》,中国社会科学出版社2010年版,第70页。

制,① 最终才能够在选举中脱颖而出,并且取得村民稳固的支持,为在村内获取连任打下坚定的基础。因此,村民支持是乡村精英社会资本的重要组成部分。老百姓的信任与支持是乡村精英政治成功的保障,JLJ 在接受访谈时谈道:

你在村里面工作,老百姓都看得到的,你有没有为村民办事情,为村里着想,人家都能看得到的。否则的话,人家为什么要选你呢?每次选举的时候我从来不跟人家打招呼的。人家只有认可你的为人,认可你的工作能力。现在形势是,有些人选举的时候都要拉票的,请客啊,吃饭啊,我从来都没有这方面的想法。如果让我这样去拉票,我情愿不干了。我当了椒江区四届人大代表,我从来没有这样子过。比如选人大代表的时候是五个区一起选的,不单单我们这个村,五个村三个名额选两个。

家族涵盖了具有同一血统的几代人,是一种以血缘关系和地缘关系作为联系纽带的非正式组织。家族最开始的时候只是一种比较初始的人际秩序,后来演变成传统社会基本的社会政治秩序。有着悠久历史的家族势力,对我国乡村社会的治理产生了重要的影响。在传统的"双轨政治"格局下,农村基层社会中由族权和绅权控制整个乡村的秩序。费正清也指出:"中国家庭制度是一个坚强的堡垒……村庄通常是由一群家庭和家族单位(各个世系)组成,他们世世代代,永久地居住在那里。"② 星村以金氏家族为代表的乡村精英能够实现代际传承,家族势力功不可没。以下为 JLC 接受访谈的节选:

问:您的叔伯兄弟有几个呢?
答:现在在的还有 10 个左右,加上我们一起。
问:关系怎么样?
答:关系都还蛮好的,包括下一辈的也都关系挺好。
问:现在咱们村姓氏最多的是哪个啊?

---

① Minxin Pei. 2002 "China Governance Crisis". *Foreign Affairs*,(9):3-8.
② [美] 费正清:《美国与中国》,世界知识出版社 2001 年版,第 21—22 页。

答：金姓吧。
答：咱们村金姓大体有多少人呢？
问：就我们家族的包括小孩子在内150人左右。

一次选举的质量高低是由两个维度决定的：一是选民是否普遍而有效地参与；二是候选人是否在公开公平竞争的环境中展开竞选。那么，候选人获得村民支持后就会直接催动村民参加选举，保证选举的有效参与；候选人的家族势力能够压制村内非法选举活动的开展。虽然对村内规模较小的家族而言在选举中无法占有优势，但这是基层民主发展的必经之路与不得不付出的相应代价。

（二）乡村精英代际传承的特征

1. 内生性

星村乡村精英代际传承的内生性主要体现在金氏家族在政治领域的成功是在星村展开的，由于基层民主的发展，不仅得到村民的支持，而且家族势力为在村执政提供了强有力的支撑。同样重要的是，乡村精英的当选与连任要为村民服务，这可以说是"从村民中来，到村民中去"。也就是说，从乡村精英代际传承的时代背景、客观环境、自身的条件与目标等多个角度来分析，乡村精英的代际传承都具有明显的内生性。"为了使一个政治系统能够发挥最大的作用，可以将其视为一种互动过程，政治系统正是通过这种互动为一个社会进行权威性的分配价值，这也是政治系统与其所在的环境中的其他系统的相异之处。"[①] "内生型发展"的精神实质在于发现与强调发展是以内生为主，并且强调传统是社会发展的重要而宝贵的资源，因此也强调充分挖掘、动员"本土的资源"，更为肯定一切的发展不是简单地从外部环境中移植过来，最终都是需要从各自社会内部中创发出来。[②] 因此，乡村精英代际传承产生的原因要在村庄内寻找，代际传承的维持与发展的因素还要在村庄内部挖掘。乡村精英必须学会调动村庄内一切可以利用的宝贵资源，最终为村庄的发展做出应有的贡献。

2. 家族性

乡村精英的代际传承受到了家族势力的直接推动。笔者认为，家族势

---

① ［美］伊斯顿：《政治生活的系统分析》，王浦劬译，华夏出版社1999年版，第24页。
② 杨建华：《社会化小生产：浙江现代化的内生逻辑》，浙江大学出版社2008年版，第154—155页。

力主要从两个维度对乡村精英的代际传承产生影响,一个是家族势力的规模,另一个是家族势力的质量,二者缺一不可。在星村,金氏家族势力不仅规模较大,比村里其他家族人数多,而且整个金氏家族的经济实力与威望也是不容小觑的。首先,金氏家族在星村的规模较大。上文中,JLC在接受访谈时就表示星村里金姓包括孩子在内有150多人,是星村人数最多的姓氏,还有一定数量本家外其他的金姓村民。其次,星村金氏家族的整体实力很强。金氏家族成员不仅生意做得好,还有一部分人成了地方官员,在经济实力与政治地位两方面都发展良好。例如金氏家族五兄弟中有自己搞水产品批发的,有办自来水公司的,还有国家海洋局的国家干部,JLC本人不仅开办运输公司,而且在村里是重要的政治人物,五兄弟以外,有多位金氏家族人员在村中当过村长、书记。尤其是JLC谈到兄弟之间、叔伯兄弟之间"关系都还蛮好的,包括下一辈的也都关系挺好",这样就避免了出现内耗的情况,保证了家族实力的稳定性。

3. 转型性

一方面,星村乡村精英的代际传承是在社会转型的历史背景下展开的。这主要体现在新中国成立以来星村经历了复杂而多变的社会变迁,无论是农村土地生产组织形式的变化、乡村礼仪风尚的转变,还是农村市场化、城镇化的发展,都为乡村精英的执政提供了不断转型变化的历史背景。另一方面,乡村精英本身在代际传承的过程中实际上也在不断转型,主要体现在乡村经济精英向政治精英的转型以及乡村政治精英向乡村经济精英的转型。例如,星村再集体化后,由于土地数量的不断减少以及村庄经济事务的复杂化、多元化,JLJ董事长逐渐放弃了自己经营的企业,全身心投入村集体事务当中,由一个乡村经济精英成为纯粹的乡村政治精英。而他的哥哥JLC的角色转化则更为明显,上文中已经提到,他以前是种田,然后搞副业,从事机械修理,后来跑运输,在从事副业的过程中成为村长,发展为村内的权威人物。

4. 认同性

乡村精英的代际传承,必须得到村民的支持与认同,这是其执政合法性的来源。乡村精英对此深有体会,因为村民对乡村精英的支持原因是很简单的,就是能不能给村里带来实际的好处,能不能解决村里的实际困难,能不能在一定程度上牺牲个人的利益。星村乡村精英能够实现代际传承,就是因为JLC、JLJ父亲在村里当了20多年书记之后,金氏家族在星村形成了很高的声望，这无形之中对下一代的村长、书记产生了相当的荣誉感与责任感，在他们自身经济实力较强的基础上，对于声望、权威的精神性追求更为强烈，因此新一代的乡村精英在村内执政时更为注重村民的需求，强调解决村内的实际问题。尤其是在星村逐渐城镇化、城乡一体化的背景下，村庄发展的实际需求更为强烈，新的矛盾与冲突不断生成，如果不能应对这一系列的变化，很难获得村民的支持，村民对乡村精英也就无法形成一定的认同感，直接冲击乡村精英代际传承的合法性。以JLJ为例，他在当村长后不断发展村集体经济，不仅创办了"渔家乐"这样的农村旅游形式，而且促成村集体和区政府合作建设村级菜市场，不仅可以为村集体带来场地出租收入，还可以为村民生活带来便利，这样就获得了村民的广泛支持与认同，巩固了权力代际传承的合法性。

5. 典型性

我们始终认为，本书中提及的案例是一个从社会学学科视角研究乡村精英问题的典型个案，不仅可以为相类似情况找到一些普遍性的规律，而且可以为乡村建设与治理提供相应的启示。星村乡村精英代际传承的典型性主要体现在：一方面，星村本身是一个近郊村落，有着不同于城中村、远郊村落的发展情况；另一方面，星村的乡村精英在新中国成立以来就形成了代际传承的现象与传统，是一个非常特殊的案例，为我们认识浙江乃至全国范围内乡村精英代际传承提供了基本的场所。"在各种社会调查的实践中，研究者往往都希望自己的研究结果能够尽可能大地反映或代表整体的情况。但研究者的具体调查实践却又往往会受着各种客观条件的限制，使其调查研究的对象常常只能局限在一村一地，或者一部分人、一类人中。"① 因此，对星村范围内乡村精英代际传承问题的研究可以为近郊村落乡村精英代际传承问题的深入探索提供一定的参考。

四 乡村精英对村落变迁的贡献与未来

乡村精英的代际传承，为其在乡村中持续发挥作用奠定了基础。农村的发展一直是国家关注的重点领域，乡村治理精英不仅代理乡镇政府传达国家方针政策，还能代表村民利益进而为村民提供庇护，充当普通村民

---

① 风笑天：《调查社会，认识中国：费孝通〈社会调查自白〉给我们的启示》，《中南民族大学学报》（人文社会科学版）2010年第6期。

"监护人"角色。而且乡村精英是建设新农村的主要依靠力量,普通村民没有能力也不愿意挑起这个重担。① 在星村,乡村精英在经济建设、村容改善、公益事业等多个领域都发挥了重要作用。

以发展公益事业为例,JLJ董事长积极为老年协会的发展筹集资金、提供场地,笔者到星村老年人协会参观,一栋三层的楼房基本可以满足全村老年人的活动需求,还有小规模的图书馆,楼外还有戏台子,满足了村里老年人对文化活动的需求。在接受访谈时,JLJ董事长说:"今年(2014年)通过三改一拆以后,我们打算在海宁新村(音)那边办一个老人协会的活动中心,办一个门球场,里面办一个老年人晚饭吃过后休息活动的场所。老年人晚上饭吃过后,没地方去,我就想在那边办一个门球场,打门球嘛。我这个两亩土地左右吧,以后老年人在那里聊聊天,喝喝茶,就想把那边搞起来。表演、演出、放电影是在那边(老年人协会的戏台)。老年人协会楼里面有很多的活动器材,还有打麻将的地方。老年协会就占地30亩了。(建新的门球场)我就想为他们平时活动空间上提供给他们,让他们锻炼身体、聊聊天也都有去处。"

同时,值得注意的是,人类的大部分行为并不起源于人们的逻辑推理,而是起源于情感。虽然人们的行为并不是出于合乎逻辑的动因,但是人们愿意将自己的行为在逻辑上与某些原则联系在一起。为了说明自己的行为是正当的,他们在事后发明某些原则。② 因此我们并不能在精神需要的背后,忽略经济、政治利益追求对于乡村精英参政的影响。在未来的发展中,如果乡村精英不能够深刻地反省自己在村庄中的执政基础,盲目地对自己的威望、家族势力、村民认同无限自信,并将这些因素作为自身合法性的来源,而忽略了在经济、政治领域的进取与清廉,就不能够对自己进行准确的定位,代际传承就会遭遇前所未有的困难。

---

① 王中标:《"乡村精英"发挥作用的制约因素及对策》,《特区经济》2007年第10期。
② [意]帕累托:《精英的兴衰》,北京出版社2010年版,第3页。

第七章

自主选择与政府规制：乡村变迁中的村落与政府

一 相关文献回顾

"国家与乡村"原本就是一个很复杂的命题，在现实生活中，我们也发现这个命题充满着矛盾与冲突。新中国成立后一直到1982年实行村民自治，中间这段时间我国是把乡村纳入了国家政权体系中，国家权力也逐渐深入乡村，而传统中国的乡村秩序已经在国家强制力量的影响下发生了巨大的变化，国家权力对农村社会的政治、经济影响也日益加大，而且国家内卷化的力量也影响着乡村社会的变迁。从1982年我国实行村民自治以来，整体发展趋势是国家行政权力开始后撤，集体化时期那种超强控制和高度整合状态逐渐得到改变，农村有了越来越多的自主权，国家与乡村的关系也发生了巨大的变化。学界也开始重新解读"国家与乡村"的关系，有学者指出："推行村民自治，并不意味着国家从乡村社会的退出，相反，是国家真正深入乡村社会的表现，实际上是一种国家政权在乡村社会重建的形式。"[1] 也有学者在这个意义上将村民委员会视为"准政权"的基层组织，而不是纯粹的自治组织。但是另一些学者也提出了不同的观点，如有学者认为村民自治使国家行政权力逐渐后撤，让农村社会出现"权力真空"和秩序混乱。周飞舟对税费改革后国家与乡村社会的关系进行了深入细致的考察，他认为"旨在使基层政府转向现代服务型政府的改革导致了基层政权的空壳化和'悬浮'"[2]。上述两种观点虽然结论各有不同，但是也有一个共同点，就是他们都是在国家政权建设的单一视角下对

---

[1] 吴理财：《村民自治与国家重建》，《经济社会体制比较》2002年第4期。
[2] 周飞舟：《分税制十年：制度及其影响》，《中国社会科学》2006年第6期。

"国家与乡村"的关系进行解读的。应该说,政权建设理论只是考察中国变迁的一个视角,其对"国家与乡村"关系的考察并不全面。诚然,中国乡土社会的现代转型,国家力量的介入和推动是首要因素,国家行政力量对乡村治理和乡村秩序起到了非常重要的作用,但是在国家和乡村的关系中,乡村的作用和地位也不容忽视,其对宏观政策和体制也具有很强的反作用力,很多国家政策其实都是农村最先开始实践的。另外,随着市场经济的发展,"国家—乡村"的关系不得不开始重新考量,这个新渗入的变量又在很大程度上影响着"国家和乡村社会"的形态和性质,并逐步塑造出新型的关系形态。因此,我们在考察国家与乡村的关系时,要以综合角度来进行,既要考量乡村的主动性和主体地位,也要考量市场对乡村带来的影响。而实际上,乡村在现代化、城镇化过程中所表现出来的行为方式,对当前的社会学研究来说,更加具有生动性和丰富性。

二 自主选择:城镇化中近郊村落的理性与非理性

星村位于台州市椒江主城区西大门,20世纪90年代之前是原葭沚镇政府所在地,后因行政区划变动而取消,属于典型的近郊村,距离最近的商品小区仅有400米左右。1994年台州市政府迁至椒江以后,就开始了大规模的城镇化建设,短短十几年的时间,台州城镇化建设取得了巨大的成就,截至2010年年底,台州的城镇化率达到了62%。中心城区不断向周边地区扩张,而星村正处于城市对外扩张的前沿地带,必然要承载城镇化所带来的一系列冲击和吸引,无法摆脱被城镇化影响的命运。最为突出的就是土地被征用,2001年,台州市政府就从星村征用了172亩地,建起了台州市客运中心,椒江大桥建设指挥部也从星村征用了480亩土地,另外82省道及其复线也都从星村经过。虽然占用了部分土地,但也为星村提供了得天独厚的条件,为其能够利用自身条件自主发展提供了便利。

受工业化、城镇化的影响,星村内部也开始发生变化。首先,星村地少人多,人口有2484人左右,土地面积约为1000亩,而且约有一半的土地已经相继被政府征用,仅靠土地种植已经无法产生足够的经济效益,局促的现实条件倒逼星村考虑其他的出路。其次,随着社会经济的发展和社会分工的深化,星村的产业结构开始发生变革,人们基本上都从第一产业转移到了第二、第三产业,传统的乡村开始出现了分化,而诸如新技术、新工具、新思想、新文化等城市文明就像"打入乡村原子堆的中子"①，使村庄开始发生裂变，这些都给星村的发展提供了内部动力。星村全体上下都把谋求经济发展作为最重要的目标，但政府并没有针对这些村庄发展的政策，只能靠自己自谋出路。当时的村干部也基本都是在外创业的成功人士，如星村董事长 JLJ 在担任村长（董事长）之前曾在椒江合伙开办了椒江玻璃钢厂，到村里任职后才退出股份。而书记 HDC 也创办过椒江市鱼粉厂，曾经是浙江省农业龙头企业，2001 年因为环保问题工厂关闭。这些村领导的创业经历让他们思想开放、眼光敏锐、敢闯敢干，顶住压力把村民的土地全都征用起来，通过股份量化的方式完成了村集体资产的整合和利用，再通过筑巢引凤的形式把工业引进村庄，实现村庄发展的目标，从而达到费孝通先生所说的"我们不走把农民集中到城里去发展工业的路子，而是让农民把工业引进乡村来脱贫致富，这是在一定具体历史条件下作出的选择，使农民和已有的城市相结合，产生中国新型的社会关系"②。应该说星村所走的这条路是在一定历史条件下所作出的选择，是城乡各要素在此相互磨合而达到的相互平衡与妥协的状态，既有偶然性，也有一定的必然性。

  M. 施密特（M. Schmidt）曾指出："社会变迁过程原则上可以理解为选择过程，通过自身的综合结果或再生产过程的资源需求，排除或选择不同的行为方式。"③ 近郊村落处于城镇化旋涡的中心位置，在被边缘化的同时也面临许多选择。有学者将当前中国村落的城镇化进程分为三种：一是地理性的城市扩张型，二是要素流动型，三是政府推动型。④ 不同的村庄发展道路各不相同，而星村却走了一条自发工业化带动城镇化的道路。然而由于其边缘化的地位以及历史因素的影响，星村并没有明确的城镇化发展实施模式，所以其发展更多地体现出自主性、随意性甚至盲目性，那么，他们这种方式究竟是一种理性选择还是一种非理性构造？他们如何在传统与现代、城市与乡村的冲突中走上城镇化的坦途？这是我们最关心的

---

  ① 高佩义：《城市化发展学原理》，中国财政经济出版社 2009 年版，第 191—195 页。
  ② 转引自宋青宜《中国未来的脊梁：新乡绅》，《观察与思考》2010 年第 5 期。
  ③ 转引自桂华《城市化与乡土社会变迁研究路径探析——村落变迁区域类型建构的方法》，《学习与实践》2011 年第 11 期。
  ④ ［德］查普夫：《现代化与社会转型》，陆宏成、陈黎译，社会科学文献出版社 2000 年版，第 5 页。

问题，也是星村在城镇化过程中的"自发性经验"。

（一）经济体制上的村落物业化

星村以前是一个富村，又具有靠近城区的区位优势，当年村庄建起了一大批集体企业，村民的生活水平较周围的村庄来说要高出一大截，但是自从家庭联产承包责任制实施以后，这些乡镇企业也开始"摘帽子"转型并逐渐走向没落，星村又一次面对如何发展的难题。2002年年底村两委换届，新一届村集体领导班子开启了星村物业化的序幕。应该说星村的物业化是从2003年开始的，该村利用自身的区位优势，把村民的土地统一征用，以土地出租或建设标准厂房"筑巢引凤"等方式吸引企业进驻，这种方式大大地带动了村庄的发展，2013年，该村集体经济收入达到了350万元，预计2014年将达到500万元。从星村的实践来看，其村集体经济主要是一种物业租赁经济，他们是通过自主的集体行动改变了土地利用形式，以集体的方式拥有和利用土地，从而实现了农民与土地的脱离，并开拓了新的发展空间和发展形式。应该说这是星村村民的一次理性选择，不仅告别了原来那种"靠天吃饭"的非理性的自然空间[1]，而且与同期政府土地征用相比，自主开发所获得的收益不仅更多而且可持续，是一种"有预见的理性"。因为政府统一规划中把该村所在地域划为工业用地，征地补偿价格非常低，每亩地只有108000元，而如今厂房出租每亩地每年租金都要八九万元，而且这个收入是可持续的，因此村民普遍不愿意卖地。可见，在实现了非农化以后，农民普遍把土地作为一种可以升值保值的资产，并努力把土地价值发挥到最大。而"一旦土地成了在农业领域以外的经济领域生产经营的资本，城郊村的集体经济就获得了新的生产增长方式"[2]。如今星村建立冷冻厂等厂房，另外还引进童装厂若干家，其隔壁的富村共建有标准厂房近10万平方米，土地出租近100亩，共引进企业50多家，其中规模以上企业有5家，这些企业不仅为村里剩余劳动力的就业提供了便利，而且还吸引了大量外来人口，这些外来人口租住在村里，又为村民带来了一笔房租收入。萧楼曾把夏村的生存状态视为一种"拔根状态的生存"："人人都拔了根，挂了空……在现代性的外表下，

---

[1] ［法］孟德拉斯：《农民的终结》，李培林译，社会科学文献出版社2005年版，第57页。
[2] 路小昆：《徘徊在城市边缘：城郊农民市民化问题研究》，四川人民出版社2009年版，第87、98页。

夏村几乎已经没有了土地，已经被城镇化了，他们只有土的想象，而无法进行土的依恋"①，而星村和富村的村民却保留了自己的根，从而可以使村庄发展生生不息，既可以规避市场风险，又可以有自我再生产的能力，所以如今全村上下对村庄未来的发展远景充满了希望。

（二）行政组织上的村庄企业化

在一些经济发达地区，由于集体经济的发展，各村庄纷纷成立了经济合作社、实业公司、股份合作制企业等经济实体，来负责管理集体经济，而且这三种经济形式呈递进关系，揭示了村庄集体经济组织发展的趋势。星村在20世纪90年代初也成立了经济合作社，但是经济合作社并无实际内容，也不是一个独立核算的组织，依附于村委会，而且当时村里也没有集体经济和产业，这只是一个应政府要求而建立起来的"空架子"。而2004年，在全村土地大部分被征用以后，村里成立了星村实业总公司，负责村庄土地、厂房以及进驻企业的管理和村集体资产的营运，开始有了实质性的内容。这是一种村庄的"共有经济"②，星村农民以土地入股，村民按照土地、人口等要素实行了股份量化，所以是一种平均主义的经济，也是一种按"份"共有的集体经济。不可置疑的是：这种形式的集体经济成了维系村落共同体的纽带，把农村在非农化的基础上重新组织起来。应该说"股份制"是现代化过程中村集体企业一个绕不开的"槛"，只不过随着村庄产权的清晰，村民与村庄、村民与村民之间的关系更加倾向于契约性。在这个过程中，星村经历了从村管企业到企业管村的转变，实际上，从土地征用完成以后，整个村两委的运转就开始以公司的形式进行，随后实业公司在村庄管理中发挥的作用越来越大，给村民带来的好处也越来越多，于是普遍得到村民的认可和接受。在星村的这种发展模式中，以土地为基础搭建起了现代化的经营体制和管理平台，建立了这种"村企合一"的行政组织，实行企业化运作，统一负责村庄的生产和建设。并有共同的一套领导班子，通过村民代表大会和理财小组，让村民也都能参与和监督，这在一定程度上能加强村民与村庄之间的经济利益关

---

① 萧楼：《夏村社会：中国"江南"农村的日常生活和社会结构（1976—2006）》，生活·读书·新知三联书店2010年版，第204页。

② 蓝宇蕴：《都市里的村庄：一个"新村社共同体"的实地研究》，生活·读书·新知三联书店2005年版，第127页。

系，农民既是村民又是股东，也会强化村民的内聚力和利益归属，在很大程度上巩固村落共同体。但是这种"村企合一"的模式也存在较大的弊端，很多时候职责划分并不清晰，如在采访中，JLJ董事长就有切身的感受：

> 本来么是这样子的，总公司专门管经济的运作，人口啊人的事务的管理委托给社区管理，但是现在么他们两个职能未分开，这样的话就按照村里的办法来解决。本来实业公司成立了就专门负责经济这一块，别的都不管的。现在没有脱开，后续工作没做好，村民事务包括户口、人口这些应该全部都转了，但是没有分清楚，于是还要管的。比方说星明村有几个村合并成立一个社区，股份公司就分出去，负责集体资产运作、分配。

（三）社会保障上的村庄依赖性

农民与土地有着天然的联系，对农民而言，土地既是生产资料也是生存保障，失去土地就相当于断了后路，所以如何为失土农民提供保障，成了理论界研究的热点。一般来说，有以下三种方式：一是土地被政府征用，政府所能给予的补偿非常少，一般情况下政府会给予失土农民"农转非"的政策，至少可以享受城镇最低生活保障，或者提供"失土农民养老保险"，但难免会出现"政府不作为或作为欠佳"的情况[①]，产生不良后果。二是土地卖给开发商，可以获得一大笔资金，统一为村民购买社会保险，因为这一做法所需资金量大，所以仅在集体经济发达的地区可以做到。三是村庄集体经济比较发达，可以由村庄为村民提供基本的保障。这三种方式并非一定孤立存在，有可能会重合。星村属于第三种，以村庄集体经济分红的方式为村民提供福利。目前星村村民都已经统一参加了社保（居民参加城镇居民养老保险，农民参加失土农民养老保险），村民男性年满60周岁，女性年满55周岁，每个月都能领到800元左右的养老金。而且凡星村村民，不论老少，每人每年按照股份2‰的比例进行股份分红，并且由村里统一购买农村合作医疗保险，在重阳节还会组织村里老人

[①] 于洪生：《城郊村：城市化背景下的村务管理调研》，社会科学文献出版社2005年版，第202页。

外出旅游。HDC 书记介绍：

> 我们村去年卖了土地四五千万元，每个人能分到两万多元，前年我们卖了十六亩土地，他们也把两三万元分去了。今年我那边四十多亩土地卖掉的话他们有十几万元好分的。

而隔壁的富村对于统一购买社保还是有一定的压力，村干部表示："心有余而力不足，要是统一办社保的话，要一次性付出六七千万元，现在是没有的，或许等这边能引进开发商，把土地卖掉以后还有希望。而我们现在每个月的福利要比参加社保得到的还要多，所以还不如把钱拿去建厂房出租来得多。"因为富村的土地没有出让，主要是靠建设标准厂房和土地出租来取得收入，因此以集体分红的方式来处理集体资产，而没有实行股份量化。2012 年富村村集体分红一共发了 900 多万元，而这些数字还会随着村集体经济收入的增加而提高。所以整体来看，在集体经济发达的村庄中，村民对于村庄有较强的依赖性，一方面是因为村集体基本承担了村落生活的全部责任；另一方面，也是更重要的一方面，是因为村民享受到的这份非本村村民不能享有的集体经济分红。但是这种方式也有一定的局限性，即无法规避市场的风险，具有不稳定性，会随着市场的波动而变化。

（四）社会管理上的封闭性与自主性

星村在城镇化过程中一方面受到城镇化大潮的冲击与洗礼，但是另一方面，在村庄管理上却又保持着一定的封闭性和自主性。一是土地的自主管理。土地问题是近郊村村务管理面临的最棘手的问题，很多地方土地管理混乱，星村问题也曾比较严重。一个是大块土地被征用以后，村里成规模的土地就很少了，村庄对土地利用的难度加大，另外星村里土地权属也比较复杂，因为星村、星明、五州这三个村以前是在一起的，包括土地都是连在一起的，可能这块土地是你的，但中间又是他的，都是相互穿插，分布比较混乱。另外原来村里的土地还都是分散在村民手中，分散经营的，但是其实村里的村民基本上都已经"洗脚上岸"了，很多土地都早已抛荒，这也造成了很大的浪费。2003 年之后，村集体领导班子吸取教训，收紧土地管理权，把土地集中征收回来，统一开发，共同获利。这一做法使农民与土地仍然紧密地联系在一起，只不过联系方式由直接从土地中获利变成了"土地所有权借以实现的经济形式"①：租金。虽然这种做法也有一些不确定性，但他们却是"以自己的集体行动表达了明确的利益主张和强烈的自主愿望"②。而由村集体来自主开发土地，不仅获得了土地的超额收益，还获得了对土地实实在在的管理权。也正是有土地的存在，才使村庄仍然保持一定的封闭性和排外性：土地所得收益只能由具有本村户籍的村民享有。二是村庄基建工程的"包清工"。星村所有的基建工程，包括标准厂房、村庄道路甚至路灯、绿化等全部由村里"包清工"，从采购到建设全部由村里自己完成，这样做一方面能为村民提供就业机会，增加收入；另一方面也能保证质量，减少开支，村庄基建工程全部由自己负责，且并不以营利为目标，也能够让老百姓信任。而这方面还需做的就是要完善村务公开制度，加强村民及村理财小组对村务的监督，让村庄事务透明化。三是小农的另类理性。农民的生存理性让他们寻求自己的脱困之路，然而等农民实现脱困之后，经济理性就开始发挥作用，而这会带来预想不到的后果。星村在发现这条路有利可图后，开始追求利益的最大化，村民在看到外来人口涌入可以带来可观的房租收益以后，在房前屋后凡是能利用的地方都搭起了建筑物，使原本拥挤的老街更是杂乱不堪。而在富村，出现了很多未经政府审批的厂房，据街道办事处干部估计，整个富村有30%的厂房是违章建筑。相比起来，两个村庄的违章民房就更多了，所以这也是村庄发展中出现的一个很大的问题，也是非常棘手的问题，需要在以后的发展过程中寻求解决途径。

三 政府规制：城镇化中近郊村落与政府的博弈

（一）政府面临着农村与市场的两难选择

正如有学者所指出的："村落终结已远远不是简单的'空间变迁'和一般意义的'关系变动'，也不是农民群体单一的'去农为工'，而是一个非常复杂的总体变迁过程，其中充满着激烈的矛盾冲突和利益重组。"③诚然，正是农村、市场与政府三者之间的矛盾冲突与利益重组，才构成了

---

① 马克思：《资本论》第3卷，人民出版社1978年版，第714页。
② 路小昆：《徘徊在城市边缘：城郊农民市民化问题研究》，四川人民出版社2009年版，第87、98页。
③ 田毅鹏、韩丹：《城市化与"村落终结"》，《吉林大学社会科学学报》2011年第2期。

城镇化进程中近郊村的发展全貌。而政府作为村庄和市场之上的力量最大的第三方，在市场力量不断侵蚀村庄的时候，必然要面临一个选择，有时候这个选择是两难的。现阶段，土地财政是地方政府财政收入的主体，然而这往往是政府低价征用土地，高价卖给开发商，通过两者之间的巨大差价获取暴利，而处在这一链条最底端的农民却享受不到土地增值的红利。星村因地处近郊，靠近市区，所以土地就这样被大量征用。按规定，政府征用土地要返还10%的村留地，然而在现实中却因为各种原因，这10%的村留地经常被截留，无法兑现。政府的这种短视行为造成了村民的不满，加剧了社会矛盾，引起百姓多次上访。另外，在当时以经济建设为中心的背景下，政府鼓励农村自主发展，往往对一些违章行为睁一只眼闭一只眼。如当时富村也进入了快速发展的轨道，很多厂房都是未批先建，甚至占用了非村留地的集体临时用地，这是明显的违章行为，但同样也得到了政府或明或暗的鼓励，甚至还得到了市政府的表扬和推广。出于规章制度的严肃性，当时政府对富村的违章建筑还是要收取罚金的，只不过罚金的70%会返还给村里，而且年终的时候还要按照厂房平方数给予一定的现金奖励。在当时"经济逻辑的强势下，人们对此（违章行为）往往会'集体失忆'或者当作无关紧要的方面"①，为了经济发展而把这些约束条件省略掉了。而这种做法也给现在留下了后遗症，由于之前通过罚款把星村的这种违规行为合法化了，使大量违章建筑成为事实，如今即使要拆迁的话，政府也是无能为力，否则影响会非常之大，而如今这种违规行为还在继续，政府则依然只能采取这种妥协式的罚款方式来维持现状，只不过这些罚款不会再返还给村里了。如今政府面临着两难的选择：是站在农村这一边扶持村庄发展还是站在资本市场这一边任其扫平村庄？在"国家—村庄"的场域中，政府行为必然影响甚至决定村庄的命运，而政府选择的两难只能让村庄发展前景的不确定性大大增强。

（二）政府的统筹规划缺乏机动灵活性

近郊村由于受到城乡二元结构的影响，村情会比城市社区更加复杂，而且很多近郊村在城镇化过程中的发展模式各不相同，因此更需要在政府层面上的合理统筹规划。星村在发展过程中虽然有很大的自主性，但是始终离不开政府的推动。星村在城镇化进程中进展缓慢，一直无法突破困

---

① 李培林：《村落的终结——羊城村的故事》，商务印书馆2004年版，第7、71页。

第七章 自主选择与政府规制：乡村变迁中的村落与政府

境，这固然有星村自身的原因，但是也不能忽视外部原因即政府的统筹规划不够灵活机动。首先，征地缺乏长远规划导致星村土地利用率降低，开发成本（既包括行政成本也包括资金成本）过高，政府和开发商不敢进入。从20世纪末开始，星村的土地就断断续续地被征用，而且征地的时候也并未考虑到将星村统一纳入发展规划，如今村里三分之二的土地被征用了，剩下的三分之一由村里收回建起了厂房和店面房，村里还可以利用的空闲土地已经很少了，村里还有大量的老房子、老街，情况比较复杂。而且当时征地的时候并没有抓住时机开展旧村改造，导致如今老房子里的村民对拆迁的期望值大大提高，如此一来再进行拆迁所要耗费的成本就大大增加。再加上最近国家对房地产市场的调控力度加大，房地产商进来的话风险太大，所以旧村改造就一直搁置下来。政府也持顺其自然的态度，没有进一步提出规划设计。实际上村民对于旧村改造是非常渴望的，在调研中，很多村民在谈到旧村改造时都提到一个关键人物：曾经的台州市委书记SJW，他在任期间曾大刀阔斧地推动台州城市建设和规划，对葭沚地区的老街也进行了规划，并把老街列为重点保护的文物，但是随后不久他就被调走了，而葭沚地区的改造也被拖了下来，一直拖到今天，JLJ董事长在一次椒江区人大会议上表示过不满：

> 那天在区人大会议，区长书记都在，我就不客气地说了，我说你们是葭沚人民的罪人！我就这样子跟他们说的，我为什么要说这句话？你们情愿看到我们葭沚老街的房子被火烧掉啊？对不对，你们每个人都看到这个情况了，为什么不管呢？你可以说一下子大规模的改造政府没有这么多的精力，那你分区块改造总可以吧？一块一块地搞。你们整天想的是重点项目搞上去了，我就在这里两三年、三四年就调走了。我说你们平时常说要关注民生，这个是不是民生问题啊？

其次，星村基础设施建设与征地开发不同步，主要是政府在近郊村公共基础设施上投入不足。由于受土地财政、绩效考核、任内政绩等因素的影响，政府高层在制定决策的时候经常会以短期经济增长为衡量标准，而对处于边缘区的近郊村的空间改造以及基础设施建设不予重视。星村在村庄建设中基本上是依靠集体经济自身的财力支撑的，政府在政策、资金上投入很少，对解决问题效果不大。再次，近郊村城镇化的制度供给不足。

在城镇化进程中,政府有计划的政策推动对近郊村城镇化起着方向性的引领作用,要使星村这样的近郊村实现城镇化,必然需要政府的政策性推动,以解决诸如户籍、社保、组织结构以及社会管理等方面的问题。但是迄今为止,国家并没有对近郊村这种边缘性社区给予特别关注,也未就近郊村落城镇化问题做出统一的制度安排和工作部署,不仅没有相对独立的政策体系,也缺乏专门的管理部门。同时,各级政府也未能在具体的城镇化实践中出台有针对性的政策和措施,"从一定意义上说,城郊村社区城镇化制度的供给不足是导致城郊村边缘化的直接原因"①。

(三) 政府行政干预过多,村庄疲于应付

由于我国实行村民自治制度,所以政府对村庄的干预问题一直是学界争论的热点。而现实中国家权力的下沉导致村庄过度行政化,也一直困扰着村庄自治。当然有些村庄因为其封闭性和局限性,在发展过程中也需要政府的支持与引导,但是很少有政府部门能够以发展的眼光及时地审视政府干预行为的合理性,这就导致一些政府行为在如今看来有些僵化,不仅起不到作用,反而给农村带来不便,让村庄疲于应付。就星村来看,政府行政干预主要有三个问题:一是行政性事务太多,村庄疲于应付。在星村办公楼大会议室里的一面墙上,挂着大大小小十几块牌子,分别对应着政府指派的各项任务,如争先创优、基层党建和各种检查等,虽然是各种荣誉,但是村干部看起来并不高兴:

> 很多都是虚的,给下面增加负担了,我这个村里经济条件好一点,很多资料还都多一点。别的村都没有的,政府一来检查,他们没有的就把我们的资料拿过去搞一下,应付一下,都是虚的。这些指标和任务有经济条件还可以应付,没有经济条件,搞都没办法搞。只要事情好办就行了,等上面检查,他应付一下就行了。

二是村留地开发报批手续烦琐,成本较高。村里要建厂房,报批是最麻烦的一个工作,因为要涉及土地的预审、立项、供地、水利、电力等多个环节和国土局、工商局、水利局、电业局等多个部门,审批过程烦琐而

---

① 李意:《边缘治理:城市化进程中的城郊村社区治理——以浙江省 T 村社区为个案》,《社会科学》2011 年第 8 期。

且效率不高，经常有跑十几趟都没有办成事的情况发生。而且土地开发报批的费用较高，报批1亩地需要缴纳10万元，其中指标费每亩4万元，其他各项如税费等每亩约6万元，这大大增加了村里的财政负担。

三是村里的财政权限额度太低。为了有效地管理村集体资金，防止腐败，"村财乡管"或"村财镇管"的方法被普遍推行，这是一项制度创新，有效地约束了村干部的行为，但是制度实行这么长时间以来并未及时改进，尤其是村里的权限额度还按照过去的标准执行，导致略显僵化。所以，这一规定对一些经济条件较好的村已经不适用了，甚至限制了村庄的发展。星村的村干部就抱怨：

> 现在村里权限额度只有两千块，像我们这个村工程这么多，经济也算可以了，现在随便搞搞都要几千、上万了，每年资金往来要上千万的，每次还得到办事处办理，还得去银行，多麻烦啊。制度是好的，但是不方便了。

四　发展进路：城镇化中近郊村落的路径选择

（一）主动适应城镇化进程：融合而非融入

城市化是历史发展的必然，是大势所趋。传统的村落无法抵挡城市化大潮的冲击，所以要主动地去适应。我国的城市化往往是政府起着主导性作用，以"大包大揽"的政府行为来推动，容易造成基层农村的积极性不高，助长村民对政府的依赖。尤其是对于处在城市化中的边缘村落来说，他们处于旋涡的中心，他们的态度也影响着自己的命运。政府要调动近郊村的积极性和主动性，让村民从被动接受变成主动参与，主动去适应城市化进程，了解近郊村城市化进程中的任务和使命，让村民能够走向市场，走向现代社会，从而实现城市化。近年来，我国农村城市化普遍表现出一种强烈的自发性倾向，主要是一种自下而上的推动，对于其发展的路径选择，尤其值得我们重视。

对于农村城市化，学界有两种不同的声音：一是融入说。即消灭村庄，农村完全融入城市，农村原有的社会结构和村庄组织彻底解体，村庄原有的规范、文化认同完全消失或者被新的综合性的城市社区规范所取代，农民变成市民，如李培林的"村落终结说"。二是融合说。即容纳村庄,在地域空间上,农村仍保持着独立的存在,但是村庄的功能、结构却与城市社区无异,也就是实现一种新型的城镇化。这是江浙等民间私营经济发达地区常见的一种方式,最终达到的是城乡一体化而非单纯的城市化,如折晓叶的"村落再造说"①。

调查中发现,很多近郊村落的发展虽然受到体制制约、政策偏向、政府规制等一系列外部因素的约束,却也为村庄提供了"请工业进村"的机会。他们可以利用自身的优势,主动将城市资源引入乡村,依靠村庄内部的合作,实现内聚型的"集体非农化"转型。实践证明,近郊村落的工业化发展并没有导致村庄的消亡,而是经过不断的自我调适和主动进取,对引进的城市工业产生了新的适应力,而且通过对村庄社会结构和组织的不断"自主建构"和创新,嫁接出了更加灵活的企业体制和行政体制,使其更能适应现代城市化对农村社区结构和功能的要求,为其与城市系统的融合奠定了基础和平等对话的条件。

星村在发展过程中摸索出来的村庄集体经济发展模式以及村庄企业化管理模式使它能保持一种相对的封闭性和利益关联性,而其物业经济渐成规模、村庄运行渐入正轨、村庄集体经济实力大大增强等因素也使星村有能力在非农化、城镇化道路上有更多自主行动的可能,可以更加主动地向城市社会转型,走一条"乡土型城镇化"的道路。这里所说的"乡土型城镇化",可以理解为以村落为行为主体,依托"乡土性"的社会资源、条件和优势,在集体行动逻辑下实现内发性的自主发展,推动农民非农化及村落社区化,以应对和适应城镇化大潮的一种发展模式。但是从星村目前情况来看,还需要在以下几个方面加以完善:首先,要加快完善村庄集体经济的股份量化,摆脱农村集体经济的模式,采取现代化的股份制模式,让村民从享受集体经济红利的农民变成拥有公司股权的股民,实现村民经济身份的转变,从而打破农村原有的那种封闭的格局,打开星村城镇化的大门。同时要加快推进村庄"村企分开",完善社区建设,厘清村庄和企业的相关职责,实行职责分开,把村庄原有的人口、计划生育、户籍等行政方面的事物全部交给社区来管理,实业总公司只负责集体资产的运作和分配。这是要建立在星村进一步的土地开发利用和旧村改造基础上

---

① 折晓叶:《村庄的再造:一个"超级村庄"的社会变迁》,中国社会科学出版社 1997 年版,第 6 页。

的，也是实现城镇化的必由之路。其次，要进一步推动农村社会管理的社区化。农村城镇化的一个重要指标就是农村社会管理的社区化，在城镇化大潮中，星村已经被纳入了城市规划体系，要实现城镇化，社会管理模式的转型也是一个必要的环节。在城镇化进程中，近郊村必然要经历传统村庄结构的解构与新型社区的重构，那么村庄抑或社区的管理模式也必然要随之而改变，所以改造村庄管理体制，实行城镇化、社区化的管理模式，既是历史的必然也是星村的理性选择。对星村来说，要建立专业化的社区治理主体，政企分开，健全相关机构设置，明确各自职能，各司其职，分工合作，使村庄从管理型向服务型转变。同时要充分利用自身的区位优势，推行"在地社区化"，通过引进外部资金及自主开发等方式，加强基础设施、公共服务设施建设，提高村民的生活水平，争取达到甚至超过城市社区的标准。

（二）妥善处理村庄、市场与政府之间的关系

"国家—社会"关系是农村城镇化研究中一个不可回避的主题。在传统乡村社会中，国家与社会是相互对立的两极，是一种"权力支配社会"的运行模式，是一种单一向度的刚性的管理模式。但是改革开放以来，尤其是随着家庭联产承包责任制的推行以及农村私营经济的发展，农村生产关系发生了重大的改变，摆脱了"大集体""大锅饭"的平均主义，农村经济社会的发展开始趋向于多元化和复杂化，仅靠单一的"权力支配社会"模式已经无法有效地对农村社会进行管理了。在此背景下，"国家—社会"关系经历了"由国家社会同构一体一元结构，到国家与社会有限分离二元结构，再到国家与社会相互影响的互动演进过程"[①]。而且随着市场经济体制的确立，市场也成了一个重要的关系主体，由此"国家—社会"关系也演变成了"国家—市场—社会"的三方互动关系。农村城镇化就将国家（政府）、市场与社会（村庄）紧密地结合在了一起，这三方在城镇化过程中不断地发生冲突碰撞，不断地相互适应，最终推动城镇化进程。因此在近郊村城镇化过程中，我们也必须考量这三者的关系，妥善处理它们相互之间的冲突与博弈，使它们能实现整合，达到"1+1>2"的效果。

首先，要充分利用市场，实现村庄集体经济的多元化，发挥自主创业

---

① 白贵一：《当代中国国家与社会关系的嬗变》，《贵州社会科学》2011年第7期。

的持续性效应。目前星村的经济还是单纯的土地物业租赁的方式,这种方式虽然为星村的发展起到了很大的作用,但是过于单一,这样的话"积累体制就会表现出过密化和内卷化"[①],不利于村庄的长远发展。因此我们要转变发展理念:城镇化不仅对近郊村落带来了巨大的冲击,也带来了巨大的机遇:随着城市从生产性中心到消费性中心的转变,城市原来的生产功能必然要向周边地区转移。这就需要近郊村落抓住机会,利用自身优势发展多元经济,改变现在单一的以物业租赁为主的产业结构,不仅要为城市提供廉价的厂房和土地,而且也要为城市提供商品、服务、娱乐等多种功能,这样才能让村庄的发展更有动力,产生更大的经济、社会效益。

其次,要寻求政府的支持,清除阻碍村庄发展的障碍。近郊村因其特殊性,它们所面临的问题和困难必然非常多,这些问题和困难仅靠村庄一己之力是无法解决的,城镇化毕竟是政府主导的社会工程,政府必须发挥主导性作用,对农村给予必要的支持。在星村的实践中,在旧村改造、违章建筑、外来人口、土地纠纷、发展资金、政策扶持等方面都存在困难,这些都严重制约了村庄的发展,而这些问题必须在政府的帮助下才可能解决。所以政府部门要主动承担起责任,成为近郊村城镇化的设计者、参谋者、引导者和协调者。

---

① 黄宗智:《中国农村的过密化与现代化:规范认识的危机及出路》,上海人民出版社1992年版,第41页。

第八章

传承与嬗变：近郊村落的宗教信仰

一 相关文献回顾

中国最早在20世纪80年代末开始对宗教与社会关系的问题展开研究，起步还是比较晚的，之前的工作其实主要还只是处于介绍阶段，例如介绍、翻译一些国外宗教社会学家的有关著作与论述，只是到了近年来才大量地开始并展开自我的、本土的研究。近些年来，我国社会学界主要集中于对如农村土地问题、农村剩余劳动力问题、农村基层组织建设问题、农民社会保障问题、农民贫困问题、农民阶层分化等农村在城镇化进程中衍生出来的相关问题的研究。在我国，宗教是一种普遍地存在于农村社会并且有不断扩展趋势的社会现象，因此逐步地引起学者们的广泛关注与考察。近些年与之相关的专著如《改革开放以来的中国农村教会》（1999）、《圣俗之间——宗教与社会发展互动关系研究》（2006）、《转型视野下的中国农村宗教》（2009）等。目前学术界对于农村不同类型群体的宗教信仰状况都有一定的涉及，但主要是农村妇女的信教情况。关于农村宗教信仰的研究主要集中于农民信教的原因、农村宗教特点以及功能、农村宗教发展存在的问题、问题成因以及应对措施。

（一）农民信教的原因

贾名党在考察安徽省农村各类宗教信徒现状后，发现女性占其中的绝大多数。并从经济学角度剖析她们信仰宗教的原因，主要体现为追寻致富意愿、教育条件堪忧、文化设施衰颓、市场经济冲击、基层组织管理失位、宗教组织经济诱使等。[①] 李新霞则认为，当前农民热衷于信教的原

---

① 贾名党：《安徽省农村女性宗教信仰问题的经济学思考》，《内蒙古农业大学学报》（社会科学版）2011年第6期。

因：一是改革开放后，农村基督教产生和成长前提条件已经形成，那就是较为自由宽松的社会生活大环境；二是留守的老人与妇女在农村精神文化生活缺失和文化活动匮乏的情况下，广泛地感受到了精神文化生活的空虚，选择信教是为了寻求相应的精神寄托；三是农村社会中医疗保障的低水平使很多生病却无法得到医治的农民转向信仰宗教；四是农民在农村基层组织作用不断弱化的状况下缺乏一定的组织依赖与心理归属。这些因素整合在一起在客观上为农村地区宗教影响的扩大提供了必要的机会。[①]

(二) 农村宗教信仰的特点及功能

邱新有等人通过对江西铁村的实地调查与查阅相关的资料，从信仰个体的角度对我国农村宗教信仰的特点进行了相应的分析，认为中国农村宗教信仰个体的基本特点是信仰意志的脆弱性、信仰动机的功利性、对教义理解的模糊性和信仰对象的多元性等四个方面。[②] 姜裕富指出，我国农村宗教信仰主要存在以下几个方面的特点：第一，无论是在地域的分布方面，还是在年龄、知识、性别结构等方面，农村宗教信仰的兴盛总体上呈现不均衡的状态，差异明显；第二，众多的村民是由于灾难、疾病、敛财、从众、精神空虚等因素而加入当地宗教团体的，因此使农村宗教信仰出现功利性特征；第三，农村宗教信仰大多具有自发性。因为当地宗教组织建设薄弱、自主能力差，很难有计划地推进工作，组织日常的宗教信仰活动，也就使农村宗教的发展呈现显著的自发性特征。[③] 陈朝晖指出，宗教在农村的社会功能主要体现为：促进乡村道德发展，维护社会安定；推进信徒心理调适，缓和各类矛盾冲突；在一定程度上能够解决部分教徒现实生活中的困难。[④] 李新霞则认为，基督教有着调节农村社会关系的作用；基督教团体促进了中国社会慈善事业的发展；基督教在一定程度上起

[①] 李新霞、吉秀华：《浅谈农村地区的宗教信仰与和谐社会的构建——以济南市历城区为例》，《河北省社会主义学院学报》2011年第1期。

[②] 邱新有、熊芳芳、单文桂等：《中国农村宗教信仰特点的微观分析——以铁村黄庄教徒信仰为分析对象》，《江西师范大学学报》(哲学社会科学版) 2007年第2期。

[③] 姜裕富：《宗教信仰在农村社会治理中的功能机制》，《重庆社会主义学院学报》2013年第6期。

[④] 陈朝晖：《影响与对策：农村宗教信仰与社会稳定研究——基于对苏北L市农村的调查》，《农业经济》2013年第2期。

到了社会黏合剂的作用。①

（三）农村宗教信仰存在的问题及对策

张伟通过研究发现，目前农村宗教的发展存在以下几个方面的问题：混乱现象较为明显，乱建庙宇乱造神像，假僧假道乱做佛道事，对不信教者散布谣言；工作系统和网络不健全，相当一部分党政干部对宗教工作不去管、不想管现象较为突出，宗教管理工作的具体运行机制还没有真正落到实处；民间宗教各自为政，缺乏引导；夸大民间宗教的作用，当前有些信教人员口头经常出现这样的话语："信仰自由""宗教内部事务是独立的"，不愿意接受党和政府的相应监督与领导。② 陈朝晖认为，教徒精神容易在农村宗教信仰的发展进程中，被控制甚至被利用；教徒可能会因为对基督的虔诚信仰而排斥党和政府的监督引导；很多的家庭聚会因为活动地点是在最基层、最善良的村民家中，不仅较为隐蔽，而且数量可观，这也导致政府监管困难，存在很大的隐患。③ "贫穷和愚昧是宗教偏见最深刻的根源"，④ 贫困自始以来就是我国农民皈依宗教的深刻根源。李春光以通过总结认为，只有不断强化农民的经济意识，促进农村经济发展，才能最终实现教徒人数的下降，事实也印证了发展地方经济能够有效地使农民朋友避免盲目地进行宗教活动。⑤ 李宇征直言不讳地指出，应对农村宗教信仰问题，解决现实问题是基础；妥善处理政教关系是关键；拓展公共领域是核心；规范约束宗教团体的越轨行为是前提。⑥

（四）近郊村落宗教信仰问题的思考

学术界大都认为，宗教社会学（Sociology of Religion）是在 20 世纪初

---

① 李新霞、吉秀华：《浅谈农村地区的宗教信仰与和谐社会的构建——以济南市历城区为例》，《河北省社会主义学院学报》2011 年第 1 期。

② 张伟：《苏北农村民间宗教信仰状况与问题研究》，《南京工程学院学报》（社会科学版）2014 年第 1 期。

③ 陈朝晖：《影响与对策：农村宗教信仰与社会稳定研究——基于对苏北 L 市农村的调查》，《农业经济》2013 年第 2 期。

④ ［苏］乌格里诺维奇：《宗教心理学》，沈翼鹏译，社会科学文献出版社 1989 年版，第 230 页。

⑤ 李春光：《金湖县基督教信徒人数减少给我们的启示》，《江苏省社会主义学院学报》2002 年第 1 期。

⑥ 李宇征：《新时期农村宗教信仰的兴起：原因、影响与对策》，《大连干部学刊》2010 年第 10 期。

由法国社会学家埃米尔·迪尔凯姆与德国社会学家马克斯·韦伯所创立的,他们以宗教与社会之间的关系为立足点,强调运用社会学的方法对宗教现象进行考察与分析,因此是社会学和宗教学的重要分支学科。马克斯·韦伯著名的"祛魅"(Disenchantment)概念,就是指对世界的一体化的宗教性解释逐渐消解,这种现象出现于西方国家由宗教神权社会向世俗社会的现代转型过程中。

中国社会正在发生较为迅猛的社会变迁,在社会变迁的过程中人民的生存环境发生着史无前例的强烈转变。城镇化的迅速发展使农村的经济、政治、文化以及社会结构都发生了较为深刻的变化,宗教作为农村的子系统与乡村的发展是紧密联系在一起的,同时现代化建设的蓬勃发展带来一些负面影响,这给我们提出了众多新的课题,社会当中出现了一系列与宗教有关的社会问题。在诸多的矛盾中,比较引人关注的是人们的信仰问题,在城镇化的村庄中,人们的精神世界和文明的选择问题是一个值得关注的领域。我国农村宗教信仰目前出现了两个趋势,一是教徒的人数呈持续攀升,二是有年轻化的走向,这两种趋势在部分经济不发达的农村区域更是尤为明显,有学者针对这种现象称之为"宗教热"或宗教"黄金期"。据调查,我国现有各种宗教信徒1亿多人,并且绝大多数宗教组织和教徒也在农村。[①] 部分宗教教徒和宗教组织在乡村区域已形成较为稳定的力量,农村社会的政治、经济、文化等各个方面不可避免地受到其深远的影响。农村宗教问题无论在和谐社会的构建中还是社会主义新农村建设中,都是必须正视的重要方面。

在星村,有着丰富的宗教信仰资源,村民们有着自己的选择。那么,这种选择的取向主要集中在什么类型的宗教上呢?在村民所选择的宗教信仰中,对于村民而言意味着什么,产生了哪些社会影响?选择的背后是什么因素推动呢?对于不同的宗教信仰,村民们又持什么样的态度?反对,支持,还是无所谓呢?农村宗教信仰状况如何,对当地居民的精神生活及经济活动等会产生怎样的影响?是否会对当地的社会秩序造成冲击?以及农村宗教的发展对社会主义和谐社会的构建又会产生怎样的影响?等等,这就是本章关注的一系列问题。要解答这些问题,不能绕开村庄正在经历

---

① 赵延东:《当前快速传播的农村宗教问题研究——以山东省苍山县为例》,硕士学位论文,山东师范大学,2009年。

的社会转型，必须将星村的宗教信仰研究放在城镇化迅速发展的背景下展开。

二 近郊村落宗教信仰的历史考察

如果说"文化是一种通过符号在历史上代代相传的意义模式"，那么宗教作为符号的载体就可以被认为是文化的基本质量。[①] 而宗教场所被人们认为是历史文化的物质载体，是民族精神的物化体现，更因为其相对稳定性和对文化的保留，而被誉为宗教历史的"活化石"。星村主要有三种与宗教信仰有关的宗教建筑：寺庙、教堂与五圣庙，三种宗教建筑反映了村民的三种宗教信仰选择。同时，笔者在此辑录几段相关访谈对话。

ZXF（男，49 岁，星村村民）访谈辑录

张：大暑节您参加吗？

周：我基本上没有时间参加的。有空的话就去看一下。大暑节就是以前留下来的一直到现在。

张：大暑节、五圣庙算是佛教还是道教呢？

周：这个我不懂啊。

张：宗教在村里的人信的不多？

周：嗯，我们就是老爸老妈去庙里烧烧香，但是和外地的庙不一样的。

张：有信基督的吗？

周：这个不多的，也就几户信基督教。

LPQ（男，71 岁，星村老年协会会长）访谈辑录

张：现在农村有信宗教的，星村主要信什么呢？

李：主要是拜拜佛，还有就是基督教，但是不多，也就四五户的样子。

张：老百姓信宗教的多吗？

李：佛教的多一点。还有那个大暑庙会，庙会是很隆重的。现在

[①] 桑吉才让：《甘南藏族民居略述》，《西北民族学院学报》（哲学社会科学版）1999 年第 4 期。

你也可以去五圣庙去看看。一会儿带你去看看。

张：好啊，一会儿过去看看，听说很隆重的。这种庙会年轻人参加的多吗？

李：有啊，过来帮忙。老年人多一点。

YNS（女，42岁，星村村民）访谈辑录

张：村里的大暑节算一个宗教啊，现在信宗教的人多吗？

阮：不光是我们村子，整个葭沚这一片都是。我们葭沚这边主要信佛教的，基督教也有，但是不多。

张：现在这个基督教的传播方式您听说过吗？

阮：这里的教徒好像是每个星期三去教堂，我主要是信佛教。

（一）佛教是星村的主流

在星村，只要你问当地的居民，村里人的宗教信仰是什么，大多数人都会回答说是佛教。笔者也在星村里很容易地找到了三座佛教寺庙，所以说，佛教在村里的影响是非常显著的。但是，我们发现，信佛的人与寺庙的关系并不是十分密切。一般情况下，村民会在农历的初一、十五到庙中进香并到大殿中拜一拜，而寺院平时只是在佛教节日中举办相应的水陆法会，但并不经常性地举办与信徒共修的活动，讲经说法的安排则几乎是没有的。而且在这样的小村庄里，寺庙里并没有常住的和尚，这也就不能保证佛教影响在当地的深入。所以，村民与寺庙之间的来往是非常疏松的，村民也并不认为皈依佛教就一定要在某个特定的寺庙中进行活动，也没有必要找当地的佛教工作人员进行皈依。信佛的人大部分都是老年人，只是在佛教的特定节日里去烧香拜佛。

（二）基督教的繁盛与落寞

随着农村城镇化、现代化、村民自治进程加速推进，农村基督教的传教方式、活动空间、组织结构也出现了很大程度的变化。作为一种社会实体，基督教与其他社会实体处于关系网络之中。由于基督教活动方式与价值取向的独特性，在中国农村地区不可避免地与其他社会实体发生一系列的冲突与矛盾。中外学界都较为认可的数据表明，目前我国基督教信徒的人数为2300万—4000万，占总人口数量的1.7%—2.9%，而伴随着基督教徒数量的继续上升，基督教已经发展为农村地区无法忽视的影响因素，农村地域的政治、经济、文化及社会建设都受到不同程度的波及。

与全国范围内基督教的兴起与繁盛形成鲜明对比的是，基督教在星村显得有些落寞。星村的基督教徒还非常少，形成的影响也非常有限。村民普遍认为，星村的基督教徒"不是很多，也就四五户的样子"，或者就是认为星村的基督教徒"也有，但是不多"，"也就几户信基督教"。可见，虽然在星村的附近有多所教堂，但是星村的基督教徒数量不多。

（三）"送大暑船"的现代流行

从广义角度来说，民间的所有拜神活动都可以视为民间信仰。但是从狭义角度来讲，当下的民间信仰则专门针对正式宗教以外的地方拜神活动。我国目前承认的正式宗教包括道教、佛教、基督教、伊斯兰教等，因此在实际生活中，大量有别于正式宗教信仰的神灵崇拜都应算作民间信仰。台州湾向来是浙江三大渔业中心之一，这一带的渔业生产历史非常悠久，在这一地区聚居着数量众多的渔民，他们主要以海洋捕捞为生，星村就是众多的渔村之一。虽然社会已经发生剧烈变迁，但是这里却依然保留了一些具有文化积淀的风俗习惯，尤其是每年都要举办的"送大暑船"更是远近闻名。ZXF 就谈及"老爸老妈去五圣庙里烧烧香，但是和外地的庙不一样的"。LPQ 也告诉调研人员"那个大暑庙会，庙会是很隆重的"。YNS 则讲到，村民信五圣老爷"不光是我们村子，整个这一片都信"。"送大暑船"是台州湾渔村早已形成的民间自发组织的庙会文化活动，其实是一种寄托了百姓送暑保平安的民间信仰活动，村民们相信通过这项活动能够将庙里的"五圣"送出海。送大暑庙会路线如下：五圣庙出来向南经过尚德路到桥头路，向东到葭中路（小桥头），向北到工人路，向西到道头路，向北到江边下海。

当问及"五圣"的来历时，村里的老人也很少有能说清的，一般都会说那是"五个圣人，都是神仙"，还有受访的村民谈及"五圣"其实是瘟神，"是不好的神仙，要送出海，不然对当地不好"。接受访谈的老年协会会长 LPQ 非常热心，认真回答了调研者的所有提问，提问结束后又引领笔者去参观村里的五圣庙，五圣庙里的工作人员非常热情，提供了一些文字资料和记录大暑节的光盘，笔者又多要了几份，觉得自己可以帮忙宣传一下。同时，笔者收集了一些其他的相关资料，发现关于"五圣"的传说大致有以下几个版本。

第一个版本：当年江南有户人家，一连养着五个儿子都是养到十七八岁，或者二十二三岁就英年早逝。爹妈去问仙人，仙人告诉他们，他家五个儿子有好运气，被张天师收为徒弟去修仙，而且都修成正果，最后被玉皇大帝封为"五圣老爷"。但是，五圣老爷有点不着调，不时偷着下凡来拉姑娘、媳妇去"结婚"。导致这些被拉着的女子会生病，称为"鬼迷"。大家只好聚集资金造"五圣庙"，目的是让五圣老爷不再好意思来。

第二个版本：江南有户人家，养的五个儿子陆续英年早逝。"仙人"指出，这五个人都被玉皇大帝封为"瘟神五力士"。一旦"瘟神五力士"下凡，当年就会暴发瘟疫，病死的人非常多。因此，民间为了让五瘟神不再滥施瘟毒，伤及无辜的百姓，就商定在每年的五月五日祭拜瘟神，江南各地就兴建"五圣庙"供奉五瘟神。五神慢慢成了逐疫之神、村民的保护神。

第三个版本："五圣"是刘元过、张元伯、史文业、赵公明、钟仕贵这五个人，他们是专门治理瘟疫的神仙。据传这五位神仙原本是上京赶考的举人，一夜结伴出游，正好发觉有五个瘟神在五口古井中施毒，五人本欲将此事告知当地的老百姓，又担心不被相信而导致无辜的人中毒，而且五人考试未能成功，自觉无颜回乡，最后决定牺牲自己。于是他们题诗留名，各选一口大井，跳入井中，百姓见井中有浮尸，就不敢饮用，也就保护了全城的百姓免受瘟疫的毒害。为了纪念他们的恩德，遂塑五人像。天帝知道这件事后，封这五人为瘟神，专门负责人间瘟疫。

以上资料表明，村民的说法与资料的表述是吻合的："五圣老爷""瘟神五力士"，或者为救父老乡亲牺牲的五人，表明"五圣"的形象并不完全是正面的形象，在一部分人眼里他们是邪恶的瘟神，在其他人眼里他们又可能是善良的瘟神。因此，我们可以说"五圣"是亦正亦邪的神仙。这并没有妨碍"送大暑船"的合理性。如果五圣是邪恶的瘟神，村民就是要在大暑这一天用船把他们送走，不然村里就会有瘟疫这样的灾难降临到村庄。如果五圣是善良的瘟神，村民就是要在大暑节这一天将他们请上船，因为在以前，村民们靠海以打鱼为生，这是要祈求五圣能和他们一起出海，保护他们的平安。所以，对于村民而言，五圣是邪恶或正义的代表都能找到合理的解释，甚至他们并不在意五圣的正邪问题，因为他们非常重视"送大暑船"这种民间活动本身，以往在大暑节举办的祭祀活动已经取消了，它逐渐演变为一项能够吸引大量村民参与的公众活动。人们不希望它消失，因为人民相信它，并不是相信五圣的传说，而是相信这样的活动会给他们带来归属感与幸福感。

三 近郊村落宗教信仰的生成机制

（一）个人的选择

农民选择宗教信仰有很多具体的个人原因。通过自己的宗教信仰，他们可以满足自己相关的现实需求，例如养老的需要，治病的需要，娱乐的需要，与人交往的需要，向人倾诉的需要等。同时，在基本的生存需要得到满足后，集体归属感这样高层次的需要就会迅速发展。而在我国基层社会发生管理"真空"的情况下，农民深刻体会到了某种孤立情绪与无归属感，强烈地需要归属于所在地区的某个群体，以此满足自己的心理、精神文化需要。而民间宗教开展的各项活动，正好迎合了信教人员社会参与的现实需求，一方面扩大了村民的交往范围，另一方面也满足了社区归属的需求。

心理学的相关研究说明，在同一个群体中的社会成员，群体压力会对他们产生一系列的影响，而这一压力通过暗示、舆论、亲疏远近的转变对社会个体的思维与行为产生影响，其结果就是导致群体的从众心理，进而产生从众行为。在我国，农村地区主要以地理、历史状况为特点，以血缘关系为标准划分为相应的村庄单位，而每个村庄单位同时就是一个自然群体。在这个群体中，一旦感受到自己的观念和行动与其他人相异时，自然会出现心理紧迫感，也正是为了消除这样的感受，他们会做出相应的调整，或者更改自己的观点，或者调适个人的行为，以期和他人保持一致。当前，农村信教的农民，有很大部分是出于有利于家庭或家庭凝聚和团结这种心理，导致一个家庭或家庭中大部分人信教，身边的人体会到行动相异的压力时也会趋于一致。也就是说，有一部分的信教村民是为了与平时同自己接触交流较多的好朋友保持一致而选择信仰宗教，这样才能有共同的沟通交流的话题。[①]

通过对多位村民的访谈，笔者认为信教让很多村民有事做了，使这些信教人员的日常生活丰富多彩起来，在信教的过程中他们还遇到更多的具有共同话题的人，且通过参与教堂组织的活动，通过和传教人员的沟通交

---

① 张玲：《转型期农村宗教信仰的实证研究——以晋中郝乡为例》，硕士学位论文，安徽大学，2008年。

流,学会了怎么样与人和睦相处,尤其是尝试曾与自己为敌的人和睦相处。然而,由于教徒信教的盲目性、特殊性等原因,也给周围不信教的人员带来了负面影响。有的教徒一见面就向那些不信教人员宣扬信教有什么样的好处,这极容易引起了不信教村民的反感,影响村民之间的正常交流。

(二) 社会的变迁

马克思说宗教产生的根源"不是在天上,而是在人间"。[①] 恩格斯也说:"我们只能在我们时代的条件下进行认识,而且这些条件达到什么程度,我们便认识到什么程度。"[②] 研究当前农村宗教问题,必须分析宗教信仰生成的社会背景,随着社会的变迁,宗教信仰状况也会发生相应的变化。

改革开放逐渐终结了计划经济体制,市场经济体制的逐步确立并不断完善,促进了中国经济的飞速发展。但是,同时也产生了一些消极后果,例如过分关注经济建设而对忽视了文化领域的建设与发展,或者忽视社会主义的思想建设而出现现代化的负面效应——信仰危机与精神贫乏。我们必须承认,市场经济拓展了星村村民自身的活动范围与领域,把广大的村民带到一个全新的阶段,也为村民提供了一种新的发展动力。现代教育与技术手段大大拓展了星村的知识与信息来源,为村民提供更多、更便利、更实用的知识与信息。现代化同时也改变了星村村民原有的生活方式,同时伴随着生活方式的快速改变广大村民面临着更多的机遇和挑战。基层组织的弱化让在现实中有困难的星村村民转向宗教这种形式的非正式组织。星村日常生活中的文化建设和娱乐内容仍然单调、贫乏,这就导致农民虽然已经解决了温饱问题,却由于感到精神空虚而对文化建设提出更高的标准与要求,我们要关注这种文化供给与需求之间的差距。在农村市场化、城市化与现代化的不断冲击下,大多数的星村家庭逐渐开始出现分散化、小型化、两栖化的现象,在这样的背景下,老年人需要倚重教会的物质与精神力量而信仰宗教。大众媒体拓宽了星村村民的信息渠道,也改变了村民的思维方式,村民开始体会外面世界并产生了另一种追求的动力。

条件与形势的深刻变化,也要求国家权力在一定程度上控制宗教活动

[①] 《马克思恩格斯选集》第1卷,人民出版社1995年版,第436页。
[②] 《马克思恩格斯选集》第1卷,人民出版社1972年版,第562页。

的空间与形式。我们可以发现，社会的变迁为农村宗教信仰的生成与发展提供了必要的技术与空间支持，新的技术手段被应用于宗教的传播，社会对宗教的宽容度越来越高，不会因为某个人信教就批判其是散播封建迷信。这也给农村宗教信仰的管理带来了新的挑战。我们应该意识到，农村宗教信仰问题在一定意义上讲并不仅仅是村民的个人问题，因为教徒作为一个群体成为有力量的组织时，就必须认识与观察这个组织的利益诉求、活动机制，做好与之有关的引导与调控。因为只要是一个社会群体的相关事务，就不是个人层面应该关注的话题，它已经逐步演变成了一个值得关注的社会问题。

(三) 历史的记忆

在中国，各种类型的宗教信仰不仅曾经被视为封建的迷信，"文化大革命"开展的过程中，在破"四旧"的运动下更是遭到强烈的冲击与破坏。而在现代社会生活中，日常生活中真实存在的状况说明，宗教并没有在现代化的过程中失去魅力。中共中央于1982年发布的《关于我国社会主义时期宗教问题的基本观点和基本政策》指出："那种认为随着社会主义制度的建立和经济文化的一定程度的发展，宗教就会很快消亡的想法，是不现实的。那种认为依靠行政命令或其他强制手段，可以一举消灭宗教的想法和做法，更是背离马克思主义关于宗教问题的基本观点的，是完全错误和非常有害的。"现代社会可以因为市场化、城市化与现代化变得日益世俗化，神职人员被迫还俗，教堂、寺院被拆毁等很多现象还是在不久以前就出现的事情。然而，神圣世界彻底地从民众日常生活中消亡是不容易的。实际上，不管人们的生活方式在现代社会中出现与传统社会多么明显的差异，他们日常生活的宗教情结并没有完全迅速地消退。换句话说，社会与文化的剧烈变迁几乎没有对人类生活的宗教本性产生任何影响。这是由于，现代的社会生活条件并没有制造出全新的人类。宗教可能不是人类终极的归宿，但是，已有的宗教确实为个体寻求寄托提供了贴切的对象。[①]

我国的传统社会是一个名副其实的农耕社会，农民在千百年来的生活和生产实践过程中，正是因为生产力的极端落后与科学知识的极其缺乏，

[①] 范丽珠：《现代宗教是理性选择的吗？——质疑宗教的理性选择研究范式》，《社会》2008年第6期。

他们便对许多自然物象产生畏惧心理，并对其顶礼膜拜。对自然现象的畏惧，就成为积淀在他们心中的一种集体无意识。虽然科学技术的进步与生产力得到了长足的发展，但宗教文化的惯性使佛教、民间信仰等在农民中有广泛而深厚的群众基础。也正是因为农村对原有宗教的历史记忆使基督教等外来宗教在一些地区（如星村）并不能获得广泛的认可。

民间固有信仰具有强大的生命力，近郊村落的老人是宗教信仰的主力军。只要社会环境稍微宽松下来，人们记忆深处的宗教情结就会发作，老人们还是会重操旧业，不仅心里有这传统的宗教，还会付诸行动，定期到宗教场所举行相关的仪式。他们更自然地接受本地的宗教，并以此为宝贵的财富。在原有宗教信仰的基础上不易接受外来的宗教，虽然在一定程度上会将信仰其他宗教的人视为异类，但总体而言对其他人的宗教信仰选择在社会宽容度不断上升的基础上已经不成为一个矛盾的起点了。

四　近郊村落宗教信仰的未来展望

（一）鬼神消失了，但信仰依旧存在

我们的时代虽然是一个无神的时代，却不是一个没有信仰的时代。[1]在实际的生活中，当一套旧的意义与价值体系逐渐消解的时候，宗教就会成为人们苦苦追寻的新的精神寄托。因为人们在塑造自身的文化进程中，不仅仅要提出较为圆满的关于生命的解释，而且还要维系道德上的持续性，更为重要的是在回望历史与走向未来中获取新的认知，进而知晓自身的命运。所以，我们就会发现，尽管在当下的中国社会中，缺少像西方宗教场所那样的活动地点，人们还是会热情地建构自身的价值系统，人类自身"宗教性"的力量就在这样的情形之下也就更为真实地被反映出来。从这个角度而言，生活本身也可以被塑造得具有宗教的意义。依据社会学的解释，宗教信仰选择的私人化是现代宗教发展过程中的一个重要特征。而也正是宗教选择的私人化引发了宗教信仰社会化组织的多样性，组织化的宗教在这样的形势中恰恰没有消亡。尽管中国广大的农村地区，有着各种各样的自己的民间信仰，不过人们非常严肃地对待自己的信仰，而且不受形式的左右。农民越来越不太看重宗教的外在仪式，反而觉得确立心中

---

[1]　［美］埃里克·霍弗：《狂热分子》，梁永安译，广西师范大学出版社2008年版，第13页。

的信仰是最为关键的事情，这样就使信众是相当自由与独立的，不再受组织的约束与限制，就信仰选择而言其实最终是根据个人的口味决定的。

早在19世纪，迈克斯·缪勒作为宗教学奠基人就认为"每个宗教定义，从其发生不久，都会马上引发另外一个坚决反驳它的定义。也就意味着，这个世界上有多少宗教，就会有多少关于宗教的定义"。[1] 马克思主义认为，宗教实际上只是人们对超人间、超自然力量的崇拜或对创造出来的神灵的信仰，例如恩格斯就在《反杜林论》中指出："任何宗教都不过是支配人们生活的外在力量被反映在人们的头脑中而由人脑幻想出来的，人间的力量在这种反映中，采取了超越人间的力量的形式。"这就充分地表明，神实际上是人性异化的产物，宗教的本质最终还是要归因于人的本质。宗教是人类社会物质生产与生活的产物，但是伴随着人们认识能力与水平的上升，宗教的本质也就被人们认识得更为透彻。虽然星村的村民明知道送大暑、五圣庙有迷信的色彩，但是，只要到了节日那一天，还是会吸引那么多的村民参与进来，在大暑节的前半个多月，村里就会有专门的负责人来组织准备工作。村里的准备工作是慢条斯理的，表面上看来，似乎有些低效，甚至你会怀疑准备工作有没有在逐步地推进，但我们一定要对村民的自发力量有信心。因为无论大暑节的各项环节有多么的复杂，需要多少的人力、物力，只要到了节日那一天，所有的一切都是在计划中的，都会为大暑节的成功举办奠定坚实的基础。这无疑表明，村民对待民间的宗教信仰，即便怀疑宗教本身的真实性，但也会将其当作生活中重要的一部分，他们会理所当然地将传说演绎为生活的一种意义体系，而这个意义体系的内容是由村民自身建构的，他们将其作为自己的生活信仰与精神寄托。

（二）宗教信仰的嬗变：从迷信到信仰再到休闲

头脑灵活的村民周丙昌很有特色，他在集体经济的时候是个技术能手，村企业解散后，在私营企业里也是技术指导。他遇到什么事都爱自己琢磨思索，70年代的时候在村子里开拖拉机，拖拉机坏了就自己修，有时拖拉机的毛病不好修，自己就要忙一晚上，要赶在第二天用拖拉机的时候修好。他感慨地对笔者说：

---

[1] ［英］迈克斯·缪勒：《宗教的起源和发展》，上海人民出版社1989年版，第13页。

年轻人要是不怕苦，真正地琢磨思考自己的工作，就不会干不好。如果我没有一点技术本领也不会在私营企业里做技术指导，一年收入6万多元。

对于他这个只上了两年学的老同志来说确实是这样，他虽然文化水平不高，但是技术本领很高。当问及自己的休闲娱乐时，更是让人瞠目结舌，他说自己不打牌不跳舞，就在家自己做帆船。笔者亲自到他家里参观，帆船有可以下水的，也有作为观赏的，还有小的物件，都是纯手工制作的，不仅具有传统的技术价值，还有一定的美学价值，因为他把船涂上了美丽的色彩。还有一个细节，他用小米智能手机给自己的孙子拍照，孙子也很喜欢他的船，他把自己大量的休闲时间用在了发展个人的兴趣爱好上了。这也为我们提供了一个解决老年人闲暇时间活动少、娱乐形式较为单一的途径，可以让他们发展一些个人的兴趣爱好。例如有的人喜欢运动，有的人喜欢音乐，我们要关注到他们的兴趣爱好。如果他们自身就能在生活中享受这些兴趣爱好，我们可以正面地鼓励；如果他们喜欢集体活动，我们就有必要为集体活动创造条件。例如门球场、足球场、篮球场。事实上，年轻人的运动场所如果能与老年人的运动场所进行有机的结合，我们就能促进年轻人与老年人的联系，形成一种互相支持集体活动的局面。如果宗教场所附近建一个篮球场，就能让年轻人与老年人共同运动，这有利于整个村庄运动的发展。在宗教场所建立年轻人的活动设施与提供活动场所的意义，在于这可以为不同年龄群体之间的沟通与交流创造条件，同时为群体之间的文化交流提供基础。而实际上，星村宗教场所正在承载起休闲娱乐功能。

从迷信到信仰：过去农民对自然物象产生敬畏，相信鬼神的存在，这是典型的封建迷信。在现代社会，宗教信仰逐渐成为农民精神寄托的载体，村民们将其作为一种信仰，而不去考虑宗教的传说、起源。在现代社会中，宗教可以通过参与到公共领域的活动为自身发掘新的发展道路。本着对同情和公正、相互之间的责任与对个人或群体的忠诚等价值的高度关切，每个宗教传统当中都蕴含着极其丰富多彩的信仰遗产。如果将宗教重视与关切的价值观念和信仰体系不是仅仅作为宗派的要求而是作为思想和理想引入进公共领域，为公共事业发挥作用，宗教机构最终会收获人们的普遍尊重。

从信仰到休闲：民间信仰的生活化与娱乐化倾向是非常明显的，在星村"送大暑船"的过程中，虽然可能不相信这样的传说，平时也不将其作为一种宗教信仰，但是年轻人有空的话也过来帮忙，来凑凑热闹。而在农村宗教场所观察之后就会更加明晰这样的认识：农村的老年人在这里聊家常，谈天说地，宗教场所也就在很大程度上成为老年人的休闲场所。

（三）理性与信仰、科学与宗教的共生

我们认为，星村村民的宗教信仰并不是完全的非理性选择的结果。在现代社会中，人们的行为更加具有功利主义、现实主义的色彩，宗教信仰的选择也可以是理性选择的结果。这主要表现在宗教信仰成为村民精神生活的载体，成为生活工具的一部分。农民甚至可以没有宗教信仰，但是没有了与宗教信仰相关的活动就像是没有了生活一样。在西方，宗教在个人主义被强调并突出的情况下，渐渐演变并发展为一种并不是作为命运，而是作为理性或非理性的意志选择问题而被讨论与接受，他们或许在一定程度上摒弃了那种密不透风的个人信仰，而把新奇转化为兴趣的发源地，把自身的好奇心与兴趣点转化为判断的基本标准。①

在科学与宗教之间并没有不可逾越的沟壑，也不存在一种完全确定无疑的关系，将两者的关系做出高度概括并维系其存在的真理，今天不会有，可预见的未来也很难显现。不同的科学家有无宗教信仰或持何种宗教信仰，对他的科学研究工作的影响也完全是不同的。把科学与宗教二者的根本要义（在每一个人都觉得很自然的情况下）同时予以承认也未尝不可，然后就是静静等待时间去应对矛盾与冲突。我们应该将追求一定的思想自由，与肯定人们的宗教需要结合在一起。②

理性与信仰、科学与宗教，虽然在历史上有众多的冲突，但已经可以长时间地和谐相处，这种和谐可以为世界的心、物，特别是心与物之间的关系做出符合长远利益的稳妥安排。在我们所生活的世界上，包括在农村，人们彼此的宗教信仰不应妨害相互间的交流，生活也并不在意你的宗教信仰，而更多地考虑你的人品。

---

① ［美］丹尼尔·贝尔：《资本主义文化矛盾》，生活·读书·新知三联书店 1989 年版，第 207—209 页。

② 李春勇：《作为理性的科学与作为信仰的宗教》，《社会科学》2006 年第 10 期。

第九章

再集体化：近郊村落城镇化的应对策略

一 相关文献回顾

（一）农村集体产权研究回顾

在村改居过程中，农村集体资产处置是农民非常关心的一个问题，这就需要对集体产权的结构与形式进行相应的调整。通过了解目前集体产权的研究成果，可以认识集体在处置集体资产方面进行改革的方向与突破口，为新农村建设过程中切实维护农民权益，促进集体发展建言献策。

党国印把集体产权和集体所有制画上了等号。他认为："在主流经济学那里几乎找不到'集体产权'或'集体所有制'这样的概念，它来源于马克思主义经典作家，又由于中国意识形态的强制力而深入人心。但是，这个概念在我国事实上是许多产权结构形式的统称，并没有得到严格的定义。"他基于此将集体产权定义为：一定的共同体或财产所有者对一定财产享有的权利束的总称。① 刘金海则在《产权与政治——国家、集体与农民关系视角下的村庄经验》一书中从产权的形态上认为集体产权实际上是一个特殊的权利束。在社会学界，运用社会学理论分析集体产权，一般认为集体产权是基于对经济品权利的相互认可而形成的行为关系，这种关系处在一个动态均衡的过程中，这种均衡的形成需要参与产权界定的行动者达成一定的共识。② 社区集体产权绝不仅仅是一种市场合约性的产权，而且是一种社会合约性的产权。而且这样的社会性合约既不简单是一

---

① 党国印：《论农村集体产权》，《中国农村观察》1998 年第 4 期。
② 申静、王汉生：《集体产权在中国乡村生活中的实践逻辑——社会学视角下的产权建构过程》，《社会学研究》2005 年第 1 期。

种社会关系的自然表达，也不可能完全是某种有意识设计的制度，确切地说是特定行动关系在协调的过程中形成的。①

中国目前农村地权的困境是产权不清晰，这主要来自政府权力对地权的侵害。中国集体所有制的集体包括三种，村农民集体、乡（镇）农民集体、村内两个以上农业集体经济组织。目前的情况是很多地区由于农民太弱小，政府太强大，集体所有变成了"大家都所有，只有农民没有"，因此，产权界定的核心就要求在一定程度上限制政府的行为能力。② 在我国，农村集体土地产权制度研究的基本问题是农村集体土地所有权主体建设；强化农民的土地用益物权是农村集体土地用益物权保护研究的基本价值取向；社会主义市场经济的改革方向是坚定不移地持续推进农村集体土地产权资产化。③ 我们必须清醒地意识到，集体公有制既不能说是一种合作的、共有的私人产权，也不能完全地理解为一种纯粹的国家所有权，它在实际上是中国农村一种由国家控制，但最终却是由集体来承担其控制结果的特殊的制度性安排。④

目前为止，我国农业生产组织形式的内涵在历史的变迁中已经逐渐发生了实质性的变化，从集体化的人民公社生产组织形式，到开启农民积极性的家庭联产承包责任制，再到新型农业合作社。学术界关于该领域的兴趣点也逐渐从单纯的生产效率伸展到土地流转、地权稳定以及产权完备性等多个角度，这不仅在很大程度上引导着我国农业生产组织形式改革的新方向，也在不断地吸收实践的经验而转化为新的理论成果。⑤ 我国农村集体产权经历了构建、强化、变革、创新等四个不同的阶段，当代新型城镇化战略的重点就是要继续推进农村集体产权制度改革。由于农村集体产权演变是一个不断调整适应的过程，不同时期的集体与集体产权也就有着具

---

① 折晓叶、陈婴婴：《产权怎样界定——一份集体产权私化的文本》，《社会学研究》2005年第4期。

② 张孝直：《中国农村地权的困境》，《战略与管理》2000年第5期。

③ 蔡进、邱道持、王静等：《中国农村集体土地产权制度研究综述》，《中国农学通报》2013年第23期。

④ 周其仁：《产权与制度变迁——中国改革的经验研究》，社会文献出版社2002年版，第1—3页。

⑤ 李峰、王新霞、贾小玫等：《从集体化到新型集体化：关于中国农业生产组织形式研究文献的综述》，《华东经济管理》2011年第8期。

有时代烙印的独特形式与结构,而构建相应阶段集体产权基础的是国家与集体在相关权力配置中的博弈。因此,通过调试国家与集体的权力关系,完善我国农村集体经济组织,最终实现农村集体产权结构的优化,应成为推进农村集体产权制度改革的突破口。①

(二) 近郊村落再集体化的趋势

城市化是社会发展到一定阶段必然出现的社会过程,也是农业人口转化为非农业人口、农村区域转变为城市区域、农业用地转化为非农业用地的过程。近郊村落城市化的重要表现之一就是土地的城市化,即一部分农业用地转化为非农用地,也就在相当程度上造成大量的农民集体土地转化为城市国有土地。这是因为,随着经济的快速发展和城市化的推进,近郊农民的集体土地会大量地被征用。在这个过程中,失去土地的集体和广大农民的利益会受到不同程度的冲击,甚至会遭受到侵害。政群、干群关系就有可能在农民上访的压力下较为紧张,对社会的稳定造成冲击,城乡一体化进程就会遭遇较大的阻力。因此,正确地处理农民集体土地与近郊村落城市化进程之间的关系就变得意义重大,而这依靠于农村集体土地产权制度的建设与完善。再集体化是近郊村落应对城镇化的有效策略,它与当前大部分农村地区土地分散承包经营不同,是由村集体或者较高一级政府在土地综合开发利用中起主导作用的一种情况,也有学者称其为新型农村集体经济。已经有相关的具体操作以应对农村的城镇化,但是较少的理论层面的研究使目前的研究深度还不够。多年来农村经济、社会的建设实践告诉我们:只要集体经济发展得较好,社会主义新农村建设就出现成效显著、发展迅速的良好局面;农村公共服务体系也就会变得结构完善,服务到位;共同富裕在农民中就见效明显,步伐加快。②

星村正是为了适应本村城镇化的趋势,逐渐地对本村的集体经济组织进行了股份合作制改革,也就是将原村、组集体经济组织的所有财产等额折成股份,并在此基础上组建股份合作社或股份合作公司,让村民可以"持股分红"。实际情况中,集体所有制不变是进行村级集体经济股份合作制改革的一个基本的前提,这就要求我们必须遵守并坚持股份制与合作

---

① 郭强:《中国农村集体产权的形成、演变与发展展望》,《现代经济探讨》2014年第4期。
② 朱有志:《实现中国特色农业现代化必须走新型集体化道路——〈湖南农业现代化研究〉后记》,《企业家天地》(下半月版) 2008年第10期。

制的基本原则,按照科学、合理的程序与方法在原有村级集体经济的基础上,按人口与劳动量贡献折股量化村级集体净资产的部分或全部。为了让村民能够获取相应的收益,给予原村集体经济组织的所有村民具有较为明晰的集体资产产权,最终形成"自主经营、民主管理、收益共享、风险共担"的新型合作经济组织和运作机制以适应现代市场经济的新要求。村级股份合作制改革是近郊村落在城市化进程中进行再集体化变革的有效途径,它能够有效地解决近郊村落城市化进程中如何对集体资产进行公平合理处置的难题,进而有力地推动全国范围内的城乡一体化,避免近郊村落在城市化过程中的"无所适从""手足无措"。[①]

二 星村集体产权的演变与演进

(一) 集体化时期的星村

1. 耕者有其田:土地改革运动

解放前,在实行封建土地私有制的旧中国农村,70%—80%的农村土地被不到10%的封建地主和富农所占有,只有20%—30%的土地被占90%以上的农村人口中的贫农和中农所掌握。为了最终实现以"耕者有其田"为特征的农民土地私有制,最终使土地的使用权和所有权统一为一体,我国进行了轰轰烈烈的土地改革运动,在这一过程中通过征收和没收封建地主和富农的土地,让绝大多数的农民有自己的耕地,能够耕种自己的土地。

这一时期给星村村民印象比较深刻的就是村里组织村民对地主财产进行分配,主要包括对"地主房""地主土地"的分配,现在村子里面很多老房子都是那时候分下来的地主房,很多老百姓没有像样的房子,分了地主房后才算是住有所居。LPD(男,星村村民)就回忆说:"解放的时候,凭我小时候的印象,大家都是分地主的房子,根据你家里多少人分一下。"虽然我们需要承认,这样的斗争形式对通过合法手段发家致富的那一部分地主而言存在不合理的成分,但从当时的历史情况来看,地主、富农残酷地压迫和剥削贫下中农,并且占有农村绝大多数的土地,而占有少量土地的贫农、中农和雇农,一整年在田地中辛勤地劳作,受尽地主的剥

[①] 陈志新:《村级股份合作制改革的产权研究——以江苏无锡市村级集体经济组织制度创新为例》,硕士学位论文,浙江师范大学,2005年。

削，生活也只是在温饱线上挣扎，很难达到较高的水平。这种封建剥削的土地制度在很大程度上严重阻碍了我国农村经济和社会的良性运行与协调发展。农民的极端贫困必须重视，土地制度的不合理必须打破，分发地主土地具备相当的合法性。这次土改显示出两个鲜明的特征：这一次社会性变革是强制性财产制度变迁；其目标不仅仅表现在经济学意义上，还表现在政治学意义上，获得人民普遍一致的同意，为国家政治的合法性奠定基础。① 但依据平均主义分配土地资源实际上不利于资源和人力资本的快速流动与优化配置，由于农民土地私有制所具有的不稳定性和脆弱性，不同程度地出现新的两极分化。

2. 互助组：星村集体产权的萌芽

土地改革完成后，国家出于经济发展与意识形态考虑，在农村社区构造出一个"集体"，通过对集体的管控实现国家权力在农村社区的扩张。因此，集体并不是天生就有的，需要通过农业集体化或者说农业合作化由国家一步步地构造出来。早在1951年12月15日，中共中央就以草案的形式通过了《中国共产党中央委员会关于农业生产互助合作的决议》，并将该决议发给各级党委试行，认为，"要克服很多农民在分散经营中所发生的困难，要使广大贫困的农民能够迅速地增加生产而走上丰衣足食的道路……就必须提倡'组织起来'，按照自愿和互利的原则，发展农民互助劳动的积极性"。1953年2月15日正式通过后，就成为指导当时农村发展的政策而得到了全面的贯彻执行。②

星村的互助组就是在这样的国家政策背景下逐渐建立起来的，一般的情况下，相互之间距离较近而且社会关系比较和谐的家庭会联合起来，组成六七户的互助小组，推举他们当中最受信任、最有威望的人任组长，就可以在这个人的带领与安排下组织生产，进行组内的分工与合作。大家平时在这样一种基于自愿而建立的互助合作组织中相互记工，再等到年终时统一进行审核就可以了。这倒也省去了进行劳动生产时对劳动报酬的过多关注，反正都是年终结算，平日里只顾好好劳动就可以了，劳动计量和劳

---

① 刘金海：《集体产权变迁中的国家、集体与农民：应用于城市化进程中的团结村》，中国社会科学出版社2006年版，第32页。

② 关于土地合作化的开始时间，不同学者给出的时间存在争议，有的是1951年，有的是1953年，本书中的时间解释了这种分歧的原因：1951年生产互助合作政策是以草案的形式出现的，1953年正式通过形成决议。

动质量的问题也就没有对互助组产生破坏的力量。根据实际情况来看，互助合作确实可以在较大的程度上帮助星村村民克服农业生产单干时劳动力不足或生产资料短缺的困境，并且能够依靠集体的力量战胜个人的突发事故或自然的灾害事件，也就使劳动生产率在普遍情况下要比单干户高得多，经典红色电影《金光大道》就深入地刻画了互助合作在村民互助与同恶势力斗争中的重要作用。

以互助合作的形式进行农业生产劳动，从国家规划与控制社会急剧变迁的角度而言，事实上只是国家进行农业合作化的一个发端。互助合作开始了中国农村历史上最有特色的组织创新——集体及新型的财产所属方式。由于是在土地改革后相继开始的，互助组内的产权制度安排实际上继承和沿袭了土地改革的直接经济成果，即在废除封建地主土地所有制的同时建立起来的个体农户对土地的个体私有制。互助组只是根据农户群众固有的习惯，在农业生产的某个方面或某个环节上施行互助合作，农户只是进行劳动上的互助，而不触动农户个体所有制。

3. 初级社：星村集体产权的雏形

星村从1953年前后，就开始将村内的互助组联合起来，通过这种联合来成立初级农业生产合作社。毋庸讳言，星村初级农业生产合作社在实行过程中，严格执行了政策的标准，具体的做法就是土地和其他生产资料入股、村民集体劳动与集体资产统一经营，收入则以按劳分配与按股分红相结合方式来进行分配，虽然土地所有权归村民私人所有，但土地的使用权却是属于集体的，这样也就在客观上造成土地使用权与所有权之间发生分离，为土地所有制的变革奠定了基础。[①]

初级合作社时期，土地等生产资料在入股到合作社之后，促成村集体形成了共同占有的集体财产。集体（初级社）从而也就拥有了集体资产的占有权、使用权与经营权；同时通过在年底的时候分配计提公积金与公益金，集体（初级社）也就拥有了集体资产的收益权；并且通过对集体成员依据所占股份、劳动量进行年终的收益分配，集体（初级社）拥有了集体资产收益的处置权。虚拟的集体产生了，虚拟集体的代理者出现了，集体的财产也形成了。因而，从财产权利的角度来看，这一时期已基

[①] 高慧琼、吴群、温修春等：《我国集体土地产权制度沿革及其评析》，《农村经济》2005年第7期。

本上形成了集体及集体产权的雏形。

4. 高级社：星村集体产权的形成

从 1955 年秋到 1956 年年底，星村开始在初级社取得成功的基础上，着手促进建立高级农业生产合作社。星村仅仅用了一年半左右的时间，就较快、较早地完成了组建农业高级合作社的相关任务，高级社所具有的特点是：农民所私有的土地无代价地直接转变为集体所有，而村民其他的生产资料如较大型的农具、牲畜以及土地上的相关附属物如水利设施作价转归合作社集体所有，并且在此基础上取消了土地报酬，同时取消了土地与大农具入社的分红。全社按照统一的生产计划，以生产队为合作社劳动组织的基本单位，虽然允许保留少量自留地，但总体上村内的土地实行统一经营，实现集体劳动，实行生产责任制，执行的是全社的收入在扣除各种费用和提成之后，按社员的劳动量多少进行分配，即按工分组织分配。这时的农户虽然还有一部分人保有自留地、小型家庭副业的经营权，但是在整个农业生产经营中的这一部分已经逐渐居于明显的次要位置。该村的农民个体所有制在星村高级社成功建立后，已经完全过渡为社会主义的集体所有制经济。

5. 人民公社运动：曲折过渡

1958—1962 年，星村的人民公社制度经历了曲折过渡的阶段。众所周知，由于在指导思想上出现了偏差，在人民公社化初期，大刮"共产风"，冲击了以高级社为单位的集体所有、集体使用的土地制度。包括土地在内的主要生产资料全面实行全民化、公有化，不仅可以在公社范围内，甚至可以在全县内根据情况的需要任意调用，由于土地关系较为混乱，人们对土地的使用容易出现"公共用地的悲剧"，造成人民对土地资源的极大忽视，土地资源也因此遭到严重破坏。人民公社最开始的核算单位是公社自身，那么公社一级就可以对公社范围内的所有资源根据需要进行调动与调整，但是中央在对三年自然灾害进行反思过程中对人民公社体制进行了相关的调适。最后，生产队掌握了集体土地的所有权，也就拥有了对其所有的土地、林地、耕畜、农业机械等的自主权，并组织生产活动，实施独立核算，自负盈亏，不仅可以完成队内的分配，还会承担国家层面的计划任务。生产队可以说是农民组织的基本单位。由此，我们可以通过这样的认识了解到集体化时期农民的活动空间，当时整体范围的制度性安排直接决定了他们是整个国家计划体系的重要一环，而整个国家经济

第九章　再集体化：近郊村落城镇化的应对策略　　161

链条的运转事实上是以工业化的生产目标和现代化的意识形态追求为动力，因此也就造成除了制度的设计以外，对农民的思想进行相应的改造也是一项重要工作。这一时期，星村的农民一方面要参加大量的农业生产活动，另一方面要接受政治方面意识形态的宣传，尤其是要在竞赛式的农业生产中获得集体荣誉。所以，星村种出来的棉花、水稻质量很高、品质很好，成了当时的模范村。

6. 三级所有，队为基础：平稳强化

1962年之后，"三级所有，队为基础"的体制保证了人民公社的"相对平稳"运行。星村从这一时期延续了十几年的人民公社制度，人民公社的广大社员可以耕种由集体分配给社员的自留地，经营自留山、自留果树及林木等，经营活动具有了相当大的自由度。农户在拥有集体成员权的基础之上，获得了大量集体资产（耕地、山林、树木等）的占有权与使用权。由家庭副业所得的收入与产品不仅归社员所有，还可以由社员自由支配，这样就真正给予了农户占有和使用集体资产的权利。在当时的条件下，星村自留地的单位产量一般要比集体土地的产量高一些，这实际上就是由于自由组织生产与支配收益产生的高效率，在很大程度上确保了农户的生存权与发展权。但是，农户在生产队从事各种类型的劳动，赚取相应的工分，到年底按集体收益状况决定自己的收益，在较低的生产率、较少的生产剩余背景下，再加上国家统购统销的政策，破坏了农户生产剩余的处置权益。另外，人民公社社员身份在当时的政策中具有明显的强制性与终身性，这样就造成农户全面失去退出权。

总体而言，在集体化时期，星村村民主要从事粮食生产活动，小部分村民在公社的安排下从事渔业和搬运等行业，但绝大多数村民是地道的农业生产者。没有工业化支撑的农业，所能创造的财富的上限是有限的，即便用集体化的生产方式，所创造的财富还是只能解决温饱问题，没有收割机、拖拉机，没有城市的广阔市场，农业发展不起来，农民富不起来，农村也只会一直落后下去。

（二）去集体化时期的星村

20世纪70年代末，我国的工作重心逐步重新回归到经济建设上来，而正是农村人民公社制的改革开启了这次变革的大幕。星村在国家政策调整的背景中从1978年前后积极探索与尝试家庭承包制模式。家庭承包制下集体产权的变动调整是围绕着土地产权的变更而进行的。家庭承包制改革以后，村民小组继承了生产队的土地所有权，村、乡继承了大队和公社的土地所有权。在这一格局下，作为一个相对独立的具有经营使用权的主体，不但掌握了集体土地的使用权，而且也相应地掌握了土地的一部分收益权，而这恰恰是激发农户生产积极性的动力来源。事实表明，这种制度不仅体现着按劳分配的基本原则，而且在消除平均主义、激发农民生产积极性等方面，有着无法替代的重要作用。

家庭作为单位来组织生产经营活动，农产品市场也开放搞活了，促使农民摆脱了每天必须按时到生产队上工、收工的规制生活，农民在很大程度上可以非常自由地安排自身的时间与去向而不会受到限制。与集体化时期相比，星村改革开放之后的农民较为显著地个体化了，农民不再作为集体大生产的必要环节，生产资料也向各家各户开放，农民也成为独立的市场主体，在改革开放的社会变迁中勤奋地谋求自己的发展。在这种由计划经济向市场经济转型的过程中，星村老百姓的生活发生着迅速而明显的变化。根据访谈资料，我们了解到，这一时期一部分村民开始自己办工厂，脱离了以往的农业生产，而星村另外的一个特色就是集体的工厂逐渐都承包给个人，集体企业在这个意义上而言变成了一个外壳，实际上都是由个人来经营的。慢慢地，集体企业所生产的产品一方面不能适应市场的需求，另一方面则受到环保主义的强烈冲击，直接导致了破产的命运。这主要是因为星村的集体工厂主要是砖窑厂和渔业加工厂，一方面，砖窑厂的生意在水泥建筑兴起的背景下每况愈下；另一方面，渔业加工厂生产的一种当地特色的"鱼干"，有刺鼻的腥味，周边村庄的村民都强烈地抵制，乡镇政府综合环保与民意的考虑，最后要求渔业加工厂停产。虽然旧式的集体工厂由于上述原因逐渐消失，但是村庄里办工厂的人数并没有减少，很多人转行做起盐业、冷冻、服装加工等相关的生意，这就极大地促进了村庄个体经济的发展。

（三）星村再集体化的兴起

步入20世纪90年代，全国范围内工业化的黄金时期开启了。在这个过程中，市场化带来了一个让星村开始没有想到的结果，那就是村民再集体化的现象。再集体化过程中，大量在包干到户时期分配给农民个人使用的农业用地被集体收回，转做集体建设用地，集体经济的实力迅速得到扩充，为本村人的福利奠定了坚实的经济基础，这强烈地预示着一个新时期的到来。在这个新的时代中，虽然村民不再像集体化时期那样共同从事生产活动、共同劳作，但土地的集体所有让农民个体对土地的权利与福利也只有通过集体才能得到实现，因而以再集体化为依托，星村的村民们以股份合作制的形式再次被组织起来，普遍成为土地权利的受益者。

笔者认为，从村民再集体化的意愿角度分析，再集体化可以分为主动再集体化与被动再集体化两种类型。前者是村民基于发展的现实需要主动要求再集体化来推动自身及集体发展，后者则是由于外界环境的改变，例如城镇化造成土地资源枯竭等原因不得不再集体化来应对生存。而在现实生活中，会出现这样的情况，再集体化的初期是在被动应对的状态下做出的选择，随着再集体化实际效益的出现，村民对再集体化由开始的不了解、不理解等态度转向支持，使再集体化由长期的被动型转向主动型。从星村村民的角度来讲，土地回收逐渐成为"你情我愿"的事情。事实上，早在20世纪90年代中期以来，整个星村就开始受到工业化风潮的冲击，大量的村民都进入工厂打工，而不再愿意从事农业生产活动，出现田地撂荒情况。20世纪80年代、90年代初某些村民在田地被征用时可能非常不满并处于被动的局面，而发展到20世纪90年代中后期，村民家中剩下的田也基本上没有人耕种了，有些则会为了便于管理而种上果树，省去大量的打理时间，有些田地则是由村里年长的老人种点自给自足的蔬菜，有些由于没有时间照看而直接租给外地人耕种。尤其是进入21世纪以来，再集体化让村民能够享受村集体经济的福利，有养老保险、医疗保障，还有年底的股息分红，村民对再集体化就非常欢迎。再集体化对个人的自由发展没有任何限制，反而有了集体经济作为背后支撑的力量。因此，我们认为，村民这样的自由是有底气的自由，这样的发展是有后盾的发展，虽然土地的减少已经成为一个无法逆转的趋势，但是聪明、勤劳的星村人总有解决办法，未来还在他们的掌握之中。

三 星村再集体化的社会基础

集体化作为一种制度安排，曾经是在中国历史上展开的一次自觉的、大规模的重塑农村社会的尝试。改革开放以来，随着农村生产力的进一步发展，中国农村经济有着再次走向集体化的倾向。[①]

---

① 薛继亮、李录堂：《传统农区乡村再集体化的现实需要及其实现路径》，《现代经济探讨》2011年第2期。

我们发现有些村庄里的村民生活上已经与城里人没有什么较大的差别，而且很多情况下他们并不是找不到相关的工作，也不是不能到外地去和陌生人打交道，而是没有离开家乡的必要，城里人会的东西他们也会，城里人有的东西他们也有。并且与不愿意迁成非农业户口的大学生一样，很多村民不是不能成为"市民"，而是主动选择保留农村户籍，他们现在已经不愿意转成城市户口，成为"市民"。所以，城市化进程中出现的村民再集体化的现实局面，并不仅仅是"传统"向"现代"过渡这样的解释那么简单。

农村在我国经历了 30 多年的高速发展以后，出现了"沧海桑田"的变化。在实践中，土地经营规模较小的问题也逐渐地展示出来，尤其是在远郊村庄中，小而分散的土地会极大地降低农产品商品率、农业劳动生产力，还会造成农村土地比较价值的提升困难，而且会直接阻碍农业机械化，进而冲击传统农业向现代农业的转型。而在近郊村落，由于城镇化的影响更强烈，村庄土地会出现大规模减少的状况，而农业的地位也逐渐在村庄经济中下降，这就导致近郊村落面临的不是土地如何规模化、集约化经营的问题，而是土地资源的整合与相关收益的合理分配。

首先，历史的逻辑无法规避。我国在 20 世纪 80 年代以前推行集体化的农业生产组织形式。虽然这一被毛泽东主席号召为"组织起来"的农业生产组织形式在其推行的初期得到了广大农民的自发响应，但之后较为严重的农业危机也显露了农民对这一形式在客观上的抵制。① 这也造成星村承担的计划指标出现几年一变的情况，多产就会意味着来年要多交。这种国家机会主义行为让农民不能够形成良好的成果预期，社队干部也就很难设置较为有效的激励机制；② 集体劳动的监督困难也导致了大量的偷懒和"搭便车"行为，出现了大量浪费与破坏生产力的现象；大规模的集体化也导致农民失去了从人民公社的退出权，退出机制的丧失是集体化生产组织形式低效率的重要原因，集体产权反而造成国家有侵占农民土地使用权的空间与机会。③

---

① 林毅夫：《再论制度、技术与中国农业发展》，北京大学出版社 2000 年版，第 226 页。
② 谭秋成：《集体农业解体和土地所有权重建：中国与中东欧的比较》，《中国农村观察》2001 年第 3 期。
③ 邓大才：《论农村土地所有权的归属》，《财经问题研究》2002 年第 2 期。

第九章　再集体化：近郊村落城镇化的应对策略

　　以家庭为主的经营方式的主要特点就是具有一定的封闭性和分散性，目前很多农村地区在本质上依旧不可避免地保持了这种小农经济的历史惯性，而且当前的很多制度设计在一定程度上也迎合了农户本身的意愿。我们必须在新的形势下考虑这样一个基本现实，那就是家庭联产承包制已经不能很好地适应时代的新需求，存在这样那样的问题；同时由于家庭采取分散经营的方式，必然导致经营规模较小，从而难以形成一定的规模效益；而土地无法由农民自己根据需求自由处置，极大地破坏了农民的择业与财产自由；部分农村社区还出现了建设乏力，基础设施日益衰败的趋势，农业抗灾害能力反而减弱了；分散经营的个体农户也很难形成较强的能力来与政府进行谈判等。① 因此，从人民公社到关注激励农民的家庭联产承包责任制，再到农村再集体化，我国农业生产组织的形式出现了极大的变迁，是历史逻辑发展的必然结果。

　　其次，现实需求的强烈驱动。波普金认为："农民是以自我利益为中心的理性主义者，而不是集体促进的。有限的特定的互惠，低层次的福利与保障，外来者以及市场的作用，这些都动摇着农村福利和保障体系的道义经济基础。"② 星村再集体化过程中村民最关心的问题，莫过于集体资产股份化改制中的股权分配。再集体化之前，由于集体所有制产权较为模糊、产权主体缺位等早就存在的弊端，星村在城市化进程中，出现了不可避免的严重的集体资产管理问题，表现为集体资产得不到行之有效保护，出现集体资产的部分流失。不解决此类问题，村民的利益就得不到保护，容易积累和引发社会矛盾。

　　村内的失地农民为了生存，"以地生财"是最简单、最没风险的道路。他们纷纷建房出租，形成了典型的"食利阶层"。出租房的租金成为星村居民生活的重要来源。再集体化后，村内的一部分违法建筑将拆除而进行新的整合，这对于依靠租金的那部分村民冲击很大。星村集体资产进行股份化改制，有助于克服集体产权制度的主权模糊、主权主体缺位等固有缺陷。而且对集体资产实行市场化管理，使一部分集体资产能够进入市

---

① 李远东：《我国农业生产经营组织形式变革的实现途径探析》，《经济经纬》2009 年第 5 期。

② Popkin Sammel. *The Rational Peasants: The Political Economy of Rural Society in Vietman*. Berkeley: University of California Press, 1979, p. 55.

场，实现星村集体资产的保值增值，就可以让村民享受更多集体资产的分红福利，使他们可以和城市居民一样享有社会保障，而不再是单单依靠土地、房屋等获取收入，有助于实现身份上的真正转变。另外，由于对股份化改制中的集体资产的股权分配，村民对于改造后的村内管理活动，能够主动发表自己的看法与意见，更加积极地关注村庄的管理活动。对于不负责任、不称职的管理人员能够及时提出更换的要求，保证了再集体化管理的高效性与合理性。增加个人收入，保证村民政治权利，推进城乡一体化，这样可以使改造后的星村更好地满足村民多方面的现实需求，村庄能够更加健康、有序地发展，实现村集体资产的可持续发展。

四　星村股份合作社改革实施

股份制改革是改造传统集体经济，建立股份合作经济组织模式的一项重要举措。它有利于明晰集体资产产权关系，保护集体经济组织及其成员的合法权益；有利于强化村级集体资产的民主管理和监督，实现村集体资产保值增值和可持续发展；有利于有效解决失土农民的生活保障问题和各种社会利益矛盾，维护农村社会稳定和促进农村社会协调发展。为深化星村村级集体经济组织的产权制度和经济管理体制改革，完善集体经济的实现形式及分配方式，实现集体资产保值增值和可持续发展，确保"撤村建居"前后的原村级集体经济独立、正常运行，维护股份经济合作组织及其成员的合法权益，维护农村社会稳定，加快推进农村城市化进程，根据国家、省、市、区的有关法律、法规和政策，借鉴外地成功经验，星村制定了一个详细的实施方案，其要点包括以下方面。

（一）股份制改革的指导思想与基本原则

实行股份制改革的指导思想：坚持以改革促发展，积极探索村级集体经济的有效实现形式，通过对村级集体经济组织的股份合作制改革，确立总公司成员在其组织中的产权主体地位，建立起与社会主义市场经济相适应的经营管理监督体制和资产经营增值的激励机制，发展壮大村级集体经济，逐步提高总公司成员的思想道德素质、择业就业能力和生产水平，促使村民向市民转变，推进城市化进程，促进总公司经济发展和社会稳定。

在具体实施过程中应坚持以下基本原则：一是坚持集体资产不可分割原则，即资产虽折股量化到户（人），只是明晰产权，不是将集体资产平分给个人。二是坚持按股权分配与其他多种分配方式相结合原则。三是坚持党管干部与民主管理相结合原则。四是坚持因地制宜和尊重群众意愿原则。

(二) 组织形式

为把原村的经济合作社办成产权明晰、职责明确、利益共享、风险共担、管理规范的集体经济组织，结合村实际，决定对原村集体经济进行股份制改革，将村集体资产量化到户（人），并建立星村股份经济合作组织。该组织在董事会的领导下，以星光实业总公司的组织形式运行，实行自主经营，独立核算，自负盈亏，民主管理。原集体所有的财产、土地等属实业总公司全体股东所有。

1. 星村实行股份合作制改革后的村级集体经济组织名称，设为星光经济合作社和星光实业总公司。它是以原集体所有资产为基础组建的股份合作经济组织，是拥有股东的产权主体。其职能是实行资产管理、投资经营、协调服务，实现集体资产的保值增值。

2. 总公司设股东代表大会、董事会、监事会、总经理等机构。

3. 股东，即为在股份制改革后享有股权的人。股东应承认总公司章程，并承担相应义务。

4. 股东代表大会。股东代表大会由37名股东代表组成。股东代表须在年满16周岁并同时享受人口股和劳力资源补偿股的股东中选举产生，每届任期三年。现任村两委成员为首届股东代表大会当然代表。股东代表大会是总公司的最高权力机构，代表全体股东行使总公司集体资产所有权。

5. 董事会和总经理。董事会是股东代表大会的执行机构，对股东代表大会负责，是总公司集体资产所有权的代表。董事会由5名成员组成，成员必须是尚未退休的股东代表，由股东代表大会选举产生，每届任期三年，可以连选连任。董事会设董事长1人，副董事长1人，董事长是总公司的法定代表人。总公司设总经理，由董事会聘任或解聘。总经理对董事会负责，组织实施董事会决议。总经理可以由董事会成员兼任。

6. 监事会。总公司设立由5名成员组成的监事会。监事会成员由股东代表大会选举产生，设监事长1人。董事、总经理和财务负责人不得兼任监事。监事会职权主要是检查总公司的财务，并对总公司董事、经理经营管理集体资产行为进行必要的监督。监事会每届任期三年，可以连选连任。

（三）股权设置及比例

本次资产量化是将集体资产提留、剥离后，以股份的形式一次性全部量化到户（人）。在股权设置上，以是否享有原经济合作社土地资源划分的口粮田、经济作物任务田的承包权和在村参加实际劳动的年数（即参加农业生产劳动的年数，简称"农龄"）为参考依据，特设立人口股、劳力资源补偿股、农龄股三种股权。

1. 人口股：折入总净资产的40%，量化给享受原村口粮待遇的那部分人员（类似于原土地承包项目中享有承包口粮田权利的那部分人员）的股权份额。享有该股的人员统计的截止时间定为股份量化截止日（2004年8月31日）。

2. 农龄股：折入总净资产的30%，量化给1956年（特殊情况可以追溯到1954年）至股份量化截止日（2004年8月31日）间且在农业生产劳动年龄段（16—60岁）内参加村实际劳动的在册人员及曾经在册人员的股权份额，即劳动者对集体的贡献股。享有该股权的男性，其底分为10分，女性底分为8分。

3. 劳力资源补偿股：折入总净资产的30%，量化给本村长期从事农业劳动的合作社社员及子女的股权份额，主要是针对土地被全部征用后，长期从事农业劳动的合作社社员及子女失去劳动对象。折入股份是对从事农业劳动获得报酬维持家庭长期生活的一种补偿。类似于原土地承包项目中，享有承包劳力田权利的本村在册社员承包的劳力田。享有该股权的1—60岁男性的底分为10分、女性的底分为8分，60岁以上的男性的底分为7分、女性的底分为6分。

人口股、农龄股、劳力资源补偿股，实行生不补，死不退；迁入不补，迁出不减。经代表大会通过，股份量化截止时间定为2004年8月31日24时。

（四）经营方式

1. 股份制改革后，由星光实业总公司统一经营，实业总公司不再发放职工的生活及其他费用，实业总公司所得利润仅在年终股份收益分配中分红。

2. 改制后实业总公司职工的生活、福利等费用，由各职工自行经营解决。

第九章　再集体化：近郊村落城镇化的应对策略　　169

五　结论与讨论

在城市快速发展的时代，农村作为中国社会系统中的固有组成部分，而且是重要的构成部分，乡村社会也会出现较大规模的结构与形态的变迁，例如村庄的经济结构和劳动力结构都发生了明显而剧烈的变迁，村庄的面貌和村民的生活也发生了深刻的变化，我们可以视之为农村的衰落或者终结，也可以将这些变迁理解为新时期农村的新发展。近郊村落"在现有制度选择边界制约下，有初级社和股份制两种制度资源的嫁接，股份合作制成为必然的制度选择"。① 首先，股份合作制能依托于产权封闭性的特点，克服集体资产产权外部性过强的弊端；其次，股份合作制通过有效改变集体资产利益分配格局失衡的状况，从而使产权分布具有相对均衡的特点；最后，股份合作制又具有产权明晰、产权量化程度高的特点，能有效地克服集体资产产权较为模糊的弊端。因此，在近郊村落城市化过程中，实际上也给农村发展带来了新的动力和机会，农村可以在城市化的环境与背景之下以新的形态与结构存续和前进，再集体化就是近郊村落应对城镇化的有效应对策略。这样，推进城市化、城乡一体化与农村的新发展实际上形成了并行不悖的相互促进关系，所以城市化在近郊村落的推进并不必然造成村庄的衰落。农村原有社会结构的田园色彩在一定程度上是我们臆想出来的，真实的共同体社区同样存在大量的矛盾与冲突，况且我们不应该"抱住"古老的传统，传统必须与新的时代互相调适，实现传统与现代文明和谐共存，这是人类社会走到今天的背后推动力。

再集体化后的生产组织形式来源于农民的现实需求，因而带有明显的自愿色彩，农民可以在遇到政府的非正常干预或者组织内部的免费搭车以致伤害激励机制时，以退出的形式进行积极的抵抗，这样就有效地解决了在集体化时期较为突出的激励问题。作为一种资源的联合使用方式，其组织产出明显大于资源的单独使用之和，也就得到了农民积极响应与广泛认同。② 这一说法也同阿尔钦和登姆塞茨的观点异曲同工，即团队合作在相当程度上解决激励的问题以后，能够生产比单独使用资源更为可观的产出，最终得到农民的普遍认同也具有必然性。

---

① 傅晨：《论农村社区型股份合作制度变迁的起源》，《中国农村观察》1999 年第 2 期。
② 蔡昉：《合作与不合作的政治经济学》，《中国农村观察》1999 年第 5 期。

近郊村落现行的农村集体资产管理办法让农民的生活会发生很大的变化，农民腾出来大量的宅基地，搬到了楼上生活，居住环境得到了很大的改变。但是农民失去了耕地与宅基地，原有的生活来源在一定程度上会受到损失。除此之外，一些靠当地资源谋生的农民，就彻底地失去了自己赖以生活的基础。因此，再集体化过程中一定要考虑到农民的生活问题，再集体化后农民的生活只能提高，不能下降，而且要保证再集体化后集体资产的可持续性发展。在我国，一些村镇20世纪90年代的时候跟风盲目办村镇企业，出现了很多毫无前瞻性的投资、融资不规范等问题，导致村民的集体资产大量流失。很多不良投资至今也无法追回，造成了不可弥补的损失。潜在的集体资产流失最终造成的后果是使农民蒙受巨大损失，影响农村的经济生活。[1] 这也是星村在村庄发展过程中非常谨慎的原因，对于投资实业的选择，村干部虽然认为是有必要的，也认为这是未来的发展方向，但是在再集体化还处于初级阶段的时期，星村村干部认为当下的主要责任依旧是搞好集体资产的利息分红与发展基础设施与公益事业，这也是星村菜市场与"渔家乐"以及老年协会得到大力投入的重要原因，而且这种投资策略在目前来看，效果是非常显著的。以菜市场为例，不仅可以为星村增加店铺出租的收益，而且极大地便利了村内老百姓的生活，提高了当地村民的生活品质。

我们同时注意到，农村集体建设用地流转的问题由于土地资源的枯竭和需求量的持续攀升已经成为一个热点问题，出于城乡一体化的考虑，很多学者都提议让农民的土地自由地在市场中流转，一方面可以为让农民在急需用钱的时候能够顺利贷款，另一方面考虑到城里人以后在农村居住可以为农村人创造更多的就业机会，即农村人可以为城市人做清洁工、保姆之类的工作。听起来是很好的，但是仔细想来这里面有一个问题：在农村由于其土地优势、自然环境优势日趋明显的背景下，农民的身份也越来越值钱，一旦这个市场放开以后，强势的城市力量就完全可以通过金钱的力量将这些所谓的优势据为己有，而弱势的农村人则手无缚鸡之力，根本无法抵挡这样的结果，这就是我们通常说的机会平等与结果平等的问题，土地的自由流转只解决了机会平等的问题，但是由于双方实力的差距导致结

---

[1] 许雯斐：《诸城市"村改居"进程中农村集体资产处置问题研究》，硕士学位论文，中国海洋大学，2012年。

果平等无法保证，这样就造成了强势群体对弱势群体的剥夺。况且，我们不能总是将城市人定义为农民的拯救者，他们来了就为农民创造了机会与财富。我们必须承认，城镇化为农民提供了机会，但获取财富的过程永远都是农民靠辛勤的劳动与汗水换来的，如果没有相关的压榨与剥夺，他们的生活会更宽裕，也会更富裕。在不公正的环境中，城市人很难给农民带来福祉，如果非要说有什么福祉的话，那也是在剥夺中产生的。有一点需要声明的就是，"剥夺"一词应该理解为中性词，在这里没有批判的意思，因为资本在转移与扩张的过程中应该有利所图，不然就丧失了转移与扩张的动力，一切的问题也就无从谈起。

第十章

矛盾调和：近郊村落的家庭关系

一 相关文献回顾

家庭矛盾治理与社会治理之间存在着紧密的联系，一方面家庭作为社会的基本单位，家庭矛盾治理是社会治理的重要领域之一；另一方面，家庭矛盾很难自愈，家庭矛盾治理需要借鉴现代社会治理的理念，即治理主体需要多元化，同时，政府在此过程中要强化服务功能。社会学的创始人孔德先生就认为家庭是真正的社会单位，是构成社会组织的基础，理所当然地应该成为社会研究的出发点。帕森斯也认为，家庭的结构和功能对社会结构有重要影响。而家庭矛盾的出现，直接影响了家庭自身的和谐。虽然家庭矛盾可能存在一定的正功能，但更不应忽略其产生的负功能，家庭矛盾会对家庭的成长与运行产生一系列的负面效应，对家庭自身造成强烈的冲击，而且这种负面影响存在不可预见性。最明显的结果是相当一部分恶化的家庭矛盾会衍生为相应的社会问题，加之目前网络社会的兴起，因家庭矛盾发生的家庭内部暴力事件与对非家庭成员的侵害行为作为社会问题而受到广泛的关注。由于家庭矛盾所产生的负面影响不仅会对家庭内部的和谐造成破坏，还极有可能冲击稳定的社会秩序与结构，家庭矛盾治理自然成为社会治理的重要一环。诸多家庭矛盾引发的社会悲剧表明，家庭矛盾及其治理应当引起学术界的高度重视。

（一）社会转型过程中家庭关系变迁

在社会转型的进程中会出现两个比较突出的问题，一个是文化滞后，另一个是社会失范。文化滞后也叫文化堕距，1923年，美国社会学家W. F. 奥格本在其著述的《社会变迁》一书中提出了"文化堕距"这一概念，为社会学研究提供了一个从异质性文化之间的调适过程来阐述社会变迁与发展原因的全新视域。奥格本指出：社会的变迁主要表现为文化的变迁。① 文化由物质文化和精神文化组成：物质文化是人类社会中由人为的力量介入制造出来的物质实体；精神文化则是与物质文化层面相协调的制度构建与意识形态。他特别指出物质文化相对来说比较活跃，精神文化的变化速度要慢于物质文化，因此物质文化与精神文化在社会变迁过程中会产生一定的距离，这种现象被奥格本称为"文化堕距"。对于这一问题，马克思持有相类似的观点。他认为物质文化最终决定了非物质文化的发展，并且非物质文化一旦形成之后，就会保持一定的独立性与稳定性。因此可以说，"文化堕距"是一种在社会变迁进程中无法避免的现象。② 社会变迁起源于物质文化的变迁，物质文化变迁继而引发文化其他部分与其他文化的变迁，而在这样的变迁中非物质文化要去适应物质文化的节奏，导致它比物质文化变迁的扩散速度要慢得多。虽然"文化堕距"是普遍存在的社会现象，但是一旦不能够有效地应对这一问题，精神文化与物质文化之间的差距就会逐渐扩大，人类社会的发展就难免进入一种畸形的状态，无法形成较为良性与协调的发展。

　　法国著名的社会学家迪尔凯姆认为，在个人与社会的关系中，"个人在社会中的行为必须由社会规范所控制"。社会规范则有必要建立一套完善的、没有矛盾冲突的体系。而社会失范就是"一种缺乏规范或规范较为混乱、变化莫测以致无法为社会成员提供方向的社会情境"③。这就意味着，制约人们的道德规范会在有着不确定的、相互冲突与分散的规范的地方很快丧失，失范就发生了。④ 默顿结合美国社会的失范现象继承并发展迪尔凯姆的理论，形成了自己的观点。默顿指出，人的正常行为由两个部分组成，一方面是以文化规范方式所描述的目标，另一方面则是以结构方式描述的达成目标的手段。当个人在社会中以正统手段来达成正统的目标时，个人的行为就不是违反社会要求的，当目标与手段之间出现冲突时，

---

① ［美］威廉·奥格本：《社会变迁：关于文化和先天的本质》，浙江人民出版社1989年版，第106—107页。

② 廖盖隆、孙连成、陈有进：《马克思主义百科要览》（下卷），人民日报出版社1993年版，第1635页。

③ ［美］道格拉斯：《越轨社会学》，张宁、朱欣民译，河北人民出版社1987年版，第53页。

④ ［美］G. 邓肯·米切尔主编：《新社会学辞典》，上海译文出版社1987年版，第12页。

失范就会发生。因此，失范是"社会规定的目标同决定着达到这些目的的规范不一致"①。

由此可见，在社会急剧转型的背景下，一方面，精神文化的变迁速度低于物质文化的变迁速度，另一方面，正是在这种不均衡的变迁速度过程中形成了社会失范现象，社会失范本身也加剧了文化滞后造成的影响与冲击。我国现阶段社会正处于急剧的转型过程中，文化滞后与社会失范现象较为突出。在以往社会相对稳定的结构与背景中，家庭不需要形成一套全新的适应文化就可以全面地实现与周围环境的协调，但是在急剧变迁的冲击下，家庭必须有一套新的适应文化来应对这种变化，一旦不能适应这种变迁，就会产生矛盾与失范。例如，在民工潮出现前，家庭矛盾主要是具有相对稳定结构的家庭成员之间产生的矛盾，而在改革开放后，家庭结构开始发生松动，家庭成员的流动性大大加强，家庭矛盾的触发与维持机制发生了变化，也就需要新的文化体系来应对在这种情况下发生的家庭矛盾现象。一方面，家庭已有的稳定文化可能会在社会变迁中无法适应新的家庭经济、精神状况；另一方面，家庭文化结构的微变与调试也可能引发家庭原有的稳定结构的瓦解与毁损，最终形成一种矛盾衍生发展的局面。因此，家庭矛盾是在文化滞后过程中产生的一种社会失范现象，这也导致家庭矛盾成为社会问题的一项议题。

（二）亲密关系本身也是矛盾的起源地

库利指出，初级群体是那种以面对面的交往与合作为特点，具有亲密关系的群体，最普遍的初级群体包括了家庭、儿时伙伴、邻里或社区群体等。他对初级群体概念的阐释对于我们讨论家庭矛盾具有借鉴意义。库利深信虽然初级群体是塑造人们爱心与同情心的基地，但实际上，在初级群体中发生着普遍的竞争、冲突甚至对立，只是这种冲动经常会受到所在群体情感的限制。②齐美尔、弗洛伊德在分析群体心理时指出，人们感情上的矛盾来源于它所产生于其中的亲密关系。科塞也认同齐美尔关于人类身上存有敌对性或侵略性推动因素的观点，断言在看似非常亲密的人类交往

---

① 夏玉珍：《转型期中国社会失范与控制》，《华中师范大学学报》（人文社会科学版）2002年第5期。

② 参见周晓虹《西方社会学——历史与体系》，人民出版社2002年版，第403页。

中，爱和恨是同时存在的，亲密关系本身造成了众多激发憎恨的机会。①他深刻地指出：亲切的社会关系包含冲突的原因，甚至认为在初级群体中引发冲突矛盾的原因与现象要大大多于次级群体，这是因为越是在初级群体中，人们之间的关系越是以更为全面的个人参与为基础——这恰恰是与片面参与不同的，它也就越有可能引发爱与恨两种情感同时同在。②

  亲近关系中爆发冲突的现象在日常生活中是很常见的，这是为什么呢？一方面，具有亲近关系的社会成员之间的交往频率要更高，交往频率高直接导致了在处理各种事务过程中发生摩擦与分歧的可能性，这可以说是一个概率问题；另一方面，在亲近关系中，人与人之间彼此熟悉，一般很难建立起陌生人之间的神秘感与权威性，尤其是在同龄人之间，会出现"谁也不服谁"的情况，人们的决定往往不是根据理性的分析，而是根据主观的判断，因为不担心后果，即便对方判断正确，也会找到反驳的各种理由。波兰经典影片《钢琴师》中犹太钢琴家斯皮尔曼在救了他弟弟免于死在纳粹集中营之后，他弟弟却因为哥哥违反了自己不爱求人帮自己的小原则、小情绪而抱怨哥哥救自己出来，在他眼里只要救自己的人是亲哥哥就可以莫名其妙地发脾气而不用感恩。③ 因此，家庭虽然是每个社会个体的成长地点与精神归宿，但不能忽视家庭本身制造大量矛盾的可能性，初级群体特殊的矛盾生成方式反而在一定程度上加大了建立稳定、和谐氛围的难度。甚至可以说，与其他群体比较起来，家庭根本就不是一个一般意义上的亲密群体，而是一个喜怒无常的"怪物"，像利维坦一样，家庭成员需要它，稍不留神，它也"吃人"。④ 家庭的亲密关系走向其反面就会对社会造成负面的冲击，加之半熟人社会、陌生人社会的兴起，亲密人际关系的衰落本身也成为一种必然的趋势，更加导致家庭矛盾无法被有效

---

  ① 参见贾春增《外国社会学史》，中国人民大学出版社 2007 年版，第 220 页。
  ② 参见宋林飞《西方社会学理论》，南京大学出版社 2012 年版，第 332 页。
  ③《钢琴师》讲述了第二次世界大战期间，一位天才的波兰犹太钢琴家，四处躲藏以免落入纳粹的魔爪。他在华沙的犹太区里饱受着饥饿的折磨和各种羞辱，整日处在死亡的威胁下。他躲过了地毯式的搜查，藏身城市的废墟中。幸运的是他的音乐才华感动了一名德国军官，在军官的保护下，钢琴家终于挨到了战争结束，迎来了自由的曙光。
  ④ 传说，在上帝造人之后，人请求上帝："上帝啊，我们太弱小了。请你再创造一个英雄吧，让他保护我们。"上帝说："英雄在保护你们的同时，也会欺压你们，吃你们。"后来人们自己创造了利维坦这个怪物。

遏制。

（三）家庭矛盾恶化后演化为社会问题

社会学家科塞指出，表达敌对情绪的方式有三种：一是将敌对情绪发泄到应该发泄的对象上，也就是发泄到真正的对立面上；二是替代，即把敌对的行为指向替代目标，也可以说是寻找"替罪羊"；三是没有发泄对象的表现，如酗酒、狂呼乱叫等行为。科塞同时认为，向外发泄敌对情绪具有一定正功能，能够充当社会的安全阀，安全阀可以将较为剧烈的敌对情绪持续推泄出去，从而消解敌对情绪，维持社会结构的稳定。[1]

事实表明，家庭矛盾很难自愈，极有可能会在产生之后愈演愈烈，最终演变为无法控制的独立事件，形成自身的动力系统与行为逻辑。诸多家庭矛盾引发的各类社会问题表明，家庭矛盾已经成为社会问题的策源地之一，如果不能有效地控制家庭矛盾，遏制家庭矛盾上升的势头，就不能为社会稳定奠定良好的基础。因此，家庭矛盾的处理与解决也不能仅仅交由家庭自身来完成。家庭自身的力量、方法是有限的，与家庭矛盾的触发不同，依靠家庭成员主动意识到并去解决家庭矛盾在现实的生活中缺乏必要的动力机制，社会力量介入家庭矛盾的解决过程中是必要的，而且社会力量的介入具有家庭自身不可比拟的优势。

（四）国内家庭矛盾研究现状

1. 家庭矛盾产生的原因

韩忠霞认为，家庭矛盾的产生有三个根源：一是思想沟通，情感交流少，在人的思想压力、工作压力以及生活压力增大的背景下，身心疲惫的夫妻之间由于天天忙于工作，没有更多的时间进行思想交流和情感沟通，家庭气氛出现了离多聚少，沉默寡语的局面；二是热情激情降温，信任度、关心度降低，夫妻双方整天忙于工作，打拼事业，无暇顾及对方的需求，体会彼此的感受；三是子女教育方法不一，父母孝道尺度不同，现在的一些家庭，在子女教育问题上存在不同的想法、看法和做法，丈夫、妻子对待孩子、双方父母态度差异也会此造成夫妻不和。[2]

云月华认为，就像树上没有完全相同的两片叶子一样，地球上也没有

---

[1] [美]刘易斯·科塞：《社会冲突的功能》，华夏出版社1989年版，第25—26页。

[2] 韩忠霞：《论家庭矛盾产生的原因及化解方法》，《城市建设理论研究》（电子版）2013年第13期。

两个指纹完全相同的人，世界上也绝对不存在两个绝对一样的人。每个人都与他人存在这样那样的差别，而且这种差别不仅是指外貌，更为关键的是每个人都有自身不同于他人的风格，也就是说，人与人之间具有明显的个体差异，每个人都有个性。个性是每个人具有的较为稳定的心理特质，例如：个人的乐趣、能力、爱好、性格、气质等，正是因为家庭中每个成员的这种个性的差异，成为产生家庭矛盾的重要心理因素。①

杜江华则指出，宅基地和承包地的变动情况引发了众多的家庭纠纷；家庭赡养问题、婚姻纠纷引发诸多家庭矛盾；亲情缺失容易造成人生失去应有的方向，心理可能变得扭曲，为一言之间、一尺之地、一己之利、一念之差将亲人视为仇人。同时，家庭成员素质偏低，有很大一部分的家庭成员属于文盲、半文盲以及法盲，他们常常言语粗鲁，行事鲁莽，蛮不讲理，我行我素，不懂政策，不讲法律，无视道德，不计后果，这就直接造成了家庭矛盾的不断激化。此外，调处力度有时也很难到位，公安局派出所对于此类警情的处置，也存在理解与执行上的偏差，甚至认为家务事应该基本依靠村干部调解解决，这些事没什么恶劣后果，有时干脆向其他有关部门一推了之，结果造成矛盾双方继续互不相让，矛盾持续激化，发展到最后无法摆脱的地步，引发恶劣的社会影响。②

2. 家庭矛盾的化解

韩忠霞认为要化解家庭矛盾，一是要加强舆论宣传，大力宣传中华民族尊老爱幼、家和万事兴的优良传统美德；二是要加强思想沟通和情感交流，不能以工作忙、压力大、无时间为借口，淡化家庭观念和家庭气氛；三是要把家庭作为幸福的港湾，夫妻双方争取更多的时间回归家庭，相随相伴；四是要对双方父母加倍孝顺，逢年过节，带上孩子与父母团聚，一家人一起热热闹闹。③

云月华认为，应该明白由个性差异所造成的心理特征的互补，这是家庭组合的最佳方式；还要懂得一点"冲突"的艺术，即紧紧地抓住冲突的契机，通过正常的途径和渠道来宣泄和排遣不良情绪，从而使冲突得以

---

① 云月华：《浅析家庭矛盾产生和消除的心理因素》，《内蒙古师范大学学报》（哲学社会科学版）2002年第1期。

② 杜江华：《浅谈农村家庭矛盾纠纷的原因和调解途径》，《神州》2012年第2期。

③ 韩忠霞：《论家庭矛盾产生的原因及化解方法》，《城市建设理论研究》（电子版）2013年第13期。

缓解和消除；最后双方要学会包容和谅解，平和的主旋律中也有一些变奏，才是正常的生活。①

杜江华认为，化解农村的家庭矛盾，提高农民群众的综合素质是根本。政府部门有必要开展全新的新农村建设活动，评选出当地的"五好家庭""十佳农户""好婆婆""好媳妇"，带动广大村民参与，依靠这样的活动形式提升广大农民的综合素质，这样就有可能大大减少乃至消除农村家庭矛盾纠纷；在基层加大矛盾纠纷的排查调解力度是非常关键的，村委会成立的调解委员会要充分而积极地发挥应有的作用，配合民警加大排查调处的范围与力度；同时，依靠政策、遵循法律是解决家庭矛盾的重要保证。大量的家庭矛盾纠纷都涉及一定的政策与法律问题，要保证基层民调组织和综合治理作用的有效发挥，有必要在适当的时机引导相关的当事人通过诉讼途径来解决相关问题，也不失为一条化解纠纷的科学而有效的途径。②

二　近郊村落家庭关系与矛盾生成逻辑

（一）星村的家庭关系

1. 家庭矛盾减少：村民一致的结论

在我们的印象中，随着经济纠纷的上升，村庄中家庭矛盾的数量可能呈上升趋势，一部分人会认为家庭矛盾还不少，甚至越来越多了，但根据我们的调研发现，接受访谈的村民几乎一致认为当前的家庭矛盾并不多，甚至越来越少。总体而言，村民觉得矛盾相对减少，而且对于矛盾问题有相当不屑的态度。为什么村庄的村民会对这一问题得出几乎一致的答案呢？这需要从村庄发展的社会背景来解释：在总体的城镇化这样的社会发展背景下，一个近郊村落的微观情境会受到其所在的宏观背景的直接影响。

因为在村庄城镇化发展的背景下，村民受到市场经济的影响，村民的生活条件已经得到了明显的改善，更多地关注个人的收入增长与生活条件改善的问题，对于家庭矛盾这样的琐事关注度已经下降了。通过访谈资料，我们可以发现，LPQ 直言："以前的婆媳矛盾主要是经济矛盾。吃个饭都要向孩子要，现在保障有了，自己有钱了，就不吵了，好多了。过年

---

① 云月华：《浅析家庭矛盾产生和消除的心理因素》，《内蒙古师范大学学报》（哲学社会科学版）2002 年第 1 期。

② 杜江华：《浅谈农村家庭矛盾纠纷的原因和调解途径》，《神州》2012 年第 2 期。

的时候，以前因为没钱，吵来吵去，现在老人有钞票，小孩有钞票，吵架少多了。"CXE 也谈到："现在（家庭矛盾）不多了，以前收入太少，老人靠点口粮就可以了，有的人子女多，如果自己没劳力，给父母的口粮都给不起，所以这样就不孝，矛盾就比较多了。现在我们村的老人自己都有生活费了，有的还可以省起来给下一代。"FY 则认为目前村里面的家庭矛盾"都是大事化小，小事化无"。YNS 在被问及以前家庭矛盾多主要是什么原因时回答："没钱啊，有一点东西就争啊！"在星村，婆媳矛盾由于老人与子女的分居明显改善，赡养问题也由养老保险的支持而减少，子女向父母索取财物也变成了一种良性的双向沟通手段，如果子女平日里连钱都不来向老人索取的话，他们之间的交流互动的限制性会更强，这也是人之常情，就像 ZXF 说的："老人有点钱，儿女就想摸一点。"这个"摸"字反映了子女向父母索要财物带有一定的诙谐色彩，"摸"不是抢也不是偷，而是在双方共同协商一致的基础上达成的结果。我们应该意识到，并不是所有从老人年那里索取财物的行为都应该定义为"啃老"，实际生活中这种行为可能是一种良性的互动行为，对维系相互的关系具有积极作用，发挥着正向的功能，有点类似于朋友之间的礼尚往来。

2. 预测：星村家庭关系的未来趋势

村庄家庭矛盾的变化在于，过去因生存困难产生的经济矛盾逐渐让位于个体心理特征导致的矛盾。矛盾产生的原因也由过去家庭内部的纷争更多地转向集体资产分配的利益争夺上。美国社会学家米尔斯在《社会学的想象力》这本著作中就强调，即便生活在社会中的个体没有强烈地感觉自己的生存受到了社会环境、政策变迁的直接影响，但这种影响是真实存在的。他认为，社会学的想象力的"第一个成果——因而也是体现它的社会科学的第一个教益——是这样一个思想，即个人只有通过置身于所处的时代之中，才能理解他自己的经历并把握自己的命运，他只有变得知晓他所处的环境中所有个人的生活机遇，才能明了他自己的生活机遇……社会学的想象力可以让我们理解历史与个人的生活历程，以及在社会中二者间的联系"。[①] 村民因生活条件的改善已经不再为养老问题争论不休了，当务之急是要在村庄再集体化的过程中维护自己的正当利益。

---

① ［美］C. 赖特·米尔斯：《社会学的想象力》（第 2 版），陈强、张永强译，生活·读书·新知三联书店 2005 年版，第 4 页。

因此，过去的经济纠纷已经很少出现了，家庭内部的矛盾突出表现在家庭成员的"臭脾气"。LPQ 对调研人员表达了这样的观点："现在（家庭矛盾）主要就是一些人脾气不太好，会生气"造成的。我们不得不承认，这种脾气、性格等个体化的东西在转变时非常困难，家庭矛盾的始作俑者自己需要一个过程去认识到自己的坏脾气的发作机制。同时，也要看到家庭成员对坏脾气的刺激作用，正所谓一个巴掌拍不响，坏脾气的家庭成员很可能是其他家庭成员煽风点火的受害者。未来星村的家庭矛盾会越来越少，而特定的家庭矛盾则成为家庭新的隐患。这种特定类型的家庭矛盾就是由于家庭成员的坏脾气导致的盲目的生气与吵架，这种类型的家庭矛盾是由个体原因造成的，这些性格、脾气独特的家庭成员很容易成为家庭矛盾的策源地，是我们应该关注的方向。当然，家庭矛盾的生成是有多重因素造成的，一个容易生气的家庭成员之所以容易发脾气，背后是经济、社会、文化等多种因素的共同作用。

（二）近郊村落家庭矛盾的生成逻辑

一部分学者指出，金钱之争是当前家庭矛盾的主要内容，甚至是全部内容，财产和金钱是子女与父母之间、亲兄弟姐妹之间矛盾的根源。不可否认，现实生活中，围绕着财产与金钱的争夺，家庭矛盾多表现为宅基地和承包地等固定资产导致的家庭纠纷；近年来由于老人赡养问题引发的家庭矛盾呈上升趋势……但早在 1964 年，威廉·J. 古德就在其著作《家庭》中指出："在家庭这类领域所发生的一切并不仅仅取决于工业化制度"，[①] 家庭矛盾的产生有着复杂的原因。结合对星村的实地调研，村民的生活世界中，家庭矛盾的生成主要是由以下原因导致的，它们解释了家庭矛盾的生成逻辑。

1. 经济原因

由于贫困，在遇到需要金钱解决的问题而家庭无力承担时，家庭可能会因为互相抱怨产生矛盾；尤其是涉及利益分配的问题时，很难处理妥当，极易爆发家庭矛盾；另外，家庭内部的收入差距也会引发家庭矛盾，收入较高的一方往往具有更为明显的话语权与决定权，而收入较低的一方则在家庭内部经常委曲求全，保留自己的观点，这种不平衡的状态久而久之就容易冲击双方的心理和情感，引发强烈的矛盾。例如，收入较低的丈

---

① ［美］威廉·J. 古德：《家庭》，魏章玲译，社会科学文献出版社 1986 年版，第 6 页。

第十章　矛盾调和：近郊村落的家庭关系

夫会因为收入较高妻子的"强势"而无法忍受在家庭中的弱势地位，最终选择逃出"围城"。当然，本书并没有排除家庭矛盾的非经济原因，并非只要是富裕的家庭就没有家庭矛盾。

2. 时间原因

家庭闲暇时间的增长为家庭矛盾提供了时间支持。闲暇时间指在人们的活动时间中，扣除掉工作、生理活动需要和家务劳动等时间后，可以由人们自由支配的时间。闲暇时间的长短在根本上是由社会生产力发展水平决定的，随着人类社会劳动生产率不断提升，人们用在工作上的时间将会持续缩短，家务劳动也会走向社会化，闲暇时间就会不断增多，人们将从繁重的家务劳动中被解放出来。[①]

家庭闲暇时间的增长是一把双刃剑。"任何有闲暇时间的人都可以设计出一个更美好的未来，就像有些人一生都在构思一部伟大的小说，却从来没有动笔写过一个字。马克思认为，重要的不是对于理想未来的美好憧憬，而是解决那些会阻碍这种理想实现的现实矛盾。"[②] 闲暇时间可以为相互交流与互动创造条件，却不能决定交流与互动的内容，这是两个层面的问题。那些幻想只要提供闲暇时间为互动交流创造条件就可以促进家庭和睦的观点是错误的。闲暇时间同样可以创造冲突与矛盾，只要交流的双方把闲暇时间全部用在争执、斗争，甚至咒骂中，那么家庭矛盾就会与闲暇时间成正比，不会有丝毫的改观。为了普遍提高闲暇时间的生活质量与水平，有必要鼓励每个家庭成员运用闲暇时间来形成与发展自己的良好个性，而不是在充裕的闲暇时间中有意无意地充当家庭矛盾的制造者。

3. 数量原因

家庭成员数量的多少会改变家庭原有的文化结构。据澳大利亚《悉尼晨报》报道，把孩子送进寄宿制学校，一直被视作一种对孩子的惩罚，家长希望以这样的方式让孩子体验家庭生活珍贵。但现在这一做法的意义发生了根本性的转变，一项以澳大利亚13所寄宿制学校5000名学生为样本的研究发现，住宿学生与家长间的关系比走读生与家长间的关系要好，寄宿制有利于缓和一些家庭的日常矛盾。悉尼大学教授安德鲁·马丁指出：

[①] 王宗璋主编：《中国边贸实务大百科》，黑龙江教育出版社1997年版，第60页。
[②] ［英］伊格尔顿：《马克思为什么是对的》，新星出版社2011年版，第73页。

"家长们容易因为作业等生活琐事与孩子吵架,而孩子住宿后,这些争吵点就消失了。并且因为短暂的分开,家长也会更为关爱自己的孩子,他们休假回到家以后,家长们对孩子也是更加关切,原来存在的矛盾就转变为相互之间的关心,因此家庭关系也变得更为和谐与融洽。"①

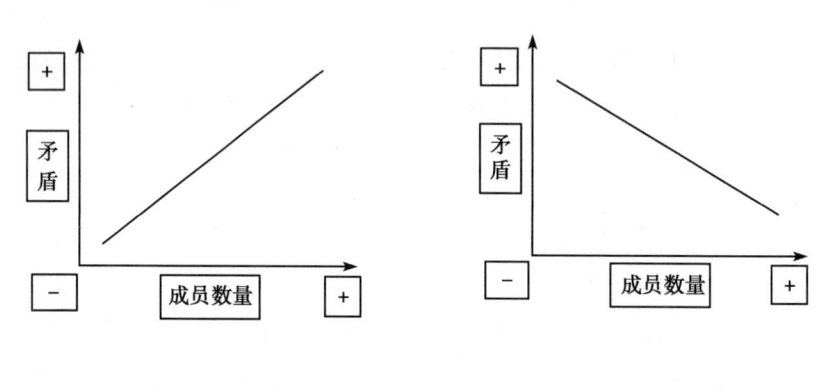

图10-1　正相关关系　　　　　图10-2　负相关关系

　　家庭成员数量的增加或减少都会造成家庭矛盾情况的变化。随着家庭成员数量的增加而矛盾增加,这时,成员数量与家庭矛盾之间成正相关的关系(见图10-1),例如我国家庭中儿子娶媳妇后家庭成员数量增加,同时婆媳关系紧张,而女儿外嫁后家庭矛盾随之减少;另外,成员数量与家庭矛盾之间还可能形成一种负相关的关系(见图10-2),随着家庭成员数量的减少,家庭矛盾反而增加了,或者家庭成员数量增加,家庭矛盾反而减少了,例如家庭娶了儿媳后,婆媳关系良好,家庭原有的矛盾也削减了;第三种情况是在一定的时间内,家庭成员的数量不固定,家庭矛盾会出现一定的起伏或变动。例如外出务工的农民工或者有子女长期在外上学的家庭,家庭矛盾可能非常不稳定,这种情况主要是由于家庭成员数量波动导致家庭结构的不稳定,家庭也就无法形成稳定而有效的应对措施造成的;最后一种情况是家庭成员数量的变动对家庭矛盾的影响非常有限,或者基本没有产生影响。

4. 文化原因

　　家庭文化状况造成家庭矛盾。有人的地方就有文化,社会有社会文

---

① 《澳大利亚一调查显示寄宿制可消除家庭日常矛盾》,《心事·教育策划与管理》2013年第4期。

化，企业有企业文化，家庭也必然有家庭文化。例如家庭文化差异会导致家庭矛盾，夫妻双方在对待对方父母及亲友方式上有着不同的文化价值观念，有些媳妇干涉男方赡养父母的义务，最终导致家庭矛盾的产生。解决这一类型的矛盾，应对双方的父母都平等对待，树立正确的一视同仁的道德观念。实际上，家庭文化在很大程度上取决于家庭成员的成长环境，家庭成员在社会化的过程中，受到风格差异极大的文化背景与文化模式的塑造，这些都会对家庭矛盾的产生造成影响。

尤其应该引起关注的是家庭矛盾文化的问题。家庭矛盾文化类似于贫困文化，与贫困文化一样都是现代社会中的一种文化现象。贫困文化是指贫困群体因为自然环境恶劣、社会显失公正或自身条件较差等多种原因，长时间生活在贫困的境地当中，为了适应贫困生活，自我维护而形成的特有的生活方式以及与之相适应的行为规范、价值观念，并使这种规范、观念得以维持、繁衍的特殊文化体系。[1] 也是指"某一家庭、群体或个人在生活与思维方式、行为与信仰模式、观念与风俗习惯以及在生产方式上落后于当前社会发展程度的文化缺乏、文化滞后和文化低质的状态"。[2] 社会学家赫兹拉指出，个人及社会生活的紧迫需求的满足是文化的发源点。刘易斯也认为，贫困文化是穷人对自身较低社会地位的调适，在客观上是一种穷人进行自我保护的机制。

贫困文化使贫困家庭具有自身独特的贫困文化氛围，使家庭成员无法摆脱贫困，还会使贫困的状况稳定化。家庭矛盾文化也是如此，家庭矛盾文化可以认为是家庭成员由于经济、时间、数量、文化、个体、社会等原因，长期生活在冲突和矛盾中，为了适应家庭矛盾而进行自我维护所生成的特定的生活方式以及与之相适应的价值观念、行为规范，并使这些观念与规范能够维系、繁衍的特殊的文化体系。它最终也造成了充斥着家庭矛盾的家庭具有自身独特的家庭矛盾文化，使家庭成员无法摆脱冲突，还会使冲突的状况稳定化。在充斥着家庭矛盾文化的家庭中，矛盾不会自动削减，反而会越来越多，因为家庭矛盾本身已经被合理化，并且成了一种解决矛盾的畸形手段，即在产生家庭矛盾时用更多、更大的矛盾去应对，以

---

[1] 缪自峰：《西北贫困农村发展的战略选择》，《管理科学》2006 年第 1 期。
[2] 魏海安、郑丽果：《贫困地区经济发展的文化滞约研究》，《集团经济研究》2007 年第 3 期。

家庭矛盾反对家庭矛盾，最终造成家庭矛盾复杂化、严重化。这可以称为"家庭矛盾的马太效应"，家庭矛盾少的家庭，矛盾越来越少，家庭矛盾多的家庭，矛盾越来越多，因为两个类型的家庭有着完全相异的处理矛盾的方式与方法。

5. 个体原因

家庭个别成员的习惯、态度引发家庭矛盾。家庭个别成员固执地保留自身的坏习惯，丝毫不考虑为了家庭做出适当调整，使他们成为家庭矛盾的诱发因素。例如男性家庭成员热衷于吸烟、酗酒，这些行为是造成女方抱怨、夫妻失和的直接原因，男方应该在这方面自我克制；而女人不断的唠叨非常容易引起男方反感。

比较严重的是，在家庭矛盾多发的家庭中存在这样的心理规律：一方面，家庭个别成员会将家庭矛盾视为一种合理的存在，为家庭矛盾的产生与激化寻找各种合理化的借口与理由，甚至会将家庭矛盾视为一种"绝对正能量"或"家庭必备品"，既不会在发生矛盾时检视自己的缺点，也不会理性地思考矛盾产生的真实原因，反而会一味地将斗争的矛头对准自己臆造出来的对象，而不去真正地挖掘矛盾产生的经济与社会原因；另一方面，家庭个别成员还有将经济与社会原因个人化的倾向，例如将家庭经济的贫困归因于个别成员的"本事低"或"心眼实"，将家庭矛盾的产生归因于个别成员"不听话"或"不孝顺"，这些将家庭矛盾个人化的发起者有一种充当"救世主""裁判官"的特别喜好，极易触发家庭矛盾。个别成员的这种心理倾向使他们成为家庭矛盾的"鲶鱼"，不断搅动家庭的稳定结构与体系，为家庭矛盾提供源源不断的动力。在他们喋喋不休地"炮轰"家庭其他成员的错误与缺陷时，他们已经成为自己反对的对象本身。因此，上述心理规律使个别家庭成员成为家庭矛盾产生的发起者与搅动机，有这样的个体成员存在，家庭矛盾往往成为"家常便菜"，很难休止。而家庭个体心理素质的差异在这种心理规律下会产生不同的结果，如果家庭个体心理素质差，无法认清家庭矛盾的破坏性，与矛盾的发起者处于长期的矛盾与争执中，就会扩大家庭矛盾的破坏性；相反，如果家庭个体心理素质良好，就会有效地抵御个别家庭成员发起的矛盾冲突。他们可能采取避其锋芒的策略，或者采取有技巧的解决策略，有效消解家庭矛盾的破坏性。

6. 社会原因

社会环境也是促使家庭产生矛盾的重要因素。社会环境为家庭的运行提供了基本的社会背景，背景环境的状况会对家庭本身产生直接的影响。原来保持和睦的家庭，在亲朋好友有意无意地"提醒"下，或者在社会多方制造的压力之下，也非常容易发生矛盾。例如，一个不太宽裕的家庭原来并不打算买房子，但是由于周围的同事、同学、朋友都已经购买，父母或者子女会因此思虑着应该买个房子，最后由于是否购买房子的问题而产生矛盾的观点。

而在一些偏远、贫困的地区，拐骗、拐卖妇女儿童的犯罪经常出现。拐骗、拐卖妇女儿童也就成为当地夫妻离婚的直接诱因，家庭成员极易在被拐被骗后相互指责、埋怨而导致离婚，还有许多的家庭在失去孩子后寻找无果而造成夫妻感情的破裂。拐骗、拐卖妇女儿童的恶劣行径直接冲击了原有的家庭结构，具有强烈的破坏性。这也充分说明了一个稳定、良好的社会环境对于家庭而言多么的重要。

上述这些原因导致个别家庭成了家庭矛盾的频发家庭，同时也构成了家庭矛盾运行系统的动力因素。动力泛指事物运动和发展的推动力量，即上述六个原因可以催生家庭矛盾，同时也可以为家庭矛盾提供物质与精神动力使家庭矛盾稳定地维持下去，六个方面的因素既是家庭矛盾产生的原因，也是维持家庭矛盾的动力。家庭矛盾得以维持的整个动力系统可以用图 10-3 来表示。

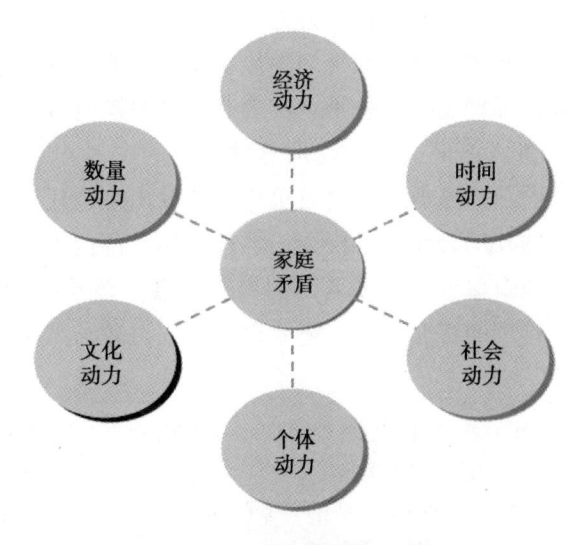

图 10-3　家庭矛盾动力系统

图 10-3 显示，家庭矛盾的维持受到了来自六个方面动力因素的催化

与刺激，这个家庭矛盾的动力系统让家庭矛盾的维持变得容易与合理，而要解决家庭矛盾问题也变得困难重重。一方面，六个因素激发了家庭矛盾的生成，"问渠那得清如许？为有源头活水来"，① 只要六个因素源源不断地提供家庭矛盾产生所需的动力，家庭矛盾就会经常性地发生；另一方面，六个因素在家庭矛盾产生后提供了家庭矛盾维持与激化的动力因素，使家庭矛盾不容易消解，而且使家庭矛盾的强度与复杂性不断加重，这就导致后期的介入很难发挥实效。

三 近郊村落家庭关系调和的双重策略

家庭矛盾治理作为现代社会治理的重要一环，要遵循社会治理的经验与要求，拓展治理主体，强调服务意识。"工业社会形成的社会管理模式是层级的、技术官僚的和政府集权化的，但是在信息社会所培育的社会管理模式则是网络化、分权的治理体系。"② 具体而言，现在社会治理的内涵主要由以下两个方面构成：第一，在哲学思想上而言，它并不认为政府是社会管理的唯一主体，从而抛弃了这样的传统观点，转而强调社会多方参与社会治理，体现出全民共同参与，并且共同承担责任的改革方向。"伴随社会治理范围的不断扩展，它不仅涵盖政府机制，而且也涵盖了非政府、非正式的机制，不同人群和多种组织可以借助这种多元化发展的机制满足自身的需求，最终实现各自的愿望。"③ 第二，在行为准则上而言，它抛弃了视效率为政府主导行动准则的传统观点，而是寻求协调、可持续的发展模式，转而强调正义、公平、代表制、公民参与等。现代社会治理包含的服务至上和公正至上的崇高理念要求践行一种全新的公共责任机制：不仅要把政府从操办所有的财政负担中解放出来，还要追求社会更多主体、更多力量的互助合作；不仅要增强社会私营部门以及社会个体的积极性与自主性，还要保证社会私营部门以及社会个体承担相应社会责任；不仅要提升社会管理的综合效率，还要确保治理过程与结果的公正性。④

---

① 出自南宋诗人朱熹的《观书有感二首》其一，全诗为："半亩方塘一鉴开，天光云影共徘徊。问渠那得清如许？为有源头活水来。"

② Kenan Patick jarboe. Globalization and social governance in Europe and United States, working paper of the European Commission [R]. 1999, p.11.

③ ［美］詹姆斯·N. 罗西瑙:《没有政府的治理》，江西人民出版社2001年版，第5页。

④ 孙晓莉:《西方国家政府社会治理的理念及其启示》，《社会科学研究》2005年第2期。

正是家庭矛盾产生原因的复杂性导致家庭仅仅依靠自身的力量很难摆脱陷入矛盾冲突的困境，因此还需要在实际生活中借助"外力"打破这种矛盾的状态。因此，家庭矛盾治理需要政府、社区以及非政府组织力量的介入，不仅要拓展治理家庭矛盾的主体，强化政府的服务意识，还要重视家庭成员的积极主动参与，确保家庭矛盾治理的效率与公正性。那么，一方面需要重构家庭成员个体层面的日常策略，另一方面也要发掘家庭对抗矛盾的社会策略，这种化解矛盾的双重策略是现代社会走出家庭矛盾旋涡的现实路径（见图10-4）。

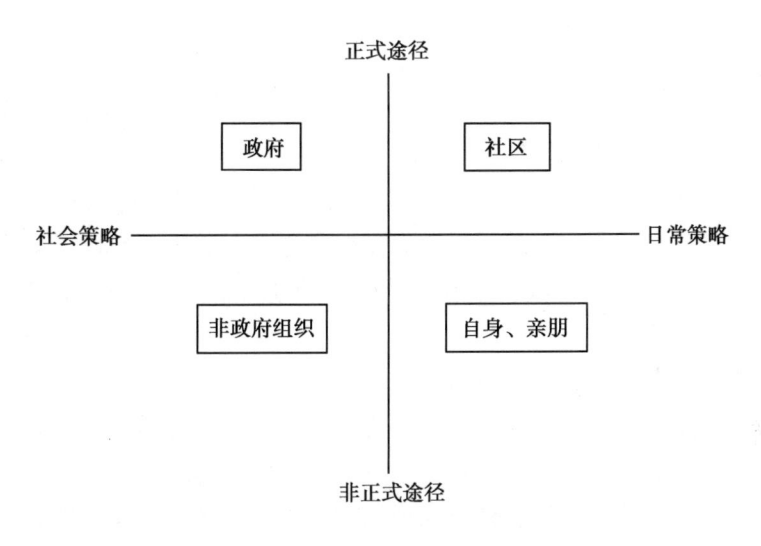

图10-4　家庭矛盾治理的路径依赖

（一）日常策略的重构

1. 家庭的自我拯救：家庭的蜕变

家庭有自己的运行规律与原则：家庭应该是一个守夜人，而不能过多地充当干预者；家庭应该鼓励自由，给每个家庭成员自由，但一部分人抛弃了家庭内的自由，强调对另一部分成员的控制与约束，放不下手中的权力；家庭支持对儿女的指导、教育，但管教者也有可能是一个放任的溺爱者……家庭成员在家庭生活中的这些违背家庭内在运行规律的行为，背后是家庭权力的滥用，家庭权力的行使者很容易以家庭的名义否定家庭成员的选择。这种运行逻辑引发的一系列矛盾冲突，催生出一定的社会问题，成为社会不稳定的因素。我们过多地关注了社会权力行使者的腐败行为，而忽视了家庭权力行使者滥用权力引发的矛盾对社会的冲击。

"认命""不去想""无所谓"的日常策略是家庭成员在个体层面上应对家庭矛盾时的非正式手段,在家庭生活中,个体成员往往因为深感无能为力或身心疲惫而选择这种消极逃避的态度,并将其作为一种有效的应对途径,实际上这也是一种无奈之举,家庭成员只有具备主动、积极适应的态度时,才能够对家庭矛盾治理产生建设性的作用。主动积极的态度能够引导家庭主动挖掘家庭矛盾产生的原因,同时主动寻求解决问题的出路,避免了上述非理性的消极应对方式。基本的态度是要遵循家庭运行规律,合理使用家庭权力,"不抓辫子,不扣帽子,不打棍子",① 破除依靠个人喜好处理家庭矛盾的路径锁定,转换家庭矛盾处理的思维模式。只有家庭成员之间相对平等、相互尊重,才不会对其他家庭成员的行为与态度横加干涉,才能保证相互之间的和谐相处。一方面,家庭中年长者没必要对晚辈的大小事情都做决定,家庭应有一定的民主氛围;另一方面,年龄相仿的成员不应将自己的价值观念强迫地灌输给对方,而应以自我反省为主。当然,主动积极进行家庭矛盾治理态度的产生与形成决不能寄托于家庭成员的自发觉醒,主动积极态度在相当大程度上是社会力量催化与激发出来的。

2. 家庭社会关系网络的重组

目前,家庭矛盾治理所依托的社会关系网具有很大程度的局限性。一方面,由于家庭矛盾过程中依赖的亲戚朋友在协助解决家庭矛盾时,具有极强的倾向性;另一方面,即便亲戚朋友没有主观倾向性地协助处理家庭矛盾,他们本身的能力也极大地限制了解决问题的实际效果。因此,协助解决家庭矛盾的社会关系网络有必要进行相应的重组。家庭不仅要加强同其他群体成员、社会组织机构的交流与来往,并且还要对已经具有的社会关系网络进行重新塑造,在主动积极态度的基础之上,大致位于类似地位的社会成员可以建立资源与信息共同分享的互助型小组,从而构建起相对来说比较正式的社会团体。

3. "有困难,找社区":社区的基础作用

社区在实际的生活中能够提供的帮助具有双重性:一方面,它承担正式支持系统交予的一些职能,例如社会保障以及社会救助等职能,因此其具有一定的"正式性";另一方面,它还具备一定意义上的社区网络特

---

① 《邓小平文选》第 2 卷,人民出版社 1994 年版,第 140—153 页。

质，如亲情、友情和邻里互动，具有"非正式性"。鉴于社区在当下越来越明显的"自治组织"性质，以及它对当地政府较强的依赖性，可以姑且将社区介入视为一种"准正式介入"。随着我国社区建设的日益深入，社区自治的程度也相应得到了极大的提升，如何充分而有效地激发社区自治的潜力，以及如何强化社区建设的功能，成为我们必须关注的一个重大问题。"有困难，找社区"的口号给了我们的启示：社区可以通过完善自身的服务，从而同所在地区的家庭建立密切的联系。尤其是社区建设，可以为家庭成员参与更加广泛的社会活动提供各种机会，社区通过自身建设有效地化解社会矛盾，缓和社会转型所带来的家庭紧张，实施基本的社会控制，营造良好和谐的社会氛围，消除种种文化冲突、人格失调现象等。其具体内容以指标项目表达，即社区控制、社区就业、社区援助、社区文化建设等方面。① 例如社区文化建设可以有效弥补经济建设对居民人性关怀不足的弊端，营造推动经济发展的人文环境，② 不仅陶冶居民的身心，而且填补了闲暇时间的空白，避免了各种在闲暇时间无事生非的冲突。社区介入作为家庭应对矛盾冲突的日常策略是未来的一个方向。

（二）社会策略的建构

1. 打破"清官难断家务事"的神话

中国有句古语为"清官难断家务事"，这句话表达了家庭矛盾的复杂性与治理的难度。但是，这不能成为社会治理者逃避解决家庭矛盾的理由甚至借口，正是由于家庭矛盾的复杂性与治理的困难，凸显了政府承担治理家庭矛盾的必要性与紧迫性。在现代社会，政府只有能够适应与满足社会的普遍需要，能够服务于所在地区的公共利益，才会被认为是有价值的，否则，人们就会怀疑其存在的合法性。"服务型政府"应该成为我国公共行政主导的与核心的价值范式，它体现的是"全心全意为人民服务"的主导行政价值观。③

政府的理想与社会的理想实际上具有很高的统一性，政府有效介入是

---

① 周德钧：《社区建设的意义、目的及方针步骤》，《湖北大学学报》（哲学社会科学版）2004年第1期。

② 王竹卿：《社区文化建设对构建和谐社区的功能分析》，《中共山西省委党校学报》2007年第2期。

③ 刘祖云：《历史与逻辑视野中的"服务型政府"——基于张康之教授社会治理模式分析框架的思考》，《南京社会科学》2004年第9期。

家庭矛盾治理的社会策略健康发展的必要保证。实际上，政府具有多样化的介入形式，其不仅在立法上可以进行支持，在舆论上进行相关的宣传，而且还可以在行动上发挥协调作用。政府部门在思想上一定要高度重视解决家庭矛盾问题，必须正视家庭矛盾问题已经不仅仅是某个家庭的个别性问题，主要是因为家庭矛盾在失控的情况下容易演变为社会问题，甚至可以造成紧迫的政治问题，因此它深刻影响到社会安定与政权稳定的局面。因此，政府是家庭矛盾治理社会策略中的重要环节，政府可以创设鼓励非政府组织参与家庭矛盾治理的平台，制定激励措施树立模范家庭来推动弱化家庭矛盾，政府还可以通过购买服务的形式依托专业的社会组织与志愿者团体来打破"清官难断家务事"的神话。

2. 非政府组织：家庭矛盾治理的补充力量

20世纪80年代前后在西方国家出现了将非政府组织和非营利组织作为研究对象的专门领域，在90年代以后，这些地区又兴起创建与发展非政府组织和非营利组织的社会运动。在这场运动中，人们在实践中尝试建立各种类型的团体、基金会及其他组织形式，它们以促进基层社会繁荣、保障公民权利、展开人道服务、增进人类福祉为己任。必须承认的是，非政府组织在客观上极好地填补了政府与个人、家庭需求之间的空白地带，有效地激发社会的整合与公民的普遍参与。同时，我国社会团体服务工作正在逐步向着更加规范化与专业化的方向发展。我们需要意识到，社会工作在解决我国社会转型时期家庭矛盾方面有着很大潜力和优势，可以为缓和家庭成员之间的紧张关系、解决家庭矛盾问题提供相应的技术指导和专业服务。[①] 值得一提的是，各类专业的社会工作组织、心理辅导机构，需要为家庭提供家庭心理辅导，重建家长对家庭关系、亲子关系的理性认识，学习亲子交流的方式以及营造有利于孩子成长的和谐融洽的家庭氛围和家庭环境，从而提高家庭亲密水平。因此，非政府组织是介入家庭矛盾治理的重要补充力量，可以促进家庭矛盾治理社会策略的健全与完善。

通过上述主体的参与，只解决了参与主体多元化的问题，然而多元化的主体在参与家庭矛盾治理过程中究竟如何运作呢？首先，政府可以直接对家庭成员及他们的亲戚朋友施加影响；其次，政府可以通过支持社区与

---

① 童敏：《从问题视角到问题解决视角——社会工作优势视角再审视》，《厦门大学学报》（哲学社会科学版）2013年第6期。

非政府组织的工作来促进家庭矛盾治理；最后，社区、非政府组织在加强自治的过程中不断提升家庭矛盾治理能力与水平（见图10-5）。

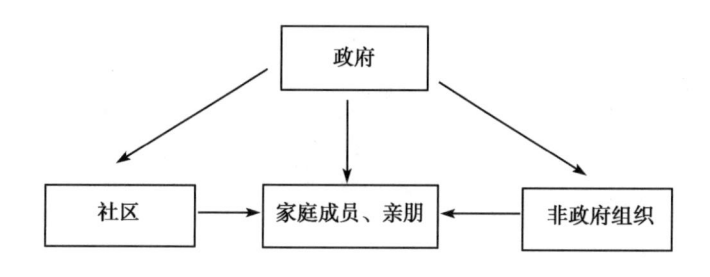

图10-5　家庭矛盾治理机制

这样就可以全面催生家庭成员的参与意识，家庭成员意识的觉醒有助于成功打造家庭治理模式的2.0版本。第一个版本（1.0版本）是依靠非家庭成员的外在力量施加影响的外力模式，2.0版本是家庭成员积极主动参与的模式。外力的干预如果得不到家庭成员本身的支持与回应，也就只能是流于表面的干预，无法触及家庭成员的灵魂深处，无法改变他们的意识与观念，最终无法扭转家庭矛盾。因为只有得到家庭成员的积极回应，家庭矛盾治理才能最终形成内外互动式的治理形态，才能确保多元主体在家庭矛盾治理中能够发挥应有的作用，才能保证社会服务的有效性。因此，可以根据家庭成员参与意识觉醒与否将家庭矛盾治理分为两个阶段：第一个阶段，家庭成员不能积极主动参与、支持家庭矛盾治理而只由社会力量对家庭本身施加影响的单向阶段，这在一定程度上是一个必经阶段，只有经过不懈的努力，才能使广大家庭成员主动积极地参与、支持家庭矛盾治理，进入家庭矛盾治理的第二个阶段：社会力量施加影响同时家庭成员本身积极回应的双向阶段。从而最终形成家庭矛盾多维互动治理的新格局。

总之，本书首次将家庭矛盾治理视为现代社会治理的重要一环，诸多家庭矛盾引发的各类社会事件表明，家庭矛盾已经成为社会问题的策源地之一。通过对星村家庭矛盾状况的考察，笔者认为，经济、时间、数量、文化、个体、社会等因素导致了家庭矛盾的产生，同时也维系了家庭矛盾的动力系统。传统手段依托于政府、社区、非政府组织，现代社会治理强调激发家庭成员及其亲朋的积极主动参与，是消解家庭矛盾的路径依赖。

第十一章

建构性共同体：村落秩序与行为的重构

一 相关文献回顾

"共同体"是社会学传统中最基本的概念之一，对整个社会学研究影响深远。而19世纪，对共同体价值的重新挖掘大大推动了西方社会思想史的发展，而其影响不仅仅局限在社会学界，更在整个社会思想领域产生了巨大的影响。提到"共同体"，最为著名的著作当属德国社会学家斐迪南·滕尼斯的《共同体与社会》，他用自然的、有机的和人为的、机械的这一组词语来表明"共同体"和"社会"这两个范畴的区别。他在书中说道："这种关系本身，即这种联系，要么被理解为现实的和有机的生活——这便是共同体的本质；要么被理解为观念的和机械的形成物，这便是社会的概念。"① 在滕尼斯看来，共同体是一种亲密的、熟悉的、相互信赖的、排他的生活场，这才是一种"持久的和真正的共同生活"，而社会却表现为一种相互陌生的生活共同体，"人步入社会就像步入某种陌生地"，只是"一种暂时的和表面的共同生活"。按照滕尼斯的说法，中国传统乡土社会是一个"共同体"，而现代城镇和都市则是一个"社会"，但是随着实践的发展，我们发现这两者之间有时候界限并不怎么明确。

马克斯·韦伯也曾经指出：共同体仅仅有种族和共同语言还不够，"只有在感觉到共同境况与后果的基础上，让社会成员的举止在某种方式上互为取向，在他们之间才产生一种社会关系，才产生共同体。也就是说，只要在社会行为取向基础上，参与者主观感受到（感情的或传统的）

---

① ［德］斐迪南·滕尼斯：《共同体与社会》，林荣远译，商务印书馆1999年版，第3页。

第十一章 建构性共同体：村落秩序与行为的重构

共同属于一个整体的感觉，这样的关系就应当称为'共同体'"①。相比来看，韦伯更强调共同体的精神因素，而不仅仅局限于客观事物。因此，共同体不仅仅是传统的，也是现代的。"无论传统社会还是现代社会，只要社会成员在行动上频繁互动、紧密关联、取向一致，在情感上彼此认同、相互守望，共同体的精神就得以形成，共同体的美好感觉就会得以产生。"② 社会学家齐格蒙特·鲍曼也对"共同体"情有独钟，他在《共同体》这本书中这样写道："共同体总是好东西，总给人许多美好的感觉：温馨、友善、相互依靠、彼此依赖。"但是实际上鲍曼对共同体现状并不乐观，他认为在现代社会中，"共同体意味着的并不是一种我们可以获得和享受的世界，而是一种我们将热切希望栖息、希望重新拥有的世界"③。

而实际上，学界对于共同体也有不一样的声音，如迪尔凯姆就认为共同体有碍于个体性的发展，共同体与个人自由是相悖的。他认为"在传统社会（共同体）的结构里，个人完全被整体所吞噬，人与人之间具有较强的相似性，是一种'机械团结'，带有被动的、先天的、强制的特点，以至于真正的个人性（个体性）并不存在。但是现代社会分工和社会结构的分化产生了一种新的团结方式……社会分工与其所伴生的多重角色造成了真正的社会个体性，社会分工所带来的相互依赖性造成了激进的个体化的存在……这就是有机团结"④。综合分析社会学传统中对共同体的评价，我们可以感到这些学者对"共同体失落"的感慨，甚至滕尼斯也并没有掩饰他的这个忧虑。的确，现代社会的发展，导致维系共同体的纽带出现断裂，学界发出了"共同体失落"的呼号，鲍曼还指出："共同体的纽带已经逐渐变得可有可无了……"

但是与西方文化强调的个体化不同，中国社会有着很强烈的集体主义倾向，在西方文化中，现代化、个体化的发展与共同体精神是天然相悖的，因此在西方学者看来，"共同体的失落"是必然趋势。而对中国来说，我们的乡土社会以延续数千年，虽然在现代化冲击下，乡土社会共同

---

① [德] 马克斯·韦伯：《经济与社会》（上卷），林荣远译，商务印书馆1997年版，第70—72页。
② 转引自杨建华《冲突与弥合》，社会科学文献出版社2013年版，第349页。
③ [英] 齐格蒙特·鲍曼：《共同体》，欧阳景根译，江苏人民出版社2003年版，第3页。
④ 转引自罗中峰《共同体的失落与重建》，《当代社会发展研究》（第一辑），山东人民出版社2006年版，第55页。

体也面临着巨大的挑战，但是共同体的根还在，这个根就是传统文化，是中国人对于"家"的渴望，这为我们重建共同体提供了精神基础。20世纪80年代以前，中国乡村社会是典型的"共同体"，甚至具有一点"理想类型"的感觉，这些共同体或者是道义共同体，或者是行政共同体，尽管性质不同，却都使乡村秩序井然。而改革开放之后在市场经济和社会转型的大背景下，村落共同体的物质基础受到了侵蚀，也面临着解体的风险，乡村社会秩序面临着严重的危机。的确，现代化的发展已经使中国乡土社会摆脱了"理想类型"的帽子，具有了越来越多的复杂性，我们必须认识到，如今多元化、原子化和功利化正在改造着中国的传统世界，而人类作为一种自主、自觉的存在，从来没有放弃过对"共同体"的追求与努力，因此，基于人们对"共同体"精神的渴望和当前的这种复杂情景，我们更应该去努力探索与尝试完成一个共同的任务与使命，即建构新型共同体，培育新型共同体精神。我们所要建构的新型共同体，不单单是一种生活的共同体，还是一种精神的共同体，是两者的统一体、复合体。

在探讨城镇化背景下村落共同体重塑的路径选择之前，我们先来论述一下村落共同体重塑的必要性和迫切性。我国有近9亿的农民，乡村人口基数如此之大是城市无法全部吸纳的，如此多的农民要在短时间内从乡村转移出去也是不可能的，更何况目前，数量庞大的农村流动人口很多还是回到了乡村。因此，乡村仍然是广大农民安身立命之所，村落共同体仍然是维持乡村生产生活基本秩序的重要保障。在这个意义上，我们认为，乡村的现代化是中国现代化道路的战略性选择，而重建村落共同体则是国家和农民的共同需要，在这个共同体中，村民有着高度的认同感，并能从中获得确定性、安全感和可靠性。而现实情况却并不乐观，随着现代化以及社会分工的发展，村落社会越来越呈现出分化的特征，村落的"共同体"特性逐渐淡化，当今的"小农"已经不再是局限性、狭隘性的代名词了，他们已经进入或者被卷入了这个流动的、开放的、高度分工的现代化社会中来，并且在现代化的影响下，他们也摆脱了传统的"小农意识"，具备了自由开放的意识，其生产、生活和社会交往更加社会化，成了"社会化小农"。这也宣告了旧有共同体基础的瓦解，但是新的共同体却还没有形成，因此在20世纪80年代以来很长的一段时间内，乡村社会都呈现出一种无序的状态。另外，在以经济发展为重心的年代，农村和农民更多的是只有数字上的意义，而农民原子化、村落共同体瓦解所带来的负面效应却

第十一章 建构性共同体：村落秩序与行为的重构

被忽略了，学界也发出了"共同体失落""共同体崩溃"的叹息。因此，村落共同体的重建不但必要而且迫切。

从村落社会的基本特质来看，村落是社会最基层的社会单位，代表着一种生活制度和社会关系网络，承担着生产、安全、道德、秩序、管理等方面的功能，具有一种天然的共同体属性。然而在现代化、工业化浪潮的冲击下，传统的村落不可避免地发生着顺应时代潮流的变化，村落的共同体属性也成为学界热议的话题。星村在村庄共同体上有一定的特殊性，星村历史上经历了多次变革，首先是 1956 年星村与星明村分开，后在 1975 年又与五洲村分开，经过几次变革，村庄原有的边界（地域边界、行政边界、社会边界等）被改变或取消了。其次，星村并不是一个原生的村落，其村民都是历史上由各地聚集而来的，对于中国乡土社会来说，对祖先的信奉和崇拜就是其全民信仰的宗教，而星村由于不是由单个姓氏组成，而是由多个姓氏的村民杂居在一起，他们就没有统一的家谱，没有统一的宗祠和统一的祭祀行为，甚至整个村庄里都找不到一座宗祠，因此他们也就不可能有统一的祖先记忆，甚至从另一方面说，他们有点类似于城镇社区，因为城镇文化不需要这种统一性，他们的统一性是建立在社会分工和商品交换的基础上的。因此星村的共同体已经不同于传统意义上的乡土共同体，这种村落共同体已经开始趋向于"社会化"或"社区化"了，有学者曾经如此看待这种村落："它已经不是一个标准的中国乡村社会，因为他们的宗教（祖先崇拜）没有了统一性。"[1] 综上所述，我们可以看到，星村村庄共同体的结构已经改变，其功能也都发生了变化，传统村落共同体的属性也发生了变化，但是星村仍然保持着村庄的形式。那么村落共同体的命运将如何？笔者根据台州市星村在村庄变迁中的实践，认为目前乃至将来很长一段时间内，村落的性质将是建构性的，是一种建构性共同体，不仅要建构一种社会生活共同体，还要建构一种精神共同体，而这种建构性共同体是村落社会管理秩序的一种现时性选择。

对于村落共同体的命运，很多学者也都有不同的见解，秦晖认为"国家权力的过于强大导致了村落小共同体的萎缩"[2]，毛丹指出了当今中国社会村落单位化的趋势，林聚任等学者提出了公民共同体的概念，而笔者

---

[1] 张柠：《土地的黄昏》，中国人民大学出版社 2013 年版，第 9—10 页。
[2] 秦晖：《大共同体本位与传统中国社会（下）》，《社会学研究》1999 年第 4 期。

认为，这些概念难免存在"纯粹化""理想化"的取向，尤其是对于现当代背景下村落共同体性质来说更是如此。那么，当下我们努力追寻的"村落共同体"究竟是一种什么形式的"共同体"？笔者认为我们所努力的共同体重塑的目标，不一定是某种"理想形态"，我们所期待的很可能只是"在公领域以及私领域，重新建立一种现代人能够接受的'共同体关系'，这种关系形式都象征着一种连带感，让个人不致有无根飘泊的恐惧"①。因此我们不能把村落共同体的性质局限在某个或某些具有理想主义的概念上，根据星村在社会变迁过程中的实践，笔者提出了"建构性共同体"这一概念。所谓建构，就是先对原有概念、关系进行解构，然后再建立一种新的概念或关系结构，建构性共同体就是解构了以往关于村落共同体的理想化、纯粹化概念，而在现时语境下重新探索共同体各要素之间的关系而提出的一种新的概念。那么究竟什么是建构性共同体呢？

笔者认为，所谓建构性共同体是在现时条件下，在现代化背景下，综合血缘、道义、文化、行政、契约等多种变量，由政府、市场和农民共同参与，良性互动，以满足人民群众的情感、利益等诉求，构建合理的社会秩序为目标的一种共同体存在形式。

二 建构性共同体的具体特征

（一）现实存在性

这种建构性共同体并不是遥不可及的海市蜃楼，而是"当下的现实"。这一概念并非历时性的动态描述，而是在当前特定环境下的特殊产物，因此也可以称为"现时性"，是我们已经预料到并且已经或正在努力实现的村落社会秩序的最佳形式。这种村落共同体的形式是根据当下整个社会、经济、文化等的发展趋势，在政府、农民、企业等多种力量的共同参与下形成的适应社会现实的整合形式。与林聚任等学者提出的"公民共同体"相比，这种"建构性共同体"的不同之处在于它的现实性，"公民共同体"可能是未来能够实现的共同体形式，就目前情况来看，中国社会尤其是农村社会还达不到实现"公民共同体"所具备的那些条件，主要包括政府的行政力量在村落重大事件中还承担着主导的作用，而且社会力

---

① 罗中峰：《共同体的失落与重建》，《当代社会发展研究》（第一辑），山东人民出版社2006年版，第63页。

量的参与程度还不够高,农民自身的素质还没有达到像西方公民社会那样的程度。但是不可否认,"公民共同体"与"建构性共同体"的最终目标都是要达成一种理想的社会秩序。

(二) 多元建构性

这一特征也是与当下倡导的社会治理理念相契合的,十八大报告提出将社会管理变为社会治理,其中一个重要的改变就是强调多元性。而我们所讲的建构性共同体对基层农村来说,也是加强基层社会治理的一种实现形式,也需要多元性主体的参与。与改革开放以前相比,整个社会的活跃程度、开放程度都已大大提高,参与、影响社会建设的变量因素不断增加,在村落共同体重塑的过程中也凸显出了影响因素的多元化和建构性,特别是在现代社会变迁的背景下,多元性特征更为明显。如今的村落共同体不再以单纯的血缘关系、行政力量为主导因素,而是综合了宗族血缘、道义、行政等多种因素,使它们共同参与到村落共同体的建构中来,并且通过合理统筹充分发挥它们各自的作用和功能。

(三) 公共参与性

正如有学者指出的"改革的本质不是一场浮华的高高在上的意识形态运动,而是以千百万民众为主体的朴素的脱贫致富的伟大长征"[①]。村落共同体是一个关系紧密、秩序井然的结构形式,直接关系到广大农民的日常生活以及利益,因此村落共同体的重塑也需要农民自身的参与,甚至可以说,主要还是靠农民自身的参与,否则,不管政府部门作何努力,都将是无用功。而只有农民群众的广泛参与,并且自觉地培养起对村落的认同感和自豪感,才能增强村落的凝聚力和团结程度。另外,随着市场经济的发展和社会的开放,要充分发挥市场及社会组织等变量在重塑村落共同体中的作用,并积极协调国家、市场、社会及村民之间的关系,使之能实现良性互动。从整个台州市的实践来看,台州市的农村社会变迁及村庄共同体重构,要正确处理政府、市场和农民的关系,走一条以农民为主体、以政府为主导,充分发挥市场机制作用的路子。

(四) 村民本位性

所谓"村民本位",就是"以人为本",其本质上就是要认清村民、

[①] 胡宏伟:《中国模范生:浙江改革开放 30 年全记录》,浙江人民出版社 2008 年版,第 3 页。

村庄和国家的和谐互动关系，认清村民并不是村庄和国家的简单附属物。要实现农村社会的发展，要加强村民对于村落的认同和村落的凝聚力，要维持乡村正常的社会秩序，"村民本位"是首要前提，换句话说就是要尊重村民、"以人为本"。"村民本位"有两层意思：一是在村庄运行中，无论是村庄公共事务还是经济运行，都要尊重农民的意愿，实行人性化体制，不仅要让村民充分参与到决策制定过程中来，而且还要充分发挥村民的自主性和创造性，鼓励村民按照政策要求参与村庄公共事务，让村民真正成为新农村建设的主人；二是村庄制定的制度、规则，村庄的发展方式、发展目标、发展手段，都要以满足村民的需求为出发点和落脚点，不能侵害村民的合法权益，要通过科学、合理的规划，采取有效、健康的方式，既要推动村庄有序发展，也要保障村民的权益和权利。而从另一方面来说，只有真正做到了"村民本位"，才能极大地调动村民的积极性和主动性，也能够为村庄发展贡献自己的力量。

三 建构性共同体的问题与挑战

（一）乡民的原子化倾向制约共同体的发展

在经历过全国轰轰烈烈的"单位"生活之后，随着家庭联产承包责任制的实行和社会主义市场经济体制的确立，中国迎来了后单位制时代，体制的转换、社会的转型，使昔日单位所承载的社会公共性日益弱化，相对应的就是社会的原子化倾向越来越强烈。社会原子化，"主要是指在单位制度变迁过程中社会联结状态发生变化的过程。主要表现为个人之间联系的弱化、个人与公共世界的疏离以及由此而衍生出来的个人与国家距离变远、道德规范失灵等一些基本的社会联结被破坏的现象"[1]。近年来，在现代化的浪潮中，农民的原子化倾向也逐渐凸显，村民之间、村民与村庄之间的联系处于一种独立、分化的过程中。农民的原子化、个体化过程还要追溯到人民公社制度的废除。集体化时期，在政府权力的制约下，还能将农民组织起来进行大规模的生产和建设，至少在形式上广大农民是结合在一起的。但是随着人民公社退出历史舞台，开始实行家庭联产承包责任制以后，农民形式上的联系也被打断了，村民成了一个个分散孤立的个体。每个家庭都是自己劳动、自己生活，村庄的社会关联程度的大大降

---

[1] 田毅鹏：《中国社会后单位时代来临？》，《社会科学报》2010年8月28日。

低，也使村庄和村民的集体意识淡化，合作的能力和意识都有所下降。村民对个人利益的关注超过了对共同利益的关注，村庄事物似乎变成了与村民无关的事，这使村庄所具有的一些共同体功能如互助、组织、制约、协调等功能逐渐弱化，村落共同体因缺乏认同基础而无法得到保护，从而进一步受到侵蚀和破坏。

（二）市场经济的冲击使乡村共同体日渐萎缩

浙江是市场经济发达的地方，台州市的市场经济发育程度也相当高。市场经济的快速发展在为台州市带来可观的经济效益、社会效益的同时，却也在冲击着传统的村落共同体。市场经济的发展一方面活跃了城乡市场，使城乡居民的物质生活更加丰富和方便，但也使"经济理性"极度张扬，城乡二元结构日益严峻，那些无组织的农民在互动中处于更加不利的地位。在市场经济的冲击下，传统村庄的封闭局面被打破，农民可以在城乡之间自由流动，再也不用终生固守在村庄了，农村的经济、政治、文化精英逐渐不断地流出村庄，有些甚至在城市定居下来。农民内部出现了分化，农民的生活预期转向村外，村庄认同感下降，村庄的道德舆论对村民行为的约束力也开始解构。这些都使村庄边缘化和农民原子化程度加深，使村落共同体日渐萎缩，并逐渐丧失其功能。

市场经济、社会分工以及"经济理性"等因素使农民的利益日益多元化，从而导致村庄社会关系的淡薄，逐渐瓦解着村落共同体的信任基础。在星村社会变迁的过程中，最为突出的利益分化是在土地征用过程中精英阶层和普通农民的利益分化以及村庄和政府部门的利益分化。共同的利益是社会关系得以维系的重要基础，也是共同体的认同基础，而利益的分化必然导致村庄社会关系的单薄和村落共同体的衰落。

（三）文化的离散导致村庄内聚力的弱化

传统文化是在历史长河中慢慢积淀下来的宝贵财富，它体现着人类的价值取向，对社会发展具有强大的推动力。从社会发展史看，文化一直起着一种引导和整合的作用，一个民族有其共同的文化，一个城市有其共同的文化，一个村落也同样具有其共同而独特的文化，共同的文化能使人们产生认同感、凝聚力，能让人们在心理上和行为上都联结在一起，这也是共同体得以存在的基础之一。近年来，农村经济不断发展，村庄内部逐渐分化，村落生活日益开放，传统因素逐步减少，村落的异质性逐步增强，在这些内外因素的共同作用下，农村文化也日益呈现出多元化、离散化的倾向。尤其是在以经济建设为中心的背景下，由于只重视经济数据的增长，而忽视了文化对于农民生存的重要意义，也没有看到农民生活的内在逻辑，这种不以农民为本位的经济发展方式，使民间传统文化受到严重破坏，致使整个村庄认同感和归属意识差、内聚力不强，也使村落共同体面临着严峻的精神危机。

（四）交往范围扩大导致村民社会支持网络的松散化

中国是一个极讲"关系"的社会，传统农村社会的整合就建立在各种"关系"的基础上，这种"关系"我们可以解读为一种非制度化的人际交往和社会支持网络。在传统村落中，人与人之间是相互熟悉的，是一个"熟人社会"，人们在日常交往中，尤其是在遇到困难的时候，人们往往会选择向这种非正式的关系网寻求帮助，正是在这种关系网络中的互动才成为乡民社会生活的基础，"通过关系网络，人们才能寻求帮助，做出决策，解决问题"[①]。而这种关系网络中的互动，能够培养人们的共同体意识，增强村民的共同体认同感和村落的凝聚力，从而能维持相应的社会团结和秩序，增强村落共同体抵抗风险和危机的能力。应该说旧村改造以前星村的各个自然村落由于在地缘和血缘上的相近，人与人之间信任程度比较高，在有人遇到困难的时候，往往能有很多人为其提供支持和帮助，很多时候这些支持和帮助是无私和无偿的。而如今，星村经历了几次变革以后，形成了现在的村庄，虽然现在的村民之间有一定的认识（在访谈中，很多村民包括书记在内都提到了一点，虽然大家住的都比较分散，但经过多少年来的交往，基本上大家都能认识了），但是，这种认识远远达不到熟悉的程度，随着江边社区、星洲社区和海晨新村这三个村民安置点的建立，村民之间无形之中又拉开了距离，而原来因地缘关系聚集在一起的人却又分散开了，彼此熟悉的感觉被距离冲淡了，村民的社会交往范围大大扩展。另外，随着星村经济的发展，吸引了大量外来人口到星村务工、居住（现外来人口有数千人），他们与原村民混住在一起，也在一定程度上冲淡了原村民之间的熟悉关系。笔者发现，在村庄变迁的过程中，星村人与人之间的那种传统联系正面临着解体，而相应的新的现代的联系却还没有完全建立起来，村民之间的社会支持网络出现了松散化，也导致

[①] 刘军：《法村社会支持网络：一个整体研究的视角》，社会科学文献出版社2006年版，第4—5页。

了村庄社会关联程度的降低。

（五）社会的开放导致村落生活面向由内向转为外向

村庄生活面向指的是"村民在建立自己的生存价值和生活意义时的取向"①，具体地讲就是村民的生活视野是在村内还是在村外。在中国现代化的进程中，市场经济对传统文化的侵蚀以及农村人口流动的加剧都不断地造成村庄生活面向的外向化以及村民共同体意识的瓦解。很多学者把"旧村改造"作为"现代化未竟事业"，传统的农村不可避免地被卷入了现代化的浪潮之中。我们也应该认识到，村落共同体本身并不是一成不变的，它是动态的。它构成了中国乡村社会发展演化的基础，会在历史实践中不断地发展变化，并伴随着社会结构的变化而呈现出不同的形态，而村民的社会生活也会随着共同体的变化而变化。在社会变迁中，随着星村村落的变革及村庄经济的发展，星村村民的社会生活面向也发生了很大的变化，从原来的内向为主转变为外向为主。在土地征用以前，虽然很多农民已经外出打工创业了，但是跟土地还有着藕断丝连的联系，"种吧，浪费时间和财力，不种吧，荒在那又很可惜"，在外务工的 G 矛盾地说。这种现象在星村还是比较普遍的，受到土地的牵制，人们无法全身心地投入工作中，在农忙时节总是要花费一些时间和精力来耕种或者收获，很多时候，他们付出的代价跟收获往往不成正比，甚至有很多人直接就将土地抛荒了。但是在土地征用以后，全村都实现了土地流转，人们摆脱了土地的束缚，可以毫无牵挂地在外务工创业了，不仅解放了生产力，更实现了传统农村生产生活方式的变革。如今，已有很多户村民在市区或者其他地区买房安居，现在村里的村民在外经商闯荡，视野也开阔了，已经不再满足于村庄内部的生活，开始到外面世界中去实现自己的人生价值和理想，但是这一变化也导致了村庄整体性、同构性的淡化。

四 建构性共同体的策略选择

这种建构性共同体应该如何建构呢？笔者简单提供几种思路，具体对策还需要在实践中进一步摸索。

（一）重建乡村社会资本，增强村落集体意识

社会资本指的是"个人所拥有的社会结构资源和一种体制化关系的网

---

① 罗中峰：《共同体的失落与重建》，《当代社会发展研究》（第一辑），山东人民出版社2006年版，第63页。

络,是一个群体成员共有的一套非正式的、允许他们之间进行合作的价值观或准则,是一种能够促进一个国家经济持续增长的社会关系结构和社会心理结构"①。而建设建构性共同体,最为核心的就是要重建乡村社会资本。乡村社会资本即农民长期相互交往形成的关系网络、组织以及体现于其中的信任、互惠、网络、宽容、同情、团结等,它们能够促进农民合作。② 经过乡村社会资本的重建,村民的集体意识、对村庄的认同意识以及安全感和归属感就会大大提高,因此,培育乡村社会资本是促进农民合作以及维持乡村社会秩序的关键因素。

具体来说,重建乡村社会资本要从以下几个方面着手。首先,加大农村公共产品公共服务的供给力度,完善农村基层自治组织向农民提供公共服务的能力。只有增强农村公共服务,才有可能真正增强农民对于村落共同体的认同感和归属感,也有助于农民对于国家和社会的信任和认同。其次,加强农村社区建设,构建完善的农村组织体制。改善人们的生存环境,不断满足人们日益丰富的生活需要,提升人们的生活质量,以此建构人们对社区的归属感和认同感,从而形成现代社会生活共同体。最后,加强村民对村庄公共事务的参与,增强村庄的向心力。在参与过程中增强村民之间、村民与村庄之间的互动,通过频繁、有序的互动,重建村民之间、村民与村庄之间的信任纽带。

(二) 加强乡村社会整合,提高村落内聚力

旧村改造中村落共同体的重塑是多种因素共同作用的结果,但其中村落的整合是实现这种建构性共同体的必然路径选择。乡村社会是一个复杂的多面体,加强乡村社会的整合必须从多个维度来考量。笔者总结了以下几点:首先,家庭整合。家庭成员的血缘、亲缘关系决定了家庭具有最基本、最纯粹的共同体特质,对个人来讲,它甚至承担了比村落还要多的保护、保障功能。家庭是社会中最为"基层"的共同体,是一个与村落同时存在的实体,也是最重要的"首属群体"。正是众多的家庭才组成了村落,因此,要加强村落整合,首先要加强家庭整合。其次,组织整合,包括政治组织、经济组织和社会组织等,这些组织在维护社会稳定、促进村

---

① 杨建华:《冲突与弥合》,社会科学文献出版社 2013 年版,第 345 页。
② 吴光芸、李建华:《培育乡村社会资本,促进农民合作》,《当代经济管理》2007 年第 2 期。

庄团结等方面起着不可或缺的作用，也是维持村落共同体性质的重要变量，因为在某种程度上这些组织本身就具有共同体的性质。再次，社区整合，这是重新建构村民共同体意识的途径。通过社区进行的公共基础设施建设以及公共服务等措施来促进村落的整合，通过村民的共同参与来增强村庄的向心力。最后，利益整合，这是建构性共同体的根本保证，必须建立完善的利益表达机制和利益协调机制，尊重农民的利益诉求，妥善处理利益冲突。

（三）重塑乡村社会规范，保障村落社会秩序

这里的乡村社会规范包括两个方面，一个方面是来自村落外部的行政性规范，另一个方面是来自村落内部的契约性规范。行政性规范以政府部门的行政权力为依托，为建构性共同体提供政策保障，主要体现在宏观政策的制定、整体规划的设计以及公共服务和基础设施的建设中，要结合人民群众的切身需求，从人民群众的根本利益出发来制定相应的政策规范。契约性规范则为建构性共同体提供道义支撑。社会契约包含的范围非常广泛，不同的群体或者单位中都有不同的契约，而在农村社会中，最重要的社会契约就是村规民约。村规民约源于村民自治和村庄治理，内容涉及村庄的方方面面，非常广泛。村规民约没有法律的强制性，只有道德上的约束性，它通过舆论的力量得以贯彻执行，也具有一定的社会控制和整合作用。合理的村规民约可以尽早发现和及时解决各种矛盾和冲突，从而能够保证农村社会的团结和稳定。村规民约包含了传统的规范和现代的社会关系，是一种合作性契约，由于其体现了本村村民的意志和利益，因此具有较强的社会整合力，而且这种整合力来自村民的整体利益，既为村民提供了表达自身诉求的良好渠道，又将乡土性与现代性融为一体，还符合现代社会整合的需求，因此，村规民约作为契约性规范机制中的重要一环，其社会整合作用具有无可替代的地位。

（四）加强乡村文化建设，重建村落社会认同

从社会发展史看，文化一直起着一种引导和整合的作用，一个民族有其共同的文化、一个城市有其共同的文化、一个村落也同样具有其共同而独特的文化，共同的文化能使人们产生认同感、凝聚力，能让人们在心理上和行为上都联结在一起，这也是共同体得以存在的基础之一。笔者提出的建构性共同体概念并不单单是一个社会生活共同体，更重要的还是一种精神共同体、文化共同体。文化是维系共同体成员精神的纽带，从一定意

义上说，是建构性共同体的核心所在，对于加强村落认同和凝聚力都发挥着巨大的作用。因此，在旧村改造、新农村建设中，要不断发掘传统习俗和公共意识的价值，将传统文化与现代文化有机结合起来，组织村民参加各种共同的文化活动，让村民在参与互动中培养文化价值，从精神上、心理上提高村民对村落的认同感和归属感。

（五）涵养乡村公共精神，提升村民共同体意识

所谓公共精神是一个庞大的体系，包括独立的人格精神、社会公德意识、自制自律的行为规范、善待生命社会的慈悲胸怀等，一般来说公共精神可以理解为社会成员在公共生活中对人们共同生活及其行为的准则、规范的主观认可并体现于客观行动上的遵守、执行。公共精神随着时代的发展会有所差异，但基本内涵是有普遍性的。公共精神可以小至敬老爱幼、尊重他人、谈吐礼貌、注意公共卫生等，也可以大到参与公共事务的讨论和决策，承担公民责任等。托克维尔在《论美国的民主》一书中说道："为什么每个人像关心自己的事业一样关心本乡、本县和本州的事业呢？这是因为每个人都通过自己的积极活动参加了社会的管理。"[1] 由此可见，一个社会中公共精神的生成和培育来自社会成员的公共参与，而社会成员的广泛积极的参与和有序的互动也是共同体精神的一个重要特征，因此对于建构性共同体来说，村民的公共参与和公共精神同样重要。另外，共同体精神是以共同的利益取向为目标的，这对于凝聚人心、激发社会成员的参与热情和积极性起到很好的作用，会产生社会主体间的"共生效应"。而且共同体精神还会淡化社会成员之间的差异感，有助于推进公共精神的成长，这两者是相辅相成的。那么对于近郊村来说，要让每一个村民都参与到村庄公共事务中来，可以借助信息化、组织化的互动平台，实现村庄事务的充分讨论和科学决策，并以村庄的公共利益为目标，积极推进乡村公共精神的培育。

五 结论与讨论

村落不会终结，法国社会学家孟德拉斯曾提出过"农民的终结"，但他也指出了农民的终结实是"小农的终结"，而并非"农业的终结"或

---

[1] ［法］托克维尔：《论美国的民主》（上卷），董果良译，商务印书馆1988年版，第270页。

"乡村生活的终结"。我国有近 9 亿的农民，乡村人口基数如此之大是城市所无法全部吸纳的，如此多的农民要在短时间内从乡村转移出去也是不可能的，更何况目前，数量庞大的农村流动人口很多还是回到了乡村。因此，乡村仍然是广大农民的安身立命之所。

村落共同体不会消失，共同体在加强社会管理、维持社会秩序方面有着独特的优势，尤其是在一个小地域内，共同体在增强成员凝聚力、认同感、安全感等方面都发挥着巨大的作用，村落共同体仍然是维持乡村生产生活基本秩序的重要保障。

本研究基于以上两点考虑，提出了"建构性共同体"的概念，在这个共同体中，村民有着高度的认同感，并能从中获得确定性、安全感和可靠性。我们认为，乡村的现代化是中国现代化道路的战略性选择，而重建村落共同体则是国家和农民的共同需要。应该说这种"建构性共同体"既有理性的建构，同时也有传统惯性的潜移默化，我们所希冀的美好的村落共同体并不是说要重新回到原始状态，而是要在现有的基础上进行升华和完善，使社会秩序在自生性和建构性之间达到某种平衡，从而使这种共同体具有足够的弹性和灵活性以应对各种困难与挑战，并且能长期有效地推动社会的发展进步。但是，同时我们也要认识到，这种建构性共同体是在经过了传统共同体的基础解体之后，在现代化、个体化的背景下重建的，有不可讳言的困难度，而其能否成功也基本上取决于人们能否始终坚持一致的共同体价值，并且这是一个需要"永续经营"的长期社会工程。

第十二章

乡土型城镇化：一个理论解释框架

农村的命运最终将如何？乡村的发展到底由谁来主导？这一命题在学界似乎一直有争论，一种观点认为农村的命运是由政府、城镇化以及市场化的力量所主导的，农村作为弱势的一方，难以抵挡外来力量的冲击，而其最终也难逃"村落终结"的命运；另一种观点认为虽然农村也受到政府、城镇化及市场化力量的冲击，但是农村并没有丧失"自我"，并没有坐等"被城镇化"，而是以自己特有的方式来应对外来力量的冲击，在积极地表达自己的诉求，因地制宜，应时而动，借助"非常规行动"，通过自我调节和自我改造，来筹划新的行动路径，寻找独特的变迁发展之路，从而走上"特色化"的村落发展道路。在传统城镇化的语境下，第一种观点占了上风，但是随着传统城镇化的弊端日益显现，以及中央"新型城镇化"政策的提出，越来越多的人开始倾向于第二种观点。而从中央决策层面来看，新型城镇化的重点从城市转移到了农村。2012年12月13—16日，中央城镇化工作会议召开，明确提出"新型城镇化"道路，由此"新型城镇化"被提到了新的高度。2013年的中央城镇化会议中，农村的地位也得到了大大提高，会议充分体现了对农村、对传统文化的尊重，城镇化建设不再是简单粗暴的"城市占领农村"，而是要"遵循规律，因势利导，使城镇化成为一个顺势而为、水到渠成的发展过程"，要"以人为核心"不断提高城镇化的质量和水平，"要融入现代元素，更要保护和弘扬传统优秀文化，延续城市历史文脉；要融入让群众生活更舒适的理念，体现在每一个细节中……在促进城乡一体化发展中，要注意保留村庄原始风貌，慎砍树、不填湖、少拆房，尽可能在原有村庄形态上改善居民生活条件"。距中央城镇化工作会议仅隔一周召开的中央农村工作会议，也对农村现代化建设的重要性做了充分的论述，2012年召开的中央农村工作会议也被称为"中国农业发展纲要"。会议指出："重点研究加快发展现代农业,进一步增强农村发展活力","当前和今后一个时期,要加大力度推动资源要素向农村配置,逐步缩小城乡发展差距,农民收入至少应与城镇居民收入同步增长,并力争超过"。① 2013年中央农村工作会议对农村的地位又有了明显提高:"小康不小康,关键看老乡","中国要强,农业必须强;中国要美,农村必须美;中国要富,农民必须富。农业基础稳固,农村和谐稳定,农民安居乐业,整个大局就有保障,各项工作都会比较主动","推动新型城镇化要与农业现代化相辅相成,突出特色推进新农村建设,努力让广大农民群众过上更好的日子"。② 从以上论述中,我们可以看到决策层面已经开始反思过去那种"以城市为中心""先城市后农村"的发展策略,实际上,过去那种以反哺的名义实行的单向度的城镇化,是一种"城市霸权",对农村和农民是不公平的,城市和乡村并不是对立的关系,二者应该互动发展,在城镇化的进程中,对乡村要保留足够的敬畏和尊重。中央这一系列论述就充分体现了中央对农村、农业和农民的重视,也引导了我国城镇化的发展方向。可以说,与城镇化相比,中国未来农业现代化的地位将与之比肩,甚至在一定时间之内超过城镇化,因为新型城镇化的基础、动力更多地在农村,农业现代化的发展是新型城镇化建设的重要推动力,而农村的发展道路、发展模式就成了学界以及政策层面关注的焦点,本研究即试图解答这一问题,提出一种农村城镇化的发展模式,并构建一个理论解释框架。

一 概念的提出

在我国的农村城镇化进程中,出现了很多不和谐的现象,究其原因,都离不开"城市中心论"或者"城市先验论",即对城镇化的理解出现了偏差,片面化地认为城镇化就是大规模建设城市,很多地方都出现强行"赶农民上楼"的做法,一些地方主政者都将消灭农村、转移农民、"赶农民进城"作为推动城镇化的主要手段,并将消灭农村、大规模建设城市作为政绩考核的重要指标,衡量一个地方的城市化水平,往往只计算多少农民变为了市民。另外,公权力以及资本的强力介入,剧烈地冲击着乡村

---

① 《中共中央国务院关于加快发展现代农业进一步增强农村发展活力的若干意见》,中央农村工作会议,2012年12月22日。

② 《习近平在2013年中央农村工作会议上的讲话》,2013年12月23日。

的生存逻辑,引发了越来越多的反弹,如征地拆迁中日益剧烈的冲突,就是对此最好的警示和说明。而现在所提的新型城镇化,绝不是要抛弃农村、放弃农民,而是要实现农村与城市的共存共荣。在"新型城镇化"语境中,乡村的地位有了明显的提高,赋予了农村更多的自主权和发展权,甚至可以说未来很长一段时间内,农村的发展、农村现代化建设将是国家政策制定及发展的重中之重。当然,这并非"农村中心论",而是在协调、共荣的语境下对农村地位、农村发展的重视。

乡村对中国人来说,其地位尤为特别,其意义尤为重要。在中国,乡村的作用是无法用经济指标来衡量的,首先,乡村是中国大多数人口的精神根基,有着无法割舍的生命关联。古今历史中,"乡愁"两字不知引发了多少感慨,中央城镇化工作会议也提出要让居民"记得住乡愁",而这乡村正是人们乡愁的寄托,是无法舍弃的精神家园。其次,乡村这种社会形态的存在是必要的,乡村可以充分地体现人类生存方式的多元化,乡村最能体现出人与自然的和谐相处,正如霍华德的"田园城市"的构想,激起了人们对于田园生活的向往,其在《明日,一条通向真正改革的和平道路》一书中明确指出,城市和乡村是田园城市的组成部分,"城市和乡村必须成婚",可见,乡村的地位和作用是任何形态所无法取代的,但仅靠一种形态也是不行的,两者必须要相辅相成,才能实现城市与乡村的和谐,这也可以给我们的城镇化建设提供诸多的启示。再次,农村过去做出了巨大的牺牲,充当了城市化和经济高速发展的"稳定器"和"蓄水池",如今我国面临着扩大内需的迫切需求,其最终着眼点还是在农村,只要目标正确、方向对头,不断提高农村农民的经济水平,就能够释放农村社会的巨大潜力,将为我国经济的发展提供强劲的动力。最后,乡土社会中的文化传统、道德观念、价值伦理亦是现代社会所需汲取的精神营养,乡土传统中一些有益的成分也是我们现代社会中所必须坚持的,这些因素将丰富新型城镇化的精神内涵,为新型城镇化提供内生动力和实现条件,而且"当代中国城镇化进程中的乡土传统,不是被改造、被消灭的对象,它完全可以适应现代性,在现代化进程中再造"[①]。

如今,经过对农村在城镇化进程中的重新审视,迫切需要对农村在新型城镇化中的行为选择和发展模式进行总结和归纳,中央城镇化工作会议

---

① 吕德文:《撕裂中的再造:城镇化进程中的乡土传统》,《民俗研究》2014年第1期。

也指出，要"坚持因地制宜，探索各具特色的城镇化发展模式"。本课题通过对若干近郊村在应对城镇化大潮时所采取的行动和村庄的变迁进行了调查分析，构建了一种新型城镇化模式，尝试性地提出了"乡土型城镇化"的概念。所谓"乡土型城镇化"，指的是一种以村落为行为主体，依托"乡土性"的社会资源、条件和优势，在集体行动逻辑下实现内生性的自主发展，推动农民非农化及村落社区化，以适应和应对城镇化大潮的一种特色城镇化发展模式。

二 乡土型城镇化的基本特征

（一）行为主体：以村落为行为主体

农村从来都是城镇化的主体之一，只不过在以往"城市中心主义"理论指导下，城市显得强势，而农村显得弱势，农村的主体地位没有充分体现出来。如今，中央城镇化工作会议明确指出："城镇化是解决农业、农村、农民问题的重要途径，新型城镇化要与农业现代化同步推进。"这既体现了中央对城镇化的理性认识，也充分肯定了农村的主体性地位，农村不能在城镇化进程中沦为附属和陪衬，而是要充分发挥其主体作用。农村在城镇化进程中的主体性主要体现在以下三个方面。

一是从城镇化对象上来说，城镇化主要面对的是农村和农民，以及由农民转化而来的农民工，而不是城市社区和城市居民。而农村要发挥主体作用，必须有现代化的产业结构作为支撑，农村城镇化离不开现代化农业支持，如果没有与城市产业结构相媲美的产业结构和产业效率，那城镇化就无从实现。对农民来说，其将承担推动城乡一体化的重任，要重新定义作为城镇化主体的新型农民：既要有文化、有思想，也要有技术、懂管理、会经营，是从事现代化农业的职业农民。

二是从农村的创造性和发展权上来说，对农村要有足够的敬畏和尊重。中国乡土社会的现代转型，国家力量的介入和推动是首要因素，国家行政力量对乡村治理和乡村秩序起到了非常重要的作用，但是在国家和乡村的博弈中，乡村的作用和地位也不容忽视，对宏观政策和体制也具有很强的反作用力，很多国家政策其实都是农村最先开始的实践，最典型的莫过于安徽小岗村的分田到户，因此要充分尊重广大人民群众的首创精神。农村、农民作为城镇化的行为主体之一，天然地享有发展的权利，有着自己的发展诉求和意愿，也希望能够真正参与城镇化进程，发出自己的声音,党的十八届三中全会明确指出,要"让广大农民平等参与现代化进程、共同分享现代化成果",这也是对农村和农民发展权的肯定。

三是从农村在城乡关系中的地位来说,这是农村主体性的主要载体。以往在"城市中心论"的影响下,城镇化的顶层设计只有自上而下的政策指令,而没有自下而上的主体配合,缺乏对应主体即农村的有效应对,所以导致城镇化建设出现了偏差,出现了"剃头挑子一头热"的情况。所以要体现农村在城乡关系中的主体地位,必须通过权力和利益的均衡重新建构城乡关系,使城乡关系结构由"两级对立"或"中心—边缘"状态回复到连续统一状态,正如党的十八届三中全会所指出的,要"健全体制机制,形成以工促农、以城带乡、工农互惠、城乡一体的新型城乡关系",因此,我们要厘清城镇和乡村不同的功能定位,构建城乡关系的新型互动机制,使它们充分发挥各自特色,实现优势互补。另外,农村主体地位的体现还有一种方式,即"就地城镇化",也就是"乡不动,城入村",城镇化并非只有让农民进城这么一种方式,还可以通过农村产业结构调整、保障水平提高等手段,推动农民职业的非农化以及生活方式的城市化,就地把农民转化为市民,不断提高农民的生活水平,实现公共服务的均等化,使农民在农村也能过上城里人的生活。

(二)依托基础:"乡土性"的资源、条件和优势

费孝通先生曾说过,"乡土还是我们复兴的基地",他说的这句话有其固有的历史背景,但是时至今日我们却发现,这句话对当下的中国依然适用。他在《乡土重建》中说道:"中国乡村现有的生产力也有积累资本的能力……中国土地问题解决之后,我们的乡土还是一个创造复兴能力的基地。"[①] 对于当前的新型城镇化建设来说,乡土社会仍然能提供丰富的资源。

一是乡土工业。费孝通对乡土工业有过详细的论述,他通过对江村、禄村的调查,对中国乡土社会的内生机理和特点进行了梳理,并提出了发展乡土工业、实现乡土重建的思想,他认为"要乡土在自力更新的原则中重建起来,一切新事业本身必须是要经济上算的过来的,所以乡土工业可能是一种最有效的入手处……乡土工业并不限于家庭工业,有许多乡土工业,开头就可以用村子或区域作设计的单位,每种工业都有它适中的规

[①] 费孝通:《乡土中国》,上海人民出版社2007年版,第351页。

模,需要我们研究和实验。乡土工业本身是可以演进的……我们得从土地里长出乡土工业,在乡土工业长出民族工业"①。费老的这种思想既不是对西方式道路的简单模仿,也不是对传统的迷恋与回归。而是巧妙地将工业文明和乡土社会"嫁接"起来,表现出高度的科学性和预见性,直到今天仍然值得我们借鉴。杨建华也充分肯定了乡土工业的价值,他把这种生产实践形式称为"社会化小生产",尤其是在民营经济发达的浙江地区,他认为"从浙江改革开放30年的现代化实践来看,其却走出了一条分散化的工业道路,走出了一条家庭、家族与企业紧密结合的道路,走出了一条充分利用传统来发展现代化的道路"②。而这种生产实践必须要以社会分工和市场作为联结纽带,这也是乡土工业"变质"以适应时代需求的表现。

二是乡土产业。《国家新型城镇化规划(2014—2020)》中提出要打造"特色小镇",发展"特色产业",笔者认为对于农村来说,最有特色的产业当属"乡土产业",这也是农村所特有的乡土资源优势,在新型城镇化背景下,做好乡土产业这篇文章,对于解决"三农"问题有极大的帮助。所谓乡土产业,有学者将其界定为:"就是乡村里土生土长的产业,它产生于农村,成长于农村,根植于农村,它是一种以市场为导向,以提高农村经济效益为中心,以优化农村产业结构为重点,以促进农民收入增加为主线,以乡土农民为生产经营主体,大力挖掘并充分利用乡土资源,使之转化为具有浓郁乡土气息和鲜明地域特色的手工商品的产业形式。"③ 如果再将其细分的话,还可以分成以下两类:一类是使用简单工具,以手工制作为主,继承传统生产方式的产业,如民族服装、刻绘、织染、雕塑、酿造等;另一类是乡土文化产业,即以乡土特色文化和自然生态资源为内容的文化表演或者旅游,如农家乐、传统戏曲、风景名胜旅游等。因此它与乡土工业不同,更多的是指那些基于乡土特色资源和文化而形成的独特产业,而随着人工成本的上涨、传统手工制品价格的高企以及乡土旅游市场的兴旺,使"乡村里土生土长的产业"具有良好的发展前

---

① 费孝通:《乡土中国》,上海人民出版社2007年版,第380页。
② 杨建华:《社会化小生产:浙江现代化的内生逻辑》,浙江大学出版社2008年版,第10页。
③ 安邦智库:《乡土产业在新型城镇化中大有可为》,2014年4月4日。

景，既能活跃农村经济，提高农民收入，同时也重视环境和生态，是一条生态友好、符合可持续发展的可行之路。

（三）行动逻辑：集体行动逻辑

乡土社会中的传统文化、乡土资源都是农村实现自我发展的重要资本，但仅仅依靠村民个体是无法起作用的，而且受制于开发成本、运行风险等因素，必须要依靠集体行动才能充分利用这些资源和优势。按照西方哲学的理解，人类的集体行动一直存在困境，即完全理性的个人会做出对于集体非理性的行为，在完全理性思维的影响下，个人都倾向于追求自我利益，而不会主动采取行动以实现他们共同的或集团的利益，[1]从而出现"搭便车"的问题。但是从中国社会的实际情况来看，由于中国传统村庄具有鲜明的特质，因此在一定程度上能够避免这种"搭集体便车"的机会主义行为。

首先，中国的村庄类似于奥尔森等人所指出的"小群体"，奥尔森、休谟等学者都认为小群体比大群体更容易实现合作，达成集体行动。中国的村庄正是这样一种小群体的行动单位，其独特性质为村民的集体行动提供了天然场域，传统的村庄规模较小，能够较为容易达成集体行动，"在这种村庄边界清晰、权威明确、内部规则操作性好、约束力强的熟人村庄背景下，村庄能够将村民组织起来以实现基本秩序和公共物品的供给"[2]。虽然随着社会的转型，传统的村庄受到现代化、城镇化、工业化的冲击而发生了剧烈变迁，出现了村民流动性增大，村庄边界日益模糊、村民个体选择多元化和利益诉求多样化等变化，对村民集体行动的实现造成了直接影响。但是，农村集体行动最基础的因素还在，就是农村的土地和户籍（村籍），从权属上来说，农村的土地属于集体所有，土地的收益和集体经济的运行使村民还能够有相同的利益和集体目标，而村籍的保持使村民在政治上和经济上享有较为封闭的权力和利益，如村庄的选举和集体经济的分红等，因此在这个基础上村庄还能够采取集体行动。其次，中国乡土社会中蕴含着丰富的社会资本，能够有效促使农民在集体行动中采取合作

---

[1] ［美］曼瑟尔·奥尔森：《集体行动的逻辑》，陈郁等译，上海人民出版社2003年版，第1—2页。

[2] 王章佩、董良杰：《农村社会转型背景下的村民集体行动逻辑探析》，《陕西行政学院学报》2008年第4期。

的策略。社会资本能够有效地推动人们为了共同利益而采取集体行动，并能通过人们之间的合作来提高社会的整合度。

从实践情况来看，近郊村分别经历了大集体化（人民公社）和个体化（家庭联产承包责任制），而如今又出现了"再集体化"的趋势，这种"再集体化"是原子化的村民在应对工业化、市场化的冲击时所选择的一种规避风险的行为，最典型的就是各种专业合作社和股份制村庄，因为这些原子化的个体仅靠一己之力无法抵抗外来力量的冲击，要想获得发展，只有"再组织起来"。而且农村的乡土传统、乡土资源天然地具有集体性，如一些民俗活动以及土地所有制等，必须以集体的方式才能充分利用和发挥这些乡土资源的优势，抵御外来风险。

（四）发展方式：内生性的自主发展

在政府主导的城镇化大潮中，农村想不被影响是不可能的，土地被大量地征用，也会迫使农村尤其是城中村和近郊村改变传统的发展方式，而且随着市场经济的发展，农村社会也受到市场和资本力量的影响。本研究所提的农村"内生性的自主发展方式"主要是指农村在应对城镇化、市场化的冲击时所采取的自主行动以及所选择的发展方式，或者是农村受到外力影响后，会根据实际情况来选择和调整适合自己的发展道路，这种情况在近郊村体现得尤为明显。因为近郊村虽然受到城镇化的影响，却仍然保留有少量的土地，近郊村对这部分土地有着充分的自主权，它们可以充分地利用这些土地来发展各种产业，最典型的就是建成标准厂房或者店面来出租的物业型经济。另外就是充分利用乡土资源和优势，发展各种乡土工业或者其他产业，如笔者所调研的星村就形成了以童装加工以及水产品加工为特色的产业结构，富村是充分利用土地资源建起了标准厂房等物业，这些产业就是充分利用了资源、劳动力以及地域（靠近水产码头）的优势，自主发展起来的。

杨建华曾经对内生型发展做过界定，他认为"内生型发展是一个自发的、自下而上的、渐进变革的过程，发展动力主要来自社会内部，主要由民间和基层的内在需求推动经济增长和社会发展"[①]。这种"内生型发展"强调发展以内生为主，乡土传统、本土资源是推动村庄发展的重要资源。

---

① 杨建华：《社会化小生产：浙江现代化的内生逻辑》，浙江大学出版社2008年版，第154页。

当然，这种发展模式并不否定"外力"对村庄的影响，而是强调这种发展方式更多地是内部需求的外在表现，是村庄根据自身情况做出的自主选择，而不是简单地从外部移植而来。内生型发展要求农村要从自身实际情况出发，根据自身的资源、文化、人力、物力、财力等因素来自主决定自己的发展路径和发展方式，而不同村庄的情况也各有不同，因此农村在城镇化进程中所采取的发展方式和发展结果也各不相同，各有特色，但发展的目标却是一致的，就是增强村庄的经济实力，提高村民的生活水平，满足村民的基本需要，提升村庄自我发展能力。但是从另一方面说，正因为农村的内生型发展没有统一的标准可以借鉴，政府也没有制定相关的政策，所以这种发展所体现出来的自主性，有时也会带有一些随意性甚至盲目性，正如在前面"自主选择与政府规制"一章中所提出的农村的内生型自主发展既有理性的选择，也有非理性的选择，其实质其实是在城镇化进程中乡村与城市、传统与现代的冲突与博弈，农村通过这样的博弈来选择适合自己的城镇化道路。

（五）发展目标：推动农民非农化及村落社区化，以适应和应对城镇化大潮

中央城镇化工作会议指出："城镇化目标正确、方向对头，走出一条新路，将有利于释放内需巨大潜力，有利于提高劳动生产率，有利于破解城乡二元结构，有利于促进社会公平和共同富裕。"[①] 我们所提出的乡土型城镇化正是基于农村社会的现实，充分利用乡土资源，以推动农民的非农化和村落的社区化为目标，从而增强农村适应和应对城镇化大潮的能力。

首先是优化农村的产业结构，推动农民的非农化。农民的非农化是城镇化的一个重要指标，要让农民从土地的束缚中解脱出来，从第一产业进入第二、第三产业。前面我们也提到乡土型城镇化是要充分利用乡土资源，大力发展乡土工业以及各类乡土产业，充分带动农民的积极性，提高农民的收入水平。而另一方面也要开展农村土地的流转，开展规模经营，发展现代化农业，从而大大提高农村社会生产力，提高农村和农业的发展水平，同时也能为新型城镇化提供更大的动力支撑。而这种非农化是一种"离土不离乡"的形式，这种形式使农民不用再背井离乡，四处奔波讨生

---

① 《中央城镇化工作会议公报》，新华网，2013年12月14日。

活，既能提升生活水平，也能保留精神根基，是农村城镇化的一个重要的形式。

其次是重建农村社区，推动农村的社区化。城镇化建设并不意味着农村社区的瓦解，相反，对农村城镇化来说，重建社区是其一项必要的任务，农村社区的维护和合理发展，能够有效地维系农村社会的关系网络，重建农村共同的价值体系和规范，对于农村社会在现代化、城镇化冲击下出现的种种弊病，具有良好的矫正作用。乡土型城镇化的一个应有之义就是对维系农村共同体的道德观念、价值体系、传统民俗等的修复与重建，构建起一个既有传统韵味，又符合现代生活的新型社区，在这个社区里能够充分体现出"人的价值"，社区成员之间通过道德、契约等多重关系紧密联结，具有较强的凝聚力、认同性，同时也具有一定的开放性，积极引入现代社区管理体制，加大公共服务投入力度，实现城乡公共服务的均等化，让农民也能过上城里人的生活，享受到城里人的服务。而我们的最终目标，正如李松提出的："在未来中国社会的发展中，村落应该成为未来中国全体公民可选择的生活空间之一，而不分高端低端，乡村成为不少人愿意回去建设的地方，成为不少人生于斯长于斯的栖居的地方，这应当是中国村落发展的理想目标。"①

三　乡土型城镇化的构建举措

乡土传统与新型城镇化并不对立，而是会以一种于变化中被延续、保存的形式被人们带进新的生活场景，乡土社会中的优秀传统仍能为城镇化提供动力。新型城镇化的本质是"人的城镇化"，缩小或弥合城乡鸿沟，可以有多种途径共同推进，因此要把握城镇化与乡土社会变迁的一般规律，把主动城市化与被动城市化、有形城市化与无形城市化有机结合起来。所以要构建乡土型城镇化，必须以城乡一体化为导向，为乡土传统和新型城镇化营造适宜的互动机制和空间，既要在城镇化过程中吸收、保护乡土文化和乡土社会，也要以城镇化为契机改造乡土社会。

（一）要加强政策引导，政府要"顺水推舟"

新型城镇化建设作为政府主导的一项国策，必然要自上而下地推行，但是在向乡土社会推行的过程中，也必然会受到来自乡土社会自下而上的

---

① 李松：《城镇化进程中乡村文化的保护和变迁》，《民俗研究》2014年第1期。

接受、理解、应对与涵化，而城镇化应该是一个"自然而然、顺势而为"的过程，因此，政府应该坚持以人为本、因地制宜、因时而动，让乡土社会主动寻找最适宜的发展路径，注重传统文化的传承，实现城镇和乡村的差异化协调发展，形成各具特色的城镇化发展模式。过去在城镇化进程中政府力量的强力推进，使乡土社会遭到了巨大的冲击与破坏，这种外力强加给乡土社会的城镇化对原有的乡土生态造成了强烈的激荡与裂变，扭转了乡土社会的规范、秩序，乡土社会的命运完全由强势的"他者"所主宰，即便发出了自己的声音，也被淹没在推动经济运行的机器轰鸣声里。但另一方面，乡土传统也展现出了其坚韧的生命力，它在各种力量的夹击之下，通过不断的调适自己来获取艰难的生存。我们一直强调传统与现代、乡村与城市并不是对立的，并一直在努力寻找一种"和合"的方式将两者协调统一起来，因为如果两者之间的关系是协调的、稳定的，那农村城镇化亦将是有序的，乡土传统也会得到延续，即便是对如今正在经历撕裂和阵痛的乡土传统来说，也能够得到调适和重构。而如果坚持过去那种"牛不喝水强按头"的逆水行舟的方式，则会使乡土社会原有的组织体系、规范、价值观念发生断裂，导致乡村社会秩序的崩溃。

"乡土重建"已经不是一个陌生的概念，梁漱溟、费孝通等学者都提到过，只是在他们的那个时代，"讲重建还太早，洪流正在冲洗"，但是我们认为在如今这个时代，"乡土重建"适逢其时，具有了相应的背景和基础。费孝通曾说过："乡土重建必须要有一个前提，就是有一个为人民服务的政府，这个前提如果不存在，讨论重建的话题也就没有直接意思了。"① 因此，政府层面在新型城镇化决策中要更多地考虑民众的需求，因势利导，顺势而为，而其中最主要的就是要"将乡土社区的发展主导权让渡于民，让乡土社区组织真正发挥其组织社区生活、运作社区公益、管理社区秩序、勾连城乡关系的能力"②。而政府则要将其主要职能转为服务，承担更多的服务功能，保障村落乡土传统的综合性和村落社会发展的整体性。笔者相信，中国的乡村虽然处于全球化、现代化、城镇化的大潮中，但是可以通过挖掘乡土传统的特殊魅力，构建一种"田园城市"般

---

① 费孝通：《乡土中国》，上海人民出版社2007年版，第380页。
② 张士闪：《顺水推舟：当代中国新型城镇化建设不应忘却乡土本位》，《民俗研究》2014年第1期。

的生活场景,让乡村成为人们向往的地方和一种可亲可居的生活选择。

(二) 要改变城镇化主导方式,真正做到"以人为核心"

首先要从政府主导转变为政府引导。传统城镇化的推进基本上是政府所主导的,政府在城镇化的规划、资源配置等方面起着决定性的作用,而市场等其他力量的作用被政府所替代,形成了"功能性失调",即"对城市社会管理、控制的失调,功能机制在社会转型过程中要素不同步转化形成的机能失调"[1],甚至在有些地方变成了政府强制推进城镇化,强迫"农民上楼"。如土地流转和农村产业发展应以市场机制为主,但是在我国城镇化中,政府却"越俎代庖",盲目地越位,一方面以低价强行从农民手中征用土地,另一方面又将土地高价卖给房地产开发商,从而赚取剪刀差,侵害了农村、农民的权益,也使政府财政过于依赖土地,出现结构性失调,结果导致"政府失灵"和"市场失灵"的双输结局。因此城镇化建设中政府主导的模式必须改变,从政府主导转变为政府引导,政府要发挥好引导、规划等作用,把更多具体的事务交给市场和农村,正如中央城镇化工作会议所指出的:"推进城镇化必须从我国社会主义初级阶段基本国情出发,遵循规律,因势利导,使城镇化成为一个顺势而为、水到渠成的发展过程。"这也是与我们打造服务型政府相适应的。而且十八届三中全会明确提出:"要处理好政府和市场的关系,使市场在资源配置中起决定性作用和更好发挥政府作用",只有如此才能实现双赢。

其次是要从注重经济效益转变为注重社会效益。在以经济效益为主导的逻辑下,政府很难保持足够的理性,又缺乏相应的监督,所以导致政府在城镇化中出现了偏差,如城镇化规划缺乏科学性、连续性、重复建设、产能过剩等问题严重,一些城市盲目扩张、无序发展、用地失控,给环境、就业、产业结构等方面带来了严重的影响,这也是导致"城乡割裂、城乡二元对立"的主要原因之一。如今中央也已经意识到这种发展方式是不可持续的,因此在宏观政策方面做出了调整,如党的十八届三中全会明确指出,坚持走中国特色新型城镇化道路,推进以人为核心的城镇化。中央城镇化工作会议也指出,解决好"人"的问题是推进新型城镇化的关键。而要实现这一转变,最重要的就是要实现从资本为核心的经济效益主导转变为以人为核心的社会效益主导,在城镇化建设中真正考虑"人"

---

[1] 王发曾主编:《城市犯罪空间盲区分析与综合治理》,商务印书馆2012年版,第32页。

的需求，不断提高城镇化的水平和质量，积极推动农村人口的市民化，农村组织的社区化，构建均等化的公共服务体系，提升农民的生活水平，让农民也能够共享现代化、城镇化的发展成果。

（三）要正确认识新型城镇化的空间物质形态，丰富城镇化精神内涵

本研究一以贯之的一个观点就是：乡村的存在是必要的。我们充分肯定农村在社会发展中的地位和作用，也断定农村这种空间物质形态或者说这种社会系统绝对不会被消灭，如果说农村要"终结"的话，也只是不符合现代需求的生产方式、生活方式和落后文化的终结，而绝对不是意味着"农村"这一形态的终结。"城乡一体化"也并非"城乡一样化"，城市和乡村有着各自不同的功能定位和发展规律，尤其是对中国来说，农村是人们难以割舍的精神家园，也是现代化和城镇化建设的"稳定器"和"蓄水池"，正是农村的乡土传统、乡土社会结构和乡土资源为经济发展和社会稳定起到了重要的支撑作用。因此可以说新型城镇化并非要消灭农村和农民，甚至从另一个角度来说，扶助乡村，实际上是城市的自救。一方面，中国目前经济发展形势趋缓，内需不足，严重制约了经济的增长形势，迫切需要扩大内需，而最主要的着眼点就在于农村，通过农村城镇化，提高农民的收入水平和生活质量，就能够释放出巨大的潜力。2008年年底召开的中央农村工作会议明确指出，扩大国内需求，最大的潜力在农村，而农村成为国内外专家所公认的"最大也是最后的一桶金"。另一方面，在没有任何制约的情况下，政府会把城镇化作为经济增长的手段，市场和资本也不会担负任何的道德义务，这就是纯粹理性所导致的现代性危机，而要克服这种危机，必须转变政府、市场和社会对城镇化的理解，应该将其作为一种新文明的平台或者新文明的形态，要从生活空间再造和文明形态创新的角度来理解城镇化，因此我们应避免单向度的城镇化，而是要将其视为一个综合体，在城镇化建设中，既要保持经济的增长，更要注重传承文化传统和城乡发展空间物质形态，丰富城镇化的精神内涵，"以城镇化过程为核心来重组中国的现代性，探索一条新文明之路，我们必须在自己民族的现代化过程中，创新出有关城镇化的历史诗学"[①]。此外，乡村乡土资源、文化的独特性吸引了越来越多的城里人到农村去体验

---

① 胡大平：《新型城镇化：从增长机器到文明形态》，《中国社会科学报》2014年5月30日。

生活，享受农村的快乐，因此在促进城乡一体化发展中，"要注意保留村庄原始风貌，慎砍树、不填湖、少拆房，尽可能在原有村庄形态上改善居民生活条件"。乡村与自然的和谐共存，亦可以给城镇化建设提供诸多的启示。因此城镇化建设并非让所有农民都进入城市，也并非把所有农村都变成城镇，而是要整合城乡功能，实现城乡的差异化协调发展，充分保护农村这种存在形态，实现城乡共荣。

（四）要正视乡土危机，加强乡村自我发展能力

长期以来，社会上对农村、对乡土传统存在一种偏见，尤其是在以现代化、城市化为指标的评价体系中，人们往往会认为农村是传统的、城市是现代的，农村是落后的、城市是先进的，农村是农业的、城市是工业的，农村是封闭的、城市是开放的，等等。农村及其文化都是落后的、需要改造的对象，而它们的价值和意义也往往被忽视。实际上，不管是历史上还是当今社会，对中国人来说，"小桥流水人家""采菊东篱下，悠然见南山"代表的是一种风雅飘逸的生活方式和文化精神。再如费孝通对乡土社会"土""蠢""私"的批判，表面看来的东西实际上有着丰富的精神文化内涵，而这些内涵是现代社会也需要的，"土""蠢""私"的背后实际上蕴含的是乡土社会的信任、道德、社群关系以及农民对其生活家园的归属感和幸福感，这不正是我们今天构建和谐社会所需要的吗？因此，我们要正视乡土危机，消除对村落及其文化的偏见与误解，培养农民的乡土文化认同，尊重乡土文化的变迁，增强乡土社会的内在活力，贯彻城乡和谐共生的发展理念，使乡村成为我们共同的精神家园。发达国家的经验也证明在延续传统基础上实现了现代化的农村，将是现代城市居民的精神家园。

在一个健康的城镇化进程中，城市的发展不能以剥削农民为手段，经济效率也不是城市无止境地侵蚀农村的理由，要给予农村发展充分的自主空间，而且从西方发达国家的城镇化实践来看，随着现代化进程的不断推进，农村的价值是随之不断增加的，而农村地区也具备自我发展的能力和资源。城市的生活节奏越来越快，于是人们渴望田园生活的舒缓；城市人口拥挤，空间狭隘，于是人们向往农村的辽阔、宽广；城市繁华而嘈杂，于是农村的朴素、宁静变得格外可贵；城市过于人工化，于是农村自然风貌的价值就越来越大。洁净的农村，能够以持续方式为城市提供净化服务、景观服务和其他宝贵的服务。因此我们要充分利用农村的种种乡土资

源，重塑农民对其乡土社区的认同，增强村民对于乡土家园的凝聚力和归属感，激发他们对乡土文化的热爱和创造力，大力发展"乡村里土生土长的产业"，使乡土社会重新焕发活力。

（五）要维护文化多样性，建构有特色的城镇化模式

中央城镇化工作会议指出："要坚持因地制宜，探索各具特色的城镇化发展模式，要传承文化，发展有历史记忆、地域特色、民族特点的美丽城镇。"而要建构有特色的城镇化发展模式，必须建立在对文化多样性的尊重和保护上，这是特殊性所以体现的重要基础。中国地域辽阔，不同地方孕育着不同的文化、风俗、特色，我们要尊重这种文化的差异性，要重视乡土文化的传承和创新。如今在经济全球化、现代化、同质化的冲击下，如何保护乡土传统、乡土文化的多样性已经引起了越来越多有识之士的关注。笔者认为，要保护乡土社会文化的多样性，可以从以下三个方面着手。

一是政府层面要加强立法，提供政策保障。过去我国的城镇化一味地"大拆大建"，导致我们的城镇化出现"千城一面"的局面，严重破坏了乡土文化的多样性，而这种破坏是不可逆的，如果政府再不明确相关政策，乡土文化一旦破坏，将很难恢复，这是农村的损失，也是整个民族的损失。因此，政府要加强对乡土文化、乡土资源的立法保护，合理地区分乡土传统、乡土文化的精华与糟粕，科学地规划城镇化进程及农村建设，为保护乡土文化多样性，构建各具特色的城镇化发展模式提供政策保障。

二是注重乡土资源的挖掘，以开发促保护。乡土文化的多样性并不能让它沉默在乡土中，而是要积极地挖掘出来，造福于民。在现代化、城镇化的影响下，农村人口流动频率加快，年轻人对新生事物的接受速度要比乡土传统更快，因此如果不及时把乡土资源、乡土传统挖掘、整理、开发出来的话，就会让它们逐渐湮灭在历史的长河中。因此，我们要提高村庄的规划管理水平，充分发挥农村景观与生态的自然性与优美性、农村文化的多样性与乡土性、农村住宅与建筑的典雅性与淳朴性等各项乡土特质，"依托现有山水脉络等独特风光，让城市融入大自然，让居民望得见山、看得见水、记得住乡愁"。从而展现出乡土社会的独特风貌，更好地保持地域特色。

三是要积极创新，重构乡土文化传统的特殊魅力。我们要维护文化的多样性，保护乡土文化，并不意味着我们要将乡土文化全盘吸收，原封不动地继承和保留，而是要将乡土文化置于现代化、全球化的背景下，让传

统优秀文化也融入现代元素，使传承与创新相辅相成，既能延续历史文脉，也能使其适应现代社会的需要，从而增强其传承和变迁的生命力。

（六）要挖掘农村社会资本，为农村发展提供内在动力

中国的乡土社会是一个熟人社会，经过历史的沉淀，形成了丰富的社会资本，乡土社会中的差序格局使乡村形成了密集的社会网络，如家族、宗族、村庄共同体等，这些网络承载着众多的社会关系，这些社会关系就是社会资本，能够将个人连接起来，为农民采取集体行动提供前提条件。而熟人社会中存在的亲情、信任、信仰、参与、互惠以及规范等都"能够促进社会资本的产生，为农民个人、家庭以至整个村落共同体的发展提供了累加的社会资源，因而这些社会资本是农村集体行动的内源基础"[1]。乡村社会资本是村落发展变迁的根基，这些社会资本通过农民的集体行动而产生强大的内聚力，它能够把个体诉求与集体行为结合在一起，把个人理性与集体理性、个人利益与集体利益有机统一起来，使农村社会成员为了共同的利益而相互结合在一起，合作互利，而这将对村庄的发展产生巨大的推动力。比如林聚任等人通过对农村共同体的研究认为集体意识、信任和公共参与是影响农村经济社会发展的重要社会资本，"农民的集体意识和公共参与意识将是农村有待挖掘的潜在社会资本，一旦其力量发挥出来，必定会给农村带来翻天覆地的新变化"[2]。

但是农村的社会资本现状不容乐观，一方面传统的农村社会资本逐渐消融，如宗族、传统观念和习俗等；另一方面现代的农村社会资本尚未建立，如自主意识、参与意识和契约意识等。我们正处于从传统社会向现代社会转型的过程中，农村社会资本的缺失导致农村出现社会网络淡化、公共空间压缩、社会规则弱化、合作能力下降等后果，影响了农村社会团结和发展。

而要重建农村社会资本，目前来说最为首要的是构建起一个农民公共参与的平台，这也是社会资本的必要形式，通过农民的公共参与，能够促进互惠规范的产生，容易促成合作，而这些规范和合作又会强化信任，增强农民的公共意识和集体意识，同时合作的红利又会强化农村社会互信互

---

[1] 吴光芸：《培育乡村社会资本：解决农村集体行动困境的内源基础》，《广东行政学院学报》2007年第1期。

[2] 林聚任、刘翠霞：《山东农村社会资本状况调查》，《开放时代》2005年第4期。

惠的关系网络，人们在选择行为策略时会自然地倾向于合理的行为，而不会选择短视行为损害集体利益，因为损害集体利益就是损害自己的利益。通过以上过程，既降低了交往成本，也促成了更多的、更大的合作空间和参与积极性，还能够使传统社会资本和现代社会资本在参与合作中不断磨合，去粗取精、去伪存真，达成一种均衡状态，从而实现社会交往和集体行动的良性循环。

参 考 文 献

[英] 安东尼·吉登斯：《现代性与自我认同》，赵旭东、方文译，生活·读书·新知三联书店1998年版。

[英] 安东尼·吉登斯：《现代性的后果》，田禾译，译林出版社2000年版。

[美] 贾雷德·戴蒙德：《昨日之前的世界：我们能从传统社会学到什么?》，中信出版社2014年版。

[美] 罗吉斯、[美] 伯德格：《乡村社会变迁》，浙江人民出版社1988年版。

[德] 黑格尔：《哲学史讲演录》，商务印书馆1981年版。

[美] 托克维尔：《论美国的民主》（上卷），董果良译，商务印书馆1988年版。

[美] 黄宗智：《华北的小农经济与社会变迁》，中华书局1986年版。

[美] 罗伯特·D.帕特南：《使民主运转起来》，江西人民出版社2001年版。

[美] 费正清：《美国与中国》，世界知识出版社2001年版。

[美] 伊斯顿：《政治生活的系统分析》，华夏出版社1999年版。

[意] 帕累托：《精英的兴衰》，北京出版社2010年版。

[德] 查普夫：《现代化与社会转型》，陈黎译，社会科学文献出版社2000年版。

[法] 孟德拉斯：《农民的终结》，李培林译，社会科学文献出版社2005年版。

[德] 马克思：《资本论》第3卷，人民出版社1978年版。

[美] 黄宗智：《中国农村的过密化与现代化：规范认识的危机及出路》，上海人民出版社1992年版。

［苏］乌格里诺维奇：《宗教心理学》，社会科学文献出版社1989年版。

［德］《马克思恩格斯选集》第1卷，人民出版社1995年版。

［美］埃里克·霍弗：《狂热分子》，梁永安译，广西师范大学出版社2008年版。

［英］迈克斯·缪勒：《宗教的起源和发展》，上海人民出版社1989年版。

［美］丹尼尔·贝尔：《资本主义文化矛盾》，生活·读书·新知三联书店1989年版。

［美］威廉·奥格本：《社会变迁：关于文化和先天的本质》，浙江人民出版社1989年版。

［美］道格拉斯：《越轨社会学》，张宁、朱欣民译，河北人民出版社1987年版。

［美］G.邓肯·米切尔主编：《新社会学辞典》，上海译文出版社1987年版。

［美］刘易斯·科塞：《社会冲突的功能》，华夏出版社1989年版。

［美］C.赖特·米尔斯：《社会学的想象力》（第2版），陈强、张永强译，生活·读书·新知三联书店2005年版。

［美］威廉·J.古德：《家庭》，魏章玲译，社会科学文献出版社1986年版。

［英］伊格尔顿：《马克思为什么是对的》，新星出版社2011年版。

［美］詹姆斯·N.罗西瑙：《没有政府的治理》，江西人民出版社2001年版。

［德］滕尼斯：《共同体与社会》，林荣远译，商务印书馆1999年版。

［德］马克斯·韦伯：《经济与社会》（上卷），林荣远译，商务印书馆1997年版。

［英］齐格蒙特·鲍曼：《共同体》，欧阳景根译，江苏人民出版社2003年版。

［美］曼瑟尔·奥尔森：《集体行动的逻辑》，陈郁等译，上海人民出版社2003年版。

［美］怀特：《街角社会》，商务印书馆1994年版。

Kenan Patick jarboe. Globalization and social governance in Europe and United States, working paper of the European Commission ［R］, 1999.

Popkin sammel. The Rational Peasants: The Political Economy of Rural Society in Vietman. Berkeley：University of California Press，1979.

储冬爱：《"城中村"的民俗记忆：广州珠村调查》，广东人民出版社2012年版。

费孝通：《费孝通文集》（第一卷），群言出版社1999年版。

费孝通：《乡土中国 生育制度》，北京大学出版社1998年版。

唐晓腾：《中国乡村的嬗变与记忆：对城市化过程中农村社会现状的实证观察》，中国社会科学出版社2010年版。

林耀华：《凉山彝家的巨变》，商务印书馆1995年版。

台州市椒江区志编纂委员会编：《椒江市志》，中华书局2001年版。

台州市椒江区志编纂委员会编：《椒江续志》，中华书局2001年版。

文海：《流变的民俗：葭沚民俗考》，上海社会科学院出版社2011年版。

台州市地方志编纂委员会编：《台州会要》，中华书局2000年版。

贺雪峰：《新乡土中国》，北京大学出版社2013年版。

桑学成、彭安玉：《江苏发展史纲》，河海大学出版社1999年版。

费孝通：《乡土中国》，上海人民出版社2007年版。

刘宗劲：《征地制度研究：对中国城市化进程的追问》，中国财政经济出版社2008年版。

国务院发展研究中心课题组：《农民工市民化：制度创新与顶层政策设计》，中国发展出版社2011年版。

郑玉敏、徐波主编：《托起的天平：东莞发展的法律思考》，广东高等教育出版社2008年版。

钟涨宝主编：《农村社会学》，高等教育出版社2010年版。

高春凤：《自组织理论下的农村社区发展研究》，中国农业大学出版社2009年版。

邢忠：《边缘区与边缘效应：一个广阔的城乡生态规划视域》，科学出版社2007年版。

李培林：《村落的终结——羊城村的故事》，商务印书馆2004年版。

折晓叶：《村庄的再造：一个"超级村庄"的社会变迁》，中国社会科学出版社1997年版。

郑杭生主编：《社会学概论新修》，中国人民大学出版社2003年版。

吴毅：《村治变迁中的权威与秩序——20世纪川东双村的表达》，中国社会科学出版社2002年版。

吴毅：《转型时期的乡村政治》，中国农业出版社2006年版。

卢福营：《冲突与协调：乡村治理中的博弈》，上海交通大学出版社2006年版。

张兆曙：《非常规行动及其后果：一种社会变迁理论的新视域》，中国人民大学出版社2009年版。

林聚任：《社会信任和社会资本重建：当前乡村社会关系研究》，山东人民出版社2007年版。

王润珍：《农村社会学》，化学工业出版社2010年版。

杨建华：《社会化小生产：浙江现代化的内生逻辑》，浙江大学出版社2008年版。

陆学艺：《内发的村庄》，社会科学文献出版社2001年版。

卢福营等著：《当代浙江乡村治理研究》，科学出版社2009年版。

包亚明：《布尔迪厄访谈录——文化资本与社会炼金术》，上海人民出版社1997年版。

卢福营：《能人政治：私营企业主治村现象研究》，中国社会科学出版社2010年版。

荣敬本、崔之元：《从压力型体制向民主合作体制的转变》，中央编译出版社1998年版。

高佩义：《城市化发展学原理》，中国财政经济出版社2009年版。

路小昆：《徘徊在城市边缘：城郊农民市民化问题研究》，四川人民出版社2009年版。

萧楼：《夏村社会：中国"江南"农村的日常生活和社会结构（1976—2006）》，生活·读书·新知三联书店2010年版。

蓝宇蕴：《都市里的村庄：一个"新村社共同体"的实地研究》，生活·读书·新知三联书店2005年版。

于洪生：《城郊村：城市化背景下的村务管理调研》，社会科学文献出版社2005年版。

周其仁：《产权与制度变迁——中国改革的经验研究》，社会科学文献出版社2002年版。

林毅夫：《再论制度、技术与中国农业发展》，北京大学出版社2000年版。

周晓虹：《西方社会学——历史与体系》，人民出版社2002年版。

参考文献

贾春增：《外国社会学史》，中国人民大学出版社 2007 年版。
宋林飞：《西方社会学理论》，南京大学出版社 2012 年版。
王宗璋主编：《中国边贸实务大百科》，黑龙江教育出版社 1997 年版。
《邓小平文选》第 2 卷，人民出版社 1994 年版。
杨建华：《冲突与弥合》，社会科学文献出版社 2013 年版。
罗中峰：《共同体的失落与重建》，《当代社会发展研究》（第一辑），山东人民出版社 2006 年版。
张柠：《土地的黄昏》，中国人民大学出版社 2013 年版。
胡宏伟：《中国模范生：浙江改革开放 30 年全记录》，浙江人民出版社 2008 年版。
刘军：《法村社会支持网络：一个整体研究的视角》，社会科学文献出版社 2006 年版。
王发曾主编：《城市犯罪空间盲区分析与综合治理》，商务印书馆 2012 年版。
廖盖隆、孙连成、陈有进：《马克思主义百科要览（下卷）》，人民日报出版社 1993 年版。
王小章：《何谓社区与社区何为》，《浙江学刊》2002 年第 2 期。
李培林：《巨变：村落的终结——都市里的村庄研究》，《中国社会科学》2002 年第 1 期。
王铭铭：《小地方与大社会——中国社会的社区观察》，《社会学研究》1997 年第 1 期。
唐晓腾：《农村现代化与乡土社会变迁：概念、理念及现状》，《中共宁波市委党校学报》2008 年第 2 期。
张士闪：《顺水推舟：当代中国新型城镇化建设不应忘却乡土本位》，《民俗研究》2014 年第 1 期。
姚洋：《新农村建设与农村发展观的转变》，中国三农研究网。
王思斌：《体制改革中的城市社区建设的理论分析》，《北京大学学报》（哲社版）2000 年第 5 期。
李传喜：《旧村改造背景下村落共同体的变迁与重塑》，硕士学位论文，浙江师范大学，2011 年。
王祥：《试论现代性危机与马克思现代性批判理论的"在场"》，《国外理论动态》2009 年第 7 期。

杨建华、李传喜:《道德底线失落的历史文化原因分析》,《宁波市委党校学报》2011年第1期。
杨建华:《发展社会学研究的困境》,《中共浙江省委党校学报》2014年第3期。
吴怀连:《边缘性:中国社会结构性质分析——以重庆合川市为例》,中国社会科学院,2000年。
张宏斌等:《土地非农化调控机制分析》,《经济研究》2001年第12期。
曲福田、吴丽梅:《经济增长与耕地非农化的库兹涅茨曲线假说及验证》,《资源科学》2004年第5期。
李传喜:《边缘化与边缘效应:概念解读及其行为方式》,《温州大学学报》2014年第1期。
卢福营:《转型时期的中国农村社会成员结构的变迁》,山东农业信息网,2004年9月6日。
卢福营:《群山格局:社会分化视野下的农村社会成员结构》,《学术月刊》2007年第11期。
陆学艺、张厚义、张其仔:《转型时期农民的阶层分化》,《中国社会科学》1992年第4期。
卢福营:《中国特色的非农化与农村社会成员分化》,《天津社会科学》2007年第5期。
董金松、李小平:《城市化背景下城郊村社会成员的职业分化研究——以浙江三个村庄为例》,《浙江省委党校学报》2006年第6期。
高长见:《城乡结合部社区的阶层化趋势研究》,人民网,2005年6月24日。
顾朝林、熊江波:《简论城市边缘区研究》,《地理研究》1989年第3期。
邢忠:《"边缘效应"——一个广阔的城乡生态规划视域》,中国城市规划学会2001年年会论文集:城市生态规划。
孟祥斐、华学成:《被动城镇化群体的转型适应与社会认同——基于江苏淮安市失地农民的实证研究》,《学海》2008年第2期。
董晋骞:《场域、惯习与实践活动的"双向模糊关系"——关于布迪厄的实践活动理论》,《社会科学辑刊》2013年第4期。
李世敏:《改革开放以来中国农村社区认同的变迁——以河北李村为表述对象》,硕士学位论文,华中师范大学,2010年。

吴理财：《改革开放以来农村社区认同消解之逻辑》，《江西师范大学学报》（哲学社会科学版）2011年第2期。

张丽丽：《农村社区认同危机及其应对》，《沈阳农业大学学报》（社会科学版）2012年第2期。

施蒗、眭海霞：《农村社区认同现状及成因分析——对鄂、皖两省的调查》，《中共四川省委省级机关党校学报》2010年第3期。

李增元、袁方成：《农村社区认同：在管理体制变迁中实现重塑》，《中州学刊》2012年第1期。

吴理财：《农村社区认同及重构》，《中共天津市委党校学报》2011年第3期。

储冬爱：《乡村原住民的都市想象与文化认同——以广州"城中村"为例》，《文化遗产》2012年第3期。

张士闪：《以城镇化为契机重构乡土文化》，《中国社会科学报》2013年12月7日。

邵华：《马克思与实践智慧》，《马克思主义与现实》2013年第3期。

戴建生：《行动者、村庄与国家：城中村改造中农民行动的情景框架》，《学术研究》2013年第4期。

毛丹、王燕锋：《J市农民为什么不愿做市民》，《社会学研究》2006年第6期。

郭于华：《重读农民学经典论题——"道义经济"还是"理性小农"》，爱思想网，2007年11月21日。

李传喜：《自主选择与政府规制：一个近郊村的城市化探索》，《温州大学学报》2013年第6期。

张兆曙：《非常规行动与社会变迁：一个社会学的新概念与新论题》，《社会学研究》2008年第3期。

汪小红：《乡村精英格局演变的启示》，《中国社会导刊》2006年第16期。

任映红：《新中国成立以来村落政治精英的产生与乡村治理模式的变迁——以浙南XF村为例》，《江西社会科学》2011年第11期。

张立伟：《乡土社会的秩序与纠纷处理》，谢晖、陈金钊主编《民间法》（第一卷），山东大学出版社2002年版。

王宁：《代表性还是典型性？——个案的属性与个案研究方法的逻辑基

础》,《社会学研究》2002 年第 5 期。

刘博:《精英历史变迁与乡村文化断裂——对乡村精英身份地位的历史考察与现实思考》,《青年研究》2008 年第 4 期。

王汉生:《改革以来中国农村的工业化与农村精英构成的变化》,《中国社会科学辑刊》1994 年经 11 期。

陈光金:《20 世纪末农村社区精英的"资本"积累策略》,《江苏行政学院学报》2004 年第 6 期。

孙立平:《改革前后中国大陆国家、民间统治精英及民众间互动关系的演变》,《中国社会科学》1999 年第 1 期。

吴思红:《村庄精英利益博弈与权力结构的稳定性》,《中共中央党校学报》2003 年第 1 期。

吴业苗:《转型时期村落权力结构分化的分析》,《湖北行政学院学报》2002 年第 6 期。

李强彬、向生丽:《转型社会中乡村精英的变迁与乡村社区治理》,《兰州学刊》2006 年第 4 期。

袁松:《富人治村——浙中吴镇的权力实践(1996—2011)》,华中科技大学,2012 年。

张健:《传统社会乡村精英身份建构与权威基础——以关中庙村为个案》,《安徽农业科学》2011 年第 11 期。

李军:《乡村精英:农村社会资本内生性增长点》,《调研世界》2007 年第 3 期。

史雪莲:《对农村经济精英的社会学考察——以苏北柘汪四村为例》,南京师范大学,2007 年。

刘科:《基层政治中的乡村经济精英研究》,硕士学位论文,湖南师范大学,2011 年。

郑明怀:《农村经济精英带领村民致富的能力和意愿探析》,《农业考古》2011 年第 6 期。

风笑天:《调查社会,认识中国:费孝通〈社会调查自白〉给我们的启示》,《中南民族大学学报》(人文社会科学版)2010 年第 6 期。

王中标:《"乡村精英"发挥作用的制约因素及对策》,《特区经济》2007 年第 10 期。

宋青宜:《中国未来的脊梁:新乡绅》,《观察与思考》2010 年第 5 期。

桂华：《城市化与乡土社会变迁研究路径探析——村落变迁区域类型建构的方法》，《学习与实践》2011 年第 11 期。

田毅鹏、韩丹：《城市化与"村落终结"》，《吉林大学社会科学学报》2011 年第 2 期。

李意：《边缘治理：城市化进程中的城郊村社区治理——以浙江省 T 村社区为个案》，《社会科学》2011 年第 8 期。

白贵一：《当代中国国家与社会关系的嬗变》，《贵州社会科学》2011 年第 7 期。

贾名党：《安徽省农村女性宗教信仰问题的经济学思考》，《内蒙古农业大学学报》（社会科学版）2011 年第 6 期。

李新霞、吉秀华：《浅谈农村地区的宗教信仰与和谐社会的构建——以济南市历城区为例》，《河北省社会主义学院学报》2011 年第 1 期。

邱新有、熊芳芳、单文桂等：《中国农村宗教信仰特点的微观分析——以铁村黄庄教徒信仰为分析对象》，《江西师范大学学报》（哲学社会科学版）2007 年第 2 期。

姜裕富：《宗教信仰在农村社会治理中的功能机制》，《重庆社会主义学院学报》2013 年第 6 期。

陈朝晖：《影响与对策：农村宗教信仰与社会稳定研究——基于对苏北 L 市农村的调查》，《农业经济》2013 年第 2 期。

张伟：《苏北农村民间宗教信仰状况与问题研究》，《南京工程学院学报》（社会科学版）2014 年第 1 期。

李春光：《金湖县基督教信徒人数减少给我们的启示》，《江苏省社会主义学院学报》2002 年第 1 期。

李宇征：《新时期农村宗教信仰的兴起：原因、影响与对策》，《大连干部学刊》2010 年第 10 期。

赵延东：《当前快速传播的农村宗教问题研究——以山东省苍山县为例》，山东师范大学，2009 年。

桑吉才让：《甘南藏族民居略述》，《西北民族学院学报》（哲学社会科学版）1999 年第 4 期。

张玲：《转型期农村宗教信仰的实证研究——以晋中郝乡为例》，硕士学位论文，安徽大学，2008 年。

范丽珠：《现代宗教是理性选择的吗？质疑宗教的理性选择研究范式》，

《社会》2008 年第 6 期。

李春勇：《作为理性的科学与作为信仰的宗教》，《社会科学》2006 年第 10 期。

党国印：《论农村集体产权》，《中国农村观察》1998 年第 4 期。

申静、王汉生：《集体产权在中国乡村生活中的实践逻辑——社会学视角下的产权建构过程》，《社会学研究》2005 年第 1 期。

折晓叶、陈婴婴：《产权怎样界定——一份集体产权私化的文本》，《社会学研究》2005 年第 4 期。

张孝直：《中国农村地权的困境》，《战略与管理》2000 年第 5 期。

蔡进、邱道持、王静等：《中国农村集体土地产权制度研究综述》，《中国农学通报》2013 年第 23 期。

李峰、王新霞、贾小玫等：《从集体化到新型集体化：关于中国农业生产组织形式研究文献的综述》，《华东经济管理》2011 年第 8 期。

郭强：《中国农村集体产权的形成、演变与发展展望》，《现代经济探讨》2014 年第 4 期。

陈志新：《村级股份合作制改革的产权研究——以江苏无锡市村级集体经济组织制度创新为例》，硕士学位论文，浙江师范大学，2005 年。

高慧琼、吴群、温修春等：《我国集体土地产权制度沿革及其评析》，《农村经济》2005 年第 7 期。

薛继亮、李录堂：《传统农区乡村再集体化的现实需要及其实现路径》，《现代经济探讨》2011 年第 2 期。

谭秋成：《集体农业解体和土地所有权重建：中国与中东欧的比较》，《中国农村观察》2001 年第 3 期。

邓大才：《论农村土地所有权的归属》，《财经问题研究》2002 年第 2 期。

李远东：《我国农业生产经营组织形式变革的实现途径探析》，《经济经纬》2009 年第 5 期。

许雯斐：《诸城市"村改居"进程中农村集体资产处置问题研究》，硕士学位论文，中国海洋大学，2012 年。

夏玉珍：《转型期中国社会失范与控制》，《华中师范大学学报》（人文社会科学版）2002 年第 5 期。

杜江华：《浅谈农村家庭矛盾纠纷的原因和调解途径》，《神州》2012 年第 2 期。

韩忠霞：《论家庭矛盾产生的原因及化解方法》，《城市建设理论研究》（电子版）2013年第13期。

云月华：《浅析家庭矛盾产生和消除的心理因素》，《内蒙古师范大学学报》（哲学社会科学版）2002年第1期。

杜江华：《浅谈农村家庭矛盾纠纷的原因和调解途径》，《神州》2012年第2期。

傅晨：《论农村社区型股份合作制制度变迁的起源》，《中国农村观察》1999年第2期。

蔡昉：《合作与不合作的政治经济学》，《中国农村观察》1999年第5期。

《乡土产业在新型城镇化中大有可为》，《安邦智库》2014年4月4日。

田毅鹏：《中国社会后单位时代来临？》，《社会科学报》2010年8月28日。

缪自峰：《西北贫困农村发展的战略选择》，《管理科学》2006年第1期。

魏海安、郑丽果：《贫困地区经济发展的文化滞约研究》，《集团经济研究》2007年第3期。

孙晓莉：《西方国家政府社会治理的理念及其启示》，《社会科学研究》2005年第2期。

刘澎：《美国宗教团体的社会资本》，《美国研究》2005年第1期。

周德钧：《社区建设的意义、目的及方针步骤》，《湖北大学学报》（哲学社会科学版）2004年第1期。

王竹卿：《社区文化建设对构建和谐社区的功能分析》，《中共山西省委党校学报》2007年第2期。

刘祖云：《历史与逻辑视野中的"服务型政府"——基于张康之教授社会治理模式分析框架的思考》，《南京社会科学》2004年第9期。

童敏：《从问题视角到问题解决视角——社会工作优势视角再审视》，《厦门大学学报》（哲学社会科学版）2013年第6期。

秦晖：《大共同体本位与传统中国社会（下）》，《社会学研究》1999年第4期。

吴光芸、李建华：《培育乡村社会资本、促进农民合作》，《当代经济管理》2007年第2期。

吕德文：《撕裂中的再造：城镇化进程中的乡土传统》，《民俗研究》2014年第1期。

王章佩、董良杰:《农村社会转型背景下的村民集体行动逻辑探析》,《陕西行政学院学报》2008年第4期。

李松:《城镇化进程中乡村文化的保护和变迁》,《民俗研究》2014年第1期。

周飞舟:《分税制十年:制度及其影响》,《中国社会科学》2006年第6期。

胡大平:《新型城镇化:从增长机器到文明形态》,《中国社会科学报》2014年5月30日。

吴光芸:《培育乡村社会资本:解决农村集体行动困境的内源基础》,《广东行政学院学报》2007年第1期。

林聚任、刘翠霞:《山东农村社会资本状况调查》,《开放时代》2005年第4期。

后　　记

　　"新型城镇化"的提出使人们对"城市与乡村"关系的思考更加科学、理性。城市和乡村并不是对立的关系，农村也是城镇化的主体之一，二者应该互动发展。在城镇化的进程中，对乡村要保留足够的敬畏和尊重。而且乡土社会仍然能为城镇化提供内生动力和实现条件，正如费孝通所说"乡土还是我们复兴的基地"，乡土社会中的有益成分也是现代社会中所必须要坚持的，只不过是以一种变化中被延续、保存的形式进入到新的场景。因此我们要从村落的实际情况出发，直面新型城镇化与乡土社会的碰撞，考察新型城镇化建设和乡土社会变迁的现实需要，这将为我们开展新型城镇化建设提供精神动力，或许也能回答"农村的命运最终将如何？乡村的发展到底由谁来主导？"等一系列问题。本研究以实证的方法，从乡土传统的角度切入研究当下的新型城镇化问题，结合中央新型城镇化建设的相关精神，探索新型城镇化的发展模式。通过考察乡土传统在城镇化进程中的现实遭遇和新型城镇化对乡土传统的诉求，从而把握城镇化与乡土社会变迁的一般规律，对其互动机制和空间进行研究。同时，本研究还注重发掘新型城镇化背后的乡土因素，尝试性地提出"乡土型城镇化"的概念，以构建一种新型城镇化模式及理论解释框架，这对促进基层社会稳定和谐及推动以人为核心的新型城镇化建设具有重要意义。

　　本书的出版得到了浙江省社科规划办的资助和中共台州市委党校的大力支持，也得到了浙江省社科院杨建华教授和温州大学的任映红教授的尽心指点，为本书的许多方面提供了卓有见地的建议，同时，在本书的调研过程中得到了中共台州市委党校寇政文、谢剑等多位老师的帮助，在此一并致谢！

　　本书是由李传喜和张红阳老师合作完成，具体分工如下：导论、第一章、第二章、第三章、第五章、第七章、第十一章、第十二章由李传喜撰写；第四章、第六章、第八章、第九章、第十章由张红阳撰写。

  尽管我们尽力想对乡土传统与新型城镇化的变迁历程做一次田野深描，试图深入的把握其中的发展变化规律和特征，但是这是一个非常宏大的命题，由于能力及时间等限制原因，我们在分析与探讨的过程中，难免挂一漏万，书中会存在一些不当甚至错误之处，敬请读者不吝指正！